国内图书情报知识图谱实证研究

肖明 ◎著

Empirical Study on the Mapping Knowledge Domains of Library and Information Science in China

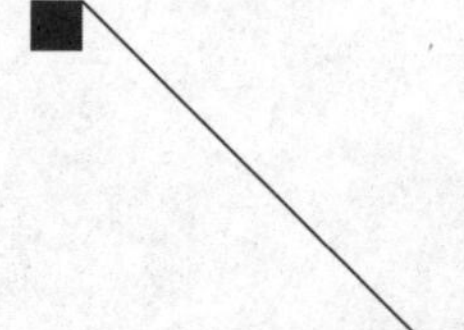

中国经济出版社
CHINA ECONOMIC PUBLISHING HOUSE
北 京

图书在版编目（CIP）数据

国内图书情报知识图谱实证研究 / 肖明著.
北京：中国经济出版社，2017.2（2024.1重印）
ISBN 978-7-5136-4655-0
Ⅰ.①国… Ⅱ.①肖… Ⅲ.①图书情报工作—研究 Ⅳ.①G250
中国版本图书馆 CIP 数据核字（2017）第 064234 号

责任编辑 赵静宜
责任印制 巢新强
封面设计 久品轩

出版发行 中国经济出版社
印 刷 者 大连图腾彩色印刷有限公司
经 销 者 各地新华书店
开　　本 710mm×1000mm 1/16
印　　张 20
字　　数 300 千字
版　　次 2017 年 2 月第 1 版
印　　次 2024 年 1 月第 2 次
定　　价 88.00 元
广告经营许可证 京西工商广字第 8179 号

中国经济出版社 **网址** www.economyph.com **社址** 北京市东城区安定门外大街 58 号 **邮编** 100011
本版图书如存在印装质量问题，请与本社销售中心联系调换（联系电话：010-57512564）

国家社科基金项目“基于语义识别的引文分析理论、
方法与应用研究”（16BTQ073）阶段成果
国家社科基金项目“基于多方法融合的中外图书馆学情报学
知识图谱实证研究”（11BTQ019）阶段成果
北京师范大学 MOOC 课程建设项目“网络信息计量与评价”
（02200－3122121J1）阶段成果
资助出版
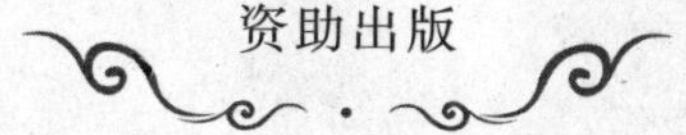

目 录
Contents

第1章 绪论

1.1 研究背景与研究意义

1.1.1 研究背景

随着科学技术的迅猛发展，知识呈爆炸式增长，从而导致海量信息的出现，由此也给研究人员带来了知识与信息选择上的诸多困难。传统方法主要依靠个人主观经验和简单数量统计的综述，忽视学科体系内文献信息之间的相似性与继承性，因而难以客观、准确、快速地发现海量信息中引人注目的最前沿领域和学科制高点。

随着信息可视化等技术的不断进步，科学知识图谱（Mapping Knowledge Domain）研究逐渐兴起，现已发展成为各学科领域广泛应用的一种重要工具[1]。科学知识图谱简称为“知识图谱”，在图书情报界则被称为“知识领域可视化”或者“知识领域映射地图”。概言之，它以图谱化的表达形式来对大量的数据信息和知识进行有效地组织和挖掘，直观形象地展示科学知识之间的关联与结构，发现其中存在的规律，进而揭示科学知识领域发展演进的背景、动力、概貌，达到辅助科学研究者探测相关领域研究的前沿问题、热点问题及其趋势演变分析等目的。借助相关方法，知识图谱可以用来对科学计量结果进行导航和显示，帮助学者了解科学研究领域的科研群体及其复杂关联，还可以用来描述科学研究领域的扩散与传播，揭示知识的发展过程等。具体来说，知识图谱通过将应用数学、图形学、信息可视化技术、信息科学等学科的理论与方法与引文分析等方法相结合，并且利用可视化的图谱来形象地展示学科的核心结构、发展历史、前沿领域以及整体知识架构，以达到多学科融合的目的。目前，知识图谱已经成为科学计量学、文献计量学、信息计量学、情报计量学等共同关注的一个前沿学术领域[2]，是研究人员用于识别研究领域的学科结构和研究动态的重要方法和工具。

科学知识图谱的研究理论起源于文献计量学、社会学、网络科学等一系列学科的发展。早在1939年，英国科学家贝尔纳（J. D. Bernal）① 就发表了《科学的社会功能》，成为科学学进入常规科学和正式诞生的标志。1961年，普赖斯②出版了《巴比伦以来的科学》。1963年，普赖斯出版了《小科学，大科学》。1963年，加菲尔德③创办了《科学引文索引》，由此开启了文献计量分析的新时代。此后，不断丰富和壮大的引文分析、文献计量理论，深化和扩大了多元统计等多种方法在文献计量学中的应用，成为科学知识图谱的一个重要理论基础。另一方面，瑞士著名数学家欧拉

① 约翰·德斯蒙德·贝尔纳（John Desmond Bernal，1901—1971）是英国著名物理学家、剑桥大学教授，曾担任“世界和平委员会主席”和“世界科学工作者联合会”的领导成员，是国际上公认的一位杰出思想家和社会活动家。他在晶体学和生物化学领域享有盛名，对金属结构、激素、维生素、蛋白质、病毒等做出了卓越的学术贡献。他在1939年发表的《科学的社会功能》是科学学发展史上的一个重要里程碑。

② 德里克·约翰·德·索拉·普赖斯（Derek John de Solla Price，1922—1983）是美国科学家、科学计量学奠基人，曾任耶鲁大学教授、皮博迪博物馆的历史科技仪器馆馆长等职。其主要学术贡献是发现了科学文献指数增长规律，绘制了著名的普赖斯曲线。普赖斯发表了300余篇论文和17本专著。其中，对信息科学产生深远影响的主要有《巴比伦以来的科学》《科学论文网络》《小科学，大科学》等。

③ 尤金·加菲尔德（Eugene Garfield，1925—2017）是美国著名的情报学家和科学计量学家，SCI（Science Citation Index，即科学引文索引）及ISI（Institute for Scientific Information，即美国科学信息研究所，现为汤森路透科技集团的一部分）的创始人，曾担任汤森路透科技集团终身名誉董事长。1955年，加菲尔德第一次在《科学》杂志（Science）上提出了“引文索引”的设想，即提供一种文献计量学的工具来帮助科学家识别感兴趣的文献。他提出了引文索引和引文技术的概念，从而打破了分类法和主题法在检索方法中的垄断地位，开创了从引文角度来研究文献及科学发展动态的新领域。

(Leonhard Euler)① 在 1736 年使用图论对著名的哥尼斯堡七桥问题②进行了解答，从而奠定了网络科学的理论基础。此后，经过 Erdös、Watts、Albert[1] 等众多科学家的不断努力和完善，网络科学目前已形成一门综合自然科学、工程技术与社会科学的交叉学科。自然界与社会生活中众多的复杂现象都可用网络科学来进行刻画和分析，它将自然界中真实存在的大型复杂系统抽象成由节点和边组成的网络，可以用来刻画和分析自然界和社会生活中众多的复杂现象，同时也为科学知识图谱的完善奠定了另一重要理论基础。

1.1.2　研究现状

1. 国内外研究现状述评

知识图谱是显示科学知识的发展进程与结构关系的一种图形，由于它是以科学知识为计量研究对象，所以属于科学计量学（Scientometrics）的范畴。知识图谱的出现和发展，"一方面是揭示科学知识及其活动规律的科学计量学从数学表达转向图形表达的产物；另一方面又是显示科学知识地理分布的知识地图转向以图像展现知识结构关系与演进规律的结果"。最初的知识图谱是在以数学方程式表达科学发展规律的基础上，进而以曲线形式将科学发展规律绘制成二维图形。从这个意义上说，用定量统计方法发现科学知识指数增长规律的普赖斯（D. Price）是科学知识图谱的早期开拓者[3][4]。随着科学计量学的发展，描绘科学知识和科学活动规律的数学

---

① 莱昂哈德·欧拉（Leonhard Euler，1707—1783）是瑞士著名数学家、自然科学家。欧拉是 18 世纪数学界最杰出的人物之一，他不但为数学界做出了贡献，更把整个数学推至物理学领域。他是数学史上最多产的数学家，平均每年写出八百多页的论文，还编写了大量的力学、分析学、几何学、变分法等方面的课本，《无穷小分析引论》《微分学原理》《积分学原理》等都已成为数学界中的经典著作。欧拉对数学研究非常广泛，所以在数学的许多分支中经常见到以其名字命名的重要常数、公式和定理。此外，欧拉还涉及建筑学、弹道学、航海学等领域。瑞士教育与研究国务秘书 Charles Kleiber 曾表示："没有欧拉的众多科学发现，今天的我们将过着完全不一样的生活"。

② 哥尼斯堡七桥问题（Seven Bridges Problem）是 18 世纪著名的古典数学问题之一。在哥尼斯堡的一个公园里，有七座桥将普雷格尔河中两个岛以及岛与河岸连接起来，问是否可以从这四块陆地中的任一块出发，恰好通过每座桥一次，再回到起点？欧拉于 1736 年研究并解决了这个问题，证明上述走法是不可能的，由此开创了数学上的一个新的分支——图论与几何拓扑。

模型，逐渐从二维空间模型发展为三维空间模型，知识图谱也相应地从简单的二维曲线图发展为较复杂的三维立体图。克雷奇默（H. Kretschmer）①关于科学合作的三维空间模型研究，极大地推动了科学知识图谱的发展[3][5][6]。借助于知识图谱，人们可以透视庞大的人类知识体系中各个领域的结构，理顺当代知识爆炸所形成的复杂知识网络。知识图谱的应用，已经从单纯的科学计量学拓展到几乎所有学科、领域。例如，Cottrill 等人用作者共被引图谱来分析不同的概念连接[7]，Gonzalez 等人利用文献共被引图谱鉴别了在功能主义范式下管理学科的主要研究领域、理论和方法，并且确定了 5 个研究群体[8]。Francisco Jose 和 Carlos Casillas 通过绘制 1997—2000 年在国际管理领域的 5 种最具影响力的期刊上所发表的 583 篇论文的知识图谱，确认了国际管理领域的主要研究范式[9][10]。A. R. Ramos - Rodriguez 和 J. Ruiz - Navarro 通过分析战略管理领域期刊论文的知识图谱，分析了 1980—2000 年战略管理研究及其学科演变[9][11]。Sanjeev Goya 等人分析了 1970—2000 年这三十年间在期刊上发表论文的经济学家之间的社会距离的知识图谱，发现了证明经济学家群体越来越小的重要证据，并且经济学中合著关系的结构具有既稳定而又不断变化的特征[9][12]。

在图书馆学情报学领域，加菲尔德和普赖斯被认为是国外知识图谱的早期开拓者，他们分别在 1955 年[13]、1965 年[14]发表了本领域的开拓性文献。此后，知识图谱在图书馆学情报学界获得了广泛关注。其中，霍华德·怀特（Howard D. White）② 和贝尔韦·格里菲斯（Belver C. Grif-

① 希德朗·克雷奇默（Hildrun Kretschmer，1947—）博士现为德国柏林自由大学教育与心理学系编外讲师，兼任中国新乡河南师范大学名誉教授、大连理工大学特聘教授，曾任国际科学计量学与信息计量学学会（ISSI）首任会长等职，其主要研究兴趣为引文网络社会结构、协作系统建模、网络计量学、社会心理学，已发表 100 多篇同行评议论文。

② 霍华德·怀特（Howard D. White，1936—）是美国著名科学计量学家，他在 1974 年从加利福尼亚大学伯克利分校获得图书馆学博士学位以后，加入德雷塞尔大学信息科学与技术学院，现为该学院名誉教授，其主要研究兴趣是信息计量学和科学计量学。目前，他已发表有关文献计量学、共引分析、参考咨询服务评价、参考咨询专家系统、在线搜索、社会科学数据档案、图书馆宣传、美国图书馆审查制度、元数据检索以及跨学科研究等方面的数百篇论文，并因其专业杰出贡献而获得多项大奖，包括美国情报科学与技术协会（ASIST）研究奖（1993）、JASIS 最佳论文奖（1998）、ASIST 职业成就最高荣誉奖（2004）、国际科学计量学与信息计量学协会普赖斯奖（2005）。

fith)①[15]在 1981 年对 1972—1979 年的情报学论文进行了作者同被引分析。欧利·佩尔松（OllePersson)②[16]在 1994 年对 1986—1990 年 JASIS 期刊中的 209 篇精选文献进行了引文分析，阐述了研究前沿与知识基础之间的关系。怀特（White）和麦凯恩（McCain)[17]在 1998 年对 1972—1995 年的情报学论文进行了作者同被引分析，该论文获得当年该期刊的最佳论文。赵党志（DangZhi Zhao)③ 和施特罗特曼（Strotmann）在 2008 年对 1996—2005 年的情报学论文进行了作者同被引分析[18]和引文耦合分析[19]，不仅发现了五个主要研究领域，还与怀特（White）和麦凯恩（McCain）的结论进行了比较。Åström[20]在 2007 年对 1990—2004 年的图书馆学情报学研究前沿情况进行了文献同被引分析，同样发现了怀特（White）提出的两大阵营结构。美国德雷赛尔大学（Drexel University）的陈超美④博士[21]在 2010 年将作者同被引分析和文献同被引分析结合起来分析了 1996—2008 年的情报学结构变化，发现了 H 指数等五个主要聚类。目前，陈超美将其 CiteSpace Ⅰ推向 CiteSpace 5.0 版本[22]，并获得广泛关注。

国内在知识图谱方面以定量研究为主，主要利用国外知识图谱绘制软件来绘制不同领域的知识图谱。定性研究则主要侧重于对国外研究进展的介绍和宣传。在知识图谱的基础理论与技术手段等方面，基本上都是由国外学者提出并率先使用的，国内学者往往缺乏自己的独特研究方法、软件

① 贝尔韦·格里菲斯（Belver C. Griffith，1931—1999）在 1969—1991 年曾任美国德雷赛尔大学教授，兼任美国心理协会 APA 科学信息交流项目总监，发表学术论文 200 多篇，编辑两部书籍，获得过化学遗产基金会奖、普赖斯奖、优秀教师奖等多个奖项。

② 欧利·佩尔松（Olle Persson）是瑞典科学家，他是科学计量学软件 BibExcel 的开发者，该软件具有文献计量分析、引文分析、共引分析、耦合分析、聚类分析、数据可视化等功能，可用于分析 ISI 的 SCI、SSCI、A&HCI 等文献数据库。

③ 赵党志（DangZhi Zhao，1965—）博士现为加拿大阿尔伯塔大学图书馆与信息研究学院副教授，其研究兴趣集中在信息系统、文献计量学、学术交流、知识网络分析与可视化等领域，发表过多篇论著。

④ 陈超美（Chaomei Chen，1960—）是信息可视化和科学知识图谱绘制领域的权威专家之一。1960 年 9 月生于中国北京，英籍华人，现为美国德雷赛尔大学（Drexel University）信息科学与技术学院教授、大连理工大学长江学者讲座教授、Drexel - DLUT 知识可视化与科学发现联合研究所美方所长。他的研究方向为信息可视化、知识可视化、科学前沿图谱、科学发现理论。他开发了文献计量分析软件 CiteSpace，对科学知识图谱理论与方法做出了奠基性贡献。

和算法语言。例如，刘则渊①、陈悦②、侯海燕③等人系统概述了知识图谱的基本原理与主要方法，详细介绍了知识图谱的专门技术和应用软件，以及代表国际领先水平的信息可视化技术[23]。此外，他们还应用知识图谱的方法来分析创新管理、战略管理等学科的前沿领域、现代工程科技前沿的一般发展趋势、科学技术合作问题的研究成果。汤建民教授提出了一套主要针对各类中文文献数据库[24]，集词频统计、社会网络分析、计算机数据挖掘、数据可视化技术等为一体的学科知识图谱绘制方法，实现了从数据获取、数据计算到数据挖掘、数据可视化分析为一体的研究流程。魏瑞斌则对国内知识图谱期刊论文的外部特征和内容特征进行了可视化分析[25]。相关研究结果表明，国内知识图谱研究处于起步阶段，研究人员和研究机构相对集中，研究论文的合著率较高，研究主题鲜明。

陈祖香站在科学知识图谱使用者的角度，对已有知识图谱的内涵、构建方法、可视化软件等相关理论进行了梳理，归纳了各类型知识图谱的特征和构建方法，进而提出了面向科学计量分析的知识图谱构建流程[26]。秦长江以我国农业史学科作为研究对象，全方位地构建了该学科的知识图谱，并通过实证研究，探讨了将知识图谱运用到我国人文学科发展历史研究中的适用性和科学性[27]。黄维和陈勇以《教育与经济》等刊物上所发表文章的关键词、作者、共被引文献作为分析对象[28][29][30][31][32]，进行多元统计分析，运用知识图谱的可视化手段首次形象地展示出我国教育经济

---

① 刘则渊（1940—）曾任大连理工大学教授、博士生导师、人文社会科学学院学术委员会主任、科技伦理与科技管理研究中心主任，兼任中国科学学与科技政策研究会副理事长及科学学理论与学科建设专委会主任、大连市社科联副主席、东北大学等校兼职教授、中国未来研究会理事、中国自然辩证法研究会理事等职，主持并完成了20多项科研课题，发表学术论文200余篇，著有《技术开发原理与方法》《发展战略学》《论科学技术与发展》《现代科学技术与发展导论》《德国技术哲学研究》《科学知识图谱：方法与应用》等著作。

② 陈悦（1975—）现为大连理工大学教授、博士生导师，兼任中国科学学与科技政策研究会理事、科学学理论与学科建设委员会秘书长以及多家杂志的评审专家，主持或者参加各类项目20多项，发表论文近80篇，参加编写学术著作十多部。

③ 侯海燕（1971—）现为大连理工大学教授、博士生导师、美国 Drexel University 信息科学与技术学院博士后，研究方向为科学计量学与科学知识图谱方法与应用、高科技政策与战略、高科技发展特征研究与前沿探测，兼任多家杂志审稿专家、辽宁省数量经济学会理事等职，承担国家、省部及市级项目20多项，发表论文90余篇，出版学术专著3部。

学的发展轨迹、合作网络和研究热点，并且发现中外教育经济学研究领域呈现出“融合—分化—融合”的趋势，目前正处于相对分化的阶段。

姜春林、杜维滨、李江波等人采用关键词共现分析方法，对CSSCI中收录的20种经济学期刊在1998—2006年所发表的16406篇经济论文的关键词进行了统计，得到了高频关键词共词矩阵，进行了多维尺度分析和聚类分析，从而绘制出经济学知识图谱，形象地展示出中国经济学领域十年的研究热点[33]。王琪、胡志刚根据美国科学情报所提供的SCI和SSCI数据，运用科学计量学中的共词分析方法以及可视化软件CiteSpace，绘制出2005—2009年《锻炼与运动研究季刊》《探索》《运动科学杂志》等3种体育学期刊中高频关键词知识图谱，通过对该知识图谱进行分析，表明国际体育科学的研究前沿主要集中在7大领域，即运动成绩、运动心理、儿童与青少年体育锻炼与健康、运动疲劳、运动恢复、运动生物力学、橄榄球运动损伤[34]。陈立新以SCI所收录的我国力学各分支学科专业期刊论文作为研究对象，采用CiteSpace软件来进行分析和处理，最后以知识图谱方式揭示了我国力学各学科的研究热点、前沿领域和发展态势[35]。潘黎和王素等人用CiteSpace软件绘制八种CSSCI来源教育学期刊2000—2009年所刊载文献的关键词知识图谱，探测出中国教育研究热点领域和研究前沿[36]。蔡建东运用CiteSpace软件，以教育技术学CSSCI期刊9329篇来源文献（2000—2009年）作为数据，利用CiteSpace探索关键路径的pathfinder算法绘制了教育技术学主干理论知识图谱以及EM聚类，在此基础上梳理并分析了我国教育技术学主干理论演进的关键路径以及各发展阶段的特点[37]。

国内知识图谱的研究还可见于情报学、创新管理研究等领域。例如，宋丽萍在2004年对比分析了怀特（White）分别在1981年和1998年进行的两次作者同被引分析情况[38]；马瑞敏在2005年采用CSSCI数据对国内情报学进行了同被引分析，并将结果用聚类树图和多维尺度分析图进行展示[39]；马费成①教授在2006年对1994—2005年的国内情报学进行了作者同被引分析[40]；赵蓉英②教授在2010年使用CiteSpace软件分析了文献计量学和组织行为领域的发展演进[41]；邱均平③教授等则以Scientometrics期刊数据为例，采用作者共被引分析方法和社会网络分析技术，对国际科学计量学领域进行了分析[42][43]。

总之，国内外目前有关知识图谱的应用大多停留在自然科学与工程科学领域，在人文社会科学领域的应用以图书馆学、情报学、管理科学领域为主，但是停留在概念描述和直接应用阶段，对于知识图谱理论、方法的最新进展很少涉及。人文社会科学与自然科学有所不同，其研究成果多以学术文献，尤其是高水平学术论文的形式来实现知识的传播与交流。

2. 存在的主要问题

以上简略的文献回顾表明，国内外学者对图书馆学情报学领域的出版物数量、作者数量、引文数量等内容指标进行了计量研究，在一定程度上也使用了引文分析、词频分析、内容分析等科学计量方法，大大提高了图书馆学情报学的科学性，同时也为实际工作提供了一定的理论指导。但

① 马费成（1947—）是武汉大学信息管理学院教授、博士生导师、中国情报学界知名专家，曾任武汉大学信息管理学院院长，现任教育部人文社会科学重点基地武汉大学信息资源研究中心主任，长期从事情报学理论方法、信息资源管理等领域的教学科研工作，先后承担教育部哲学社会科学重大攻关项目、国家自然科学基金重点项目等国家及省部级科研项目20余项，出版《网络信息序化原理》《信息资源管理》等著作十余部，发表论文100余篇，获教育部人文社会科学研究优秀成果奖一等奖、国家教学成果奖等十余项，2007年被评为全国教学名师，获宝钢优秀教师特等奖，2012年12月当选为武汉大学人文社会科学资深教授。

② 赵蓉英（1966—）现为武汉大学教授、博士生导师、武汉大学中国科学评价研究中心副主任，兼任中国索引学会第四届理事会理事兼副秘书长，曾任甘肃省农科院图书馆馆长、清华同方光盘股份有限公司知识网络研究所副所长、CNKI工程研究中心副主任、中国期刊全文数据库产品经理、市场部执行经理、项目经理等职，研究方向为信息计量与科学评价、信息管理与信息资源管理、知识管理与竞争情报，主持或者参加各类项目20多项，发表论文90多篇，参加编写学术著作20多部。

③ 邱均平（1947—）现任武汉大学信息管理学院教授、博士生导师、中国科学评价研究中心主任、《图书情报知识》杂志副主编，曾任国家科委武汉大学科技信息培训中心主任、武汉大学图书馆学情报学研究所所长、《评价与管理》杂志主编，兼任浙江大学等高校教授、中国科学学与科技政策研究会常务理事兼科学计量学委员会副主任、中国竞争情报研究会常务理事、中国科技情报学会理事、中国社科信息学会常务理事、中国索引学会常务理事、中国图书馆学会编译出版委员会委员以及《情报学报》等14种杂志编委，并被评为湖北省有突出贡献的中青年专家和享受国务院特殊津贴专家，主要从事图书馆学情报学、信息管理学和评价学的教学与研究工作，主持并完成国家和省部级课题30多个，发表论文600多篇，出版著作60余部。

是，这些研究还存在以下局限性：首先，统计方法略为简单，绝大多数研究局限于频数统计，多元统计分析使用较少，如因子分析、聚类分析等辅助科学计量学研究的多元分析统计方法；其次，科学计量学方法较为单一，以科学计量学中最具代表性的引文分析方法为例，引文分析大致可分为引文数量分析、引文网状分析、引文链状分析三种。图书馆学情报学领域的学者大多只关注包括自引量、引文语种、文献类型、年代、国别等内容在内的引文数量分析方法，而忽视了 20 世纪 60 年代后兴起的引文耦合分析、共被引分析等引文网络分析和链状分析方法，这两种方法恰恰是研究科学结构、科学发展特点、科技政策的有效方法；最后，尽管国内已有部分学者开始探索知识图谱方法在图书馆学情报学领域的使用，但现有的图书馆学情报学研究中很难看到同时使用多种不同的科学计量学软件和统计工具软件。国内研究者目前大多使用 CiteSpace 等国外现成的可视化工具来研究知识图谱，但 CiteSpace 等工具存在着一定局限性（例如，不支持国内数据库格式，支持的知识图谱方法较少等）。

需要特别补充说明的是，尽管国内近年来有关图书馆学情报学发展脉络的研究取得了一定进展，但相关研究的学科维度单一，多是主观定性、非可视化的。廓清学科历史的发展事实是图书馆学情报学亟待突破的瓶颈与关键所在。正如美国经济学家保罗·克鲁格曼①所说："我们的世界中，真正短缺的不是资源，更不是美德，而是对现实的理解和把握。通向繁荣世界的唯一重要的结构性障碍，正是那些盘踞在人们头脑当中的过时教条②"。

---

① 保罗·克鲁格曼（Paul R. Krugman，1953—）先后在耶鲁大学、斯坦福大学、普林斯顿大学、麻省理工学院任教，现为麻省理工学院经济系经济学教授。克鲁格曼的主要研究领域为国际贸易、国际金融、货币危机与汇率变化理论，他创建的新国际贸易理论分析解释了收入增长和不完善竞争对国际贸易的影响，被誉为当今世界上最令人瞩目的贸易理论家之一。目前，他担任许多国家和地区的经济政策咨询顾问，其代表作包括《期望减少的年代》《亚洲奇迹之谜》《萧条经济学的回归》等，曾获得过克拉克经济学奖（1991 年）、诺贝尔经济学奖（2008 年）等多项大奖。

② 保罗·克鲁格曼，等．萧条经济学的回归［M］．北京：中信出版社，2012.

1.1.3 研究意义

基于科学史的意义，人们对学科发展历史评估价值已经提出过一些经典论断。例如，萨顿①就对一门科学学科史的价值进行过精辟总结：如果一个科学家不了解他所从事的科学分支的历史，就没有资格说对该学科有深刻和完备的知识[44]。戴维·林德伯格②在其所著的《西方科学的起源》序言中指出："倘若我们希望理解科学事业的本质，人类对科学所涉内容的认知程度，深刻认识科学事业的文化背景，那么历史研究，包括对早期科学的研究，就是必不可少的"[45]。上述学者针对学科发展进行历史评估价值的论断使得本书针对图书馆学情报学知识图谱研究的重要意义不言而喻。

对动态发展着的图书馆学情报学进行反思的前提，是必须借助新的技术手段，理清其发展脉络。知识图谱则是根据科学学、科学计量学的相关原则，利用可视化技术来描述学科知识结构，分析学科热点和前沿领域，展示学科变化这样一种分析方法。由于该方法具有相关理论成熟、分析指标众多、可快速处理大量学术文献、清晰直观等众多优点，所以它常被学者们用于进行学科发展状况和发展轨迹的整体分析。

1. 可用可视化方式来展现图书馆学情报学研究的内在发展逻辑

从理论意义上说，对学科发展进行历史评估有利于人们认识学科的特殊发展历程。美国著名科学史家托马斯·塞缪尔·库恩③曾经在第十七届

---

① 乔治·萨顿（George Sarton，1884—1956）是美国科学史专家，生于比利时的根特。在大学期间，他学习过哲学、化学、数学、结晶学等专业，1911 年获博士学位。1912 年，他创办国际性科学史杂志《ISIS》，担任该杂志主编近 40 年，并发起成立国际科学史学会。他为科学史研究作出重要贡献，一生著述甚丰，出版著作 15 部，发表论文 800 余篇，代表作是《科学史导论》。

② 戴维·林德伯格（David C. Lindberg，1935—）是美国著名科学史家、威斯康星大学科学史系教授，主要研究领域为中世纪和近代早期科学史以及宗教与科学的关系。他曾任科学史学会主席，1999 年获得科学史研究的最高奖萨顿奖章。

③ 托马斯·塞缪尔·库恩（Thomas Samuel Kuhn，1922—1996）是美国物理学家、科学哲学家、科学史家，被誉为"二战后最具影响力的一位以英文写作的哲学家"。库恩于 1949 年获物理学博士，后执教于加州大学、麻省理工学院等，任麻省理工学院语言学哲学劳伦斯·洛克菲勒名誉教授，主要著作有《哥白尼革命：西方思想发展中的行星天文学》《科学革命的结构》《必要的张力》《黑体理论和量子的不连续性》等。

国际科学史大会上指出，现在科学史的任务之一是帮助那些对科学外行的人们了解科学[46]。W. I. B. 贝弗里奇①也表示，“科学家对科学史都应略有所知。科学史对学科的日趋专门化是最好的弥补，并能扩大视野，更全面地认识科学”[47]。

随着图书馆学情报学的发展，其理论体系繁杂，人们对图书馆学情报学的面貌和本质日渐难以精准把握。此外，随着信息可视化技术的迅速发展，人们开始习惯于采用一种交互式、直观、典型的图谱来进行知识表达，对抽象数据进行研究，进而增强人类的认知能力，以便于发现与吸收各种知识。作为研究结果的知识载体，知识图谱已被各个领域的研究人员所接受并且给予了高度评价，因为它能够以多元化的形式为研究人员提供独特的视角。本书研究拟绘制多种图书馆学情报学知识图谱，它们既不是描述或者介绍众多的理论和学派，也不是简单地罗列海量相关文献，而是力求从这些海量文献中发现学科主题及其发展的内在逻辑，探究推动图书馆学情报学的学科发展动力机制，并且以科学的、精确的手段来梳理图书馆学情报学的理论体系，以发现学科发展过程中存在的缺失环节和薄弱环节，从而进一步完善图书馆学情报学知识体系，促进图书馆学情报学的理论创新。

2. 可用图形化方式来探测图书馆学情报学的研究前沿及其演变

图书馆学情报学在其发展历程中，已经积累了为数较多的研究成果。时至今日，研究人员如果想要利用库恩所界定的“纵深性发展”方式来实现未来理论上的拓展，就必须了解如何从其历史发展过程中来探明学科研究前沿。研究人员如果对前人的研究茫然不知，就不能很好地把握学科的研究前沿及演变过程，很可能会重复前人的劳动，从而阻碍学科进步的深度和广度。因此，准确探测图书馆学情报学的学科前沿，就需要及时地对学科以往的历史进行探究和评估。只有熟悉图书馆学情报学的学科发展史，才能将该学科引向更深的发展阶段。本书研究的一项重要的基础性工

---

① 威廉·伊恩·比得莫尔·贝弗里奇（William Ian Beardmore Beveridge，1908—2006）从1947年起任英国剑桥大学动物病理学教授，是一位卓有成效的科学家。其代表作是《科学研究的艺术》，该书理论鲜明，语言风趣。

作就是要尽可能详细地分析图书馆学情报学发展历程中所积累的各种学术论文。因此，本书中涉及的前人研究成果以及研究前沿都对当前图书馆学情报学的发展具有一定指导价值。

传统研究方式对学科发展历史和研究前沿进行评估主要依赖本学科专家根据各自对该学科发展的了解程度来进行定性研究，这就要求学者们对其所研究的学科能有足够深刻的理解。但是，即便对于那些足够资深的学科专家们来说，尽管他们曾经在某一科学领域进行过长期的、系统的研究，能够把握学科发展的主要脉络，但人的记忆难免有疏漏和遗忘的地方。

对于学科领域的新生力量，由于他们自身专业素质欠缺，如果想用传统方式来深入探究学科发展历程，就必须阅读学科领域内的大量文献，这是一件非常难以完成的任务。知识图谱则以图形化方式来显现相关重要文献及其相互关系，它能够科学、精确、客观地帮助研究人员对学科发展轨迹及未来走向等能够有大概的、初步的认识，如果再深入研究重要文献，借助于相关知识图谱所反映的这些文献间的继承关系，就可以为研究人员正确把握研究方向，找准研究切入点等提供可靠的量化信息。

3. 可以进一步推动图书馆学情报学的学科发展

尽管图书馆学情报学研究已取得一定的丰硕成果，但仍然有部分研究人员愿意以传统的、文字表述式的、简单数字统计式的方法来进行学科回顾和总结。本书借助知识图谱的理论与方法，展示图书馆学情报学发展的总体图景、理论结构、研究前沿与合作网络，是对前人研究成果的再现和深层次挖掘，既扩大了知识图谱的应用范围，又在图书馆学情报学领域内尝试采用一种全新的方法来进行学科回顾与总结，这在某种程度上将有利于推动该学科的整体发展，因而具有重要研究意义。

总之，以知识图谱的方式来考察图书馆学情报学的发展历程具有不可替代的学术价值，是学科建设过程中不可缺少的一项基础性工作。从公开发表的图书馆学情报学的学术论文中挖掘出该学科的发展轨迹、理论结构、研究前沿和合作网络，剖析该学科发展的普遍特征与一般特征，反思其发展过程中存在的诸多问题，同时探测研究前沿和优化学科合作网络，既具有重要的学术意义，又具有较高的实践价值。

1.2 研究内容与研究方法

1.2.1 研究内容

本书研究采取的逻辑主线是在明确图书馆学情报学概念和范围的基础上，以1976年以来图书馆学情报学研究的发展及其现实变革历程为背景，遵循“历史主线”和“动态演化”规律，以图书馆学情报学期刊及其所载文献的数据作为基础，综合运用科学计量学方法和信息可视化技术，不仅绘制了不同类型的图书馆学情报学知识图谱，而且进行了认真解读和详细分析。

概言之，本书主要包括以下研究内容。

1. 知识图谱理论

知识图谱将复杂的学科知识领域通过数据挖掘、信息处理、知识计量和图形绘制而显示出来，使人们得以了解某个学科、研究领域、期刊、甚至某位学者在科学知识版图中所处的位置。知识图谱是一个多学科交叉的领域，它的兴起主要与科学计量学领域的共词分析法、社会学领域的社会网络分析法、物理学和系统科学领域的复杂网络研究以及计算机科学领域的信息可视化技术等理论与方法的兴起和发展密切有关。遗憾的是，国内在这方面的研究尚不够深入。本书拟在广泛调研的基础上对此展开系统研究。

本书除了对图书馆学情报学学科知识图谱的相关理论进行分析和研究之外，还对其中涉及到的多种方法以及用到的不同数据来源、可视化工具软件进行介绍和评介。

2. 知识图谱方法

绘制学科知识图谱时主要用到词频分析、共词分析、共被引分析、因子分析、多维尺度分析、聚类分析、社会网络分析等方法。其中，①词频分析方法是文献计量学的传统分析方法之一，其中的词频统计、关键词分析经常被用来描述某学科领域的研究状况，进而揭示该领域的研究热点和发展轨迹。②共词分析方法是一种内容分析技术，它利用文献集中的词汇对或是名词短语共同出现的情况，来确定该文献集所代表学科中各个主题之间的关系。一般认为词汇对在同一篇文献中出现的次数越多，则代表这两个主题的关系越紧密。因此，统计一组文献的主题词之间两两在同一篇文献中出现的频率，就可以形成一个由这些词对关联所组成的共词网络，网络内节点之间的远近便可反映主题内容的亲疏关系。共词分析正是以此为原理，将文献主题词作为分析对象，利用包容系数、聚类分析等多种统计分析方法，将众多分析对象之间错综复杂的共词网状关系简化为以数值、图形等形式直观表示出来的过程。共词分析同样也可以用来分析作者合作等情况。③引文分析法。引文分析是指对大量的引文数据进行定量分析研究，即利用各种数学和统计学方法以及比较、归纳、抽象、概括等逻辑方法，对科学期刊、论文、著者等各种分析对象的引用与被引用频率等进行分析，以便揭示其数量特征和内在规律。概言之，引文分析追寻的是文献的引用和被引用之间的重要关联关系，通过找到一系列内容、主题相关的文献，就可探测某些学科观点的演化发展脉络，以及学科发展的动态轨迹、走向和演化规律。④共引分析法。共引分析是指两篇或两篇以上的文献同时被其他文献引用。共引分析最大的优势是其客观性、分类原则的科学性以及数据的有效性。共引分析还可以进一步细分为文献共引分析、期刊共引分析、作者共引分析、学科共引分析等子类型。⑤多元统计分析法。多元统计分析法是对若干（可能）相关的随机变量观测值的分析。“维度降低技术”是多元统计分析的一个重要特征，它主要包括因子分析（主成分分析）、多维尺度分析以及聚类分析。⑥社会网络分析法。社会网络分析也称为“结构分析”，并不是一个正式的理论，而是一个广义的研究社会结构的战略，起源于人类学家对复杂社群中人际关系的探讨，是对社会关系结构及其属性加以分析的一套理论和方法。在科学合作网络中，如果两位科学家共同发表了一篇合作文献，就可以界定他们之间存在着联系，能够组成一个适度规模的合作网络。例如，在本书研究中，将以发表图书馆学情报学论文的合著者作为分析对象，将他们之间的关系视为科研合作网络关系，并进行相应的社会网络分析。

3. 知识图谱应用

本书以图书馆学情报学期刊及其所载文献的数据作为基础，综合运用科学计量学方法和信息可视化技术，分别绘制包括图书馆学情报学发展轨迹、理论结构、研究前沿和合作网络等在内的不同知识图谱，试图描述不同时期图书馆学情报学的学科特点。其中，①图书馆学情报学发展轨迹知识图谱。先将不同的时段论文的关键词进行规范化、标准化处理，然后运用词频分析、共词分析、多元统计分析等方法，以这些关键词之间关联关系的强弱来挖掘学科知识结构之间的亲疏程度，从而将海量的文献数据信息转换成可视化的知识图谱，客观、形象地展示出不同时期高频关键词所代表的研究热点的变迁，为考察图书馆学情报学的学科演进全景提供一个新的视角。②图书馆学情报学理论结构知识图谱。首先在中外引文数据库中下载作者的引证数据，分析图书馆学情报学高影响力作者及其影响力变化。其次，运用作者共被引分析法，绘制图书馆学情报学理论结构知识图谱，从而揭示图书馆学情报学研究领域的演进，即通过图书馆学情报学领域作者的共被引情况，分析和发现图书馆学情报学的理论结构及特点。③图书馆学情报学研究前沿知识图谱。通过对图书馆学情报学文献的参考文献进行文献同被引分析，分别利用 CiteSpace、SPSS 等软件来展示图书馆学情报学文献共被引的群体网络结构及其变化，科学、直观地识别学科前沿的演进路径以及学科领域的经典基础文献，从而揭示图书馆学情报学的研究前沿及其演化过程。④图书馆学情报学合作网络知识图谱。利用社会网络分析方法，对论文的作者及其所属机构进行定量分析，以可视化的知识图谱来展示图书馆学情报学的作者合作网络以及机构合作网络，不仅展现出由核心合作者和典型机构构成的图书馆学情报学合作网络的宏观结构与微观结构。

此外，本书还运用科学知识图谱的技术和方法，进行了知识图谱的专题性应用研究。

1.2.2 研究方法

在科学研究领域，研究方法是打开科学宝库的钥匙，是驶向真理彼岸的航船。

本书研究是在传统文献研究法和比较分析法的基础上，采用科学计量学方法与可视化方法相结合的知识图谱绘制方法，将定量分析结果与前人定性研究的结论进行比较，以验证结论的有效性，并结合定性分析的方法，深入诠释不同知识图谱的定量分析结果。

1. 文献研究法

文献研究方法主要是指搜集、鉴别、整理文献，通过对文献的加工形成对事实的科学认识的一种方法。本书通过对已有资料进行阅读和分析，全面、系统地归纳图书馆学情报学的学科要素、历史脉络和研究方法。同样，本书归纳了知识图谱的产生背景、构建方法、可视化软件及其应用领域，这个归纳过程本身就是一种知识的再造，同时也为本书的进一步研究提供坚实的理论依据和方法基础。

2. 比较分析法

比较是人类认识事物的一种基本方法。马克思和恩格斯在《德意志意识形态》中指出，比较解剖学、比较植物学、比较语言学“这些科学正是由于比较和确定了被比较对象之间的差别而获得了巨大的成就，在这些科学中比较具有普遍意义①”。

本书运用比较分析的方法，讨论了图书馆学情报学在不同历史阶段的发展轨迹知识图谱、主流研究领域、研究前沿和合作网络的知识图谱，分析其变迁特征，并用可视化手段展示了图书馆学情报学的学科全景，为进行科学合理的学科布局、把握重点研究方向、选择前沿课题奠定实证基础。

3. 科学计量学方法

科学计量学方法是一种基于数学和统计学的著名定量分析方法。它以

---

① 中共中央马克思恩格斯列宁斯大林著作．德意志意识形态［M］．北京：人民出版社，2003：58．

各种科学文献的外部特征作为研究对象，以输出量必定是量化的信息内容为主要特点，采用数学与统计方法来描述、评价和预测科学技术的现状与发展趋势。科学计量学方法研究的对象可以是一切与文献有关的媒介及其特征（例如，引文、所属学科、主题词、关键词、作者所属的机构、地区和国家等）。本书研究中应用的科学计量学方法主要包括词频分析法、共词分析法、共被引分析法等，这些方法需要与信息可视化方法进行融合，才能以人们容易辨识的知识图谱方式展现出来。

4. 信息可视化方法

信息可视化方法是指将抽象数据以可视化形式表示出来，以利于进行分析数据、发现规律和决策制定，其内涵就是将数据通过图形形象直观地展现出来并且找出数据背后蕴含的信息。该方法能够实现对海量信息数据的分析和提取，并将原始数据间的复杂关系、潜在信息以及发展趋势，以图形或图像等为人们所容易辨识的方式展现出来。本书应用的信息可视化方法主要包括聚类分析、因子分析、多维尺度分析和社会网络分析，这些信息可视化方法需要进行有机的融合，才能绘制出主题研究等知识图谱。

1.3　研究思路与组织框架

1.3.1　研究思路

1. 研究思路

本书研究的基本思路概述如下：选题源于对我国图书馆学情报学整体性的自我认识与反思，遵循历史与逻辑相统一的原则，以 1976 年以来我国图书馆学情报学的发展历程为主线，以中国学术期刊网络出版总库中所刊载的图书馆学情报学文献为基础数据，综合运用知识图谱的原理与方法，考察图书馆学情报学的学术演进特点，揭示学科的发展轨迹、理论结构、研究前沿和合作网络。

2. 技术路线

本书研究拟采取的技术路线如下所述（如图1-1所示）：①从数据库中获得引文和文献数据。拟选用的数据库包括：中国社会科学引文（CSSCI）、中国知网（CNKI）等；②先将来自不同数据源的原始数据进行格式化统一和预处理，然后进行初步的数据探索并返回修正；③计算节点相似度，构建共现矩阵，将矩阵转换成节点边线图，并进行适当的修剪；针对文献数据不同属性的共现或共引关系生成若干聚类，选用中心度、模块性、突发性、新颖性等指标来评估聚类的效果；④解释聚类结果，构建不同的图书馆学情报学知识图谱，包括引文时序分析网络、引文耦合分析网络、共引分析网络等多种知识图谱。

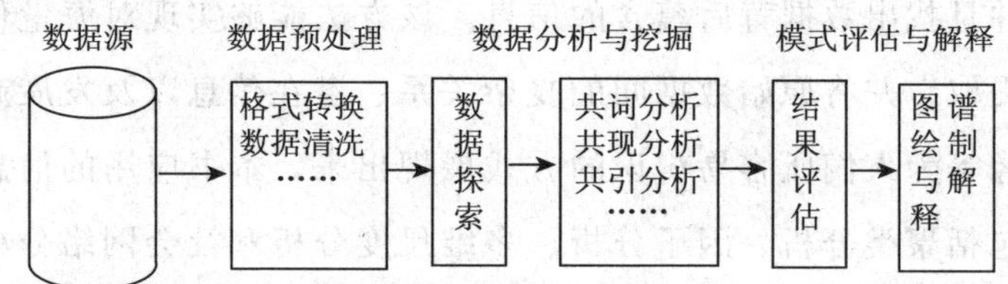

图1-1 本书技术路线示意图

1.3.2 组织框架

本书以图书馆学情报学为例，选择学科知识图谱这一关键命题，从理论、方法、实证等三个维度出发，探讨我国图书馆学情报学学科知识图谱的创建及应用问题。在本书研究过程中，笔者主要使用了文献计量分析、社会网络分析、比较分析等多种研究方法，坚持理论与实践相结合、定量分析与定性分析相结合等原则，对我国图书馆学、情报学知识图谱进行实证研究。

本书的组织框架如图1-2所示。

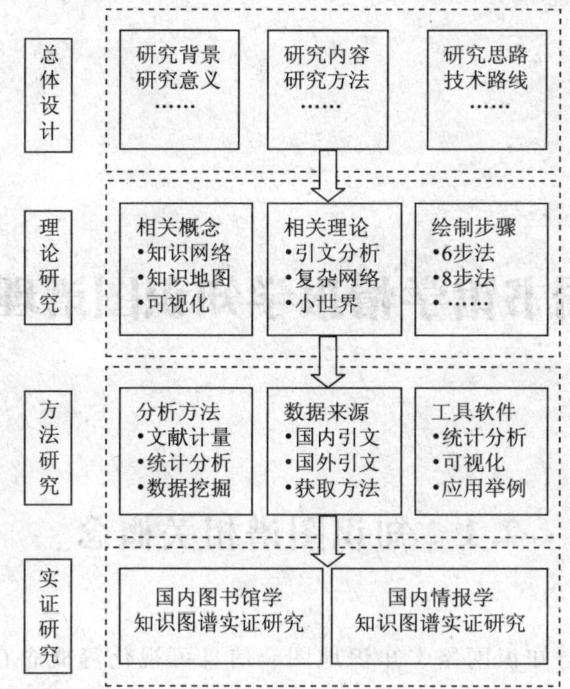

图1－2 本书组织框架示意图

第2章

图书馆学情报学知识图谱理论基础

2.1 知识图谱相关概念

知识图谱与知识网络、知识地图、信息可视化等概念存在一定的相关性。

2.1.1 知识网络

1. 知识网络的含义

人类在知识活动实践中，不断进行着各种形式的知识生产和创新，编织和完善知识网络。知识网络（Knowledge Network，KN）这个概念最早是由现代认知心理学家加涅提出来的[49]。加涅认为，陈述性知识和程序性知识两大类型知识的关系是产生式镶嵌在命题网络之中，共同构成“知识网络”。他从知识网络的构成内容和知识网络的作用来描述其概念[50]。在管理学领域，瑞典工业界在20世纪90年代中期从知识管理的角度开始研究知识网络[49]。Beckmann提出知识网络的经济学模型，他认为知识网络是进行科学知识生产和传播的机构和活动[51]。美国国家科学基金会（National Science Foundation，NSF）① 则从自身开展工作的角度认为，知识网络是一个社会网络，该网络提供知识、信息的利用等内容，聚焦于跨越时间、空间的知识整合，其构成要素有：硬件、软件、人、过程。

国外的管理学界和情报学界对知识网络的研究形成的定义可以看出，知识网络指的是一批人、资源和它们之间的形成的网状系统，为了知识的积累和利用，通过知识创造、知识转移，促进新的知识的利用。知识网络是一种复杂、动态、开放，以知识价值和物质价值的增值为目的的社会网络，这种复杂网络关联的观点可以在一定程度上解释知识的衍生、演化。

“知识网络”一词在国内学术界最早见于郭其旭在 1989 年发表的“漫谈知识网络——例举杜甫研究图书资料在《中图法》中的分布状况”一文[52]。但其定义并未引用国外的相关概念，而是作者在中文图书的分类和校对工作中自悟的，可见国内外研究者对于知识的网状结构存在，都有各自的认识。直到 20 世纪 90 年代末期，国内才开始有了与国际接轨的知识网络相关研究：

（1）李丹等人在分析组织存在知识缺口问题的基础上，指出了构建知识网络的实际意义，并进一步提出了知识网络构建过程中的构成要素、构建原则和构建方法[53]。最后通过春兰集团②的一个实际分析案例，说明了组织如何构建知识网络以及知识网络所体现的显著成效。

（2）李姝兰认为，知识网络的构建是为了实现以下目标：促进跨学科、跨语言和跨文化的交流；提高不同知识源、不同领域和非媒体类型的知识处理和集成；提高团队、组织或社区有效率、跨地区或跨时间的工作；理解这种新链接的伦理、法律和社会隐含意义[54]。

（3）马费成、刘向则建立了知识网络的增长模型，研究知识网络的演化问题，提出知识老化曲线形成的一种客观性的新解释[55]。所建模型揭示

① 美国国家科学基金会（National Science Foundation，NSF）是美国独立的联邦机构，相当于中国国家自然科学基金委员会，成立于 1950 年。其主要任务是通过对基础研究计划的资助，改进科学教育，发展科学信息和增进国际科学合作等办法来促进美国科学的发展。

② 春兰（集团）公司是集制造、科研、投资、贸易于一体的多元化、高科技、国际化的大型现代公司，是中国最大的企业集团之一，成立于 1986 年，下辖 40 多个独立子公司（其中，制造公司 18 家），并设有春兰研究院、春兰学院、博士后工作站和国家级技术开发中心。

了知识产生的时点与知识增长老化之间的关系：在所属学科的扩展期产生的知识节点历时被连接数先上升后下降，而在衰退期产生的节点的历时被连接数一直是衰减的；知识的利用效率随其所属知识领域的扩张而增加，随衰退而减少。

（4）姜永常从理论基础和基本原则揭示了知识网络链接的原理，知识网络链接是进行动态知识构建的本质要求，有助于泛在知识服务的实现[56]。

（5）王斌运用知识转移理论、创新理论和知识网络理论的分析方法，提出了知识网络创新路径的问题。认为按照知识转移存量和开放度两个维度，知识网络创新可沿着3条非线性路径展开[57]。

从国内知识网络研究中可以看出，国内研究人员主要是从引介国外知识网络概念入手，对已有的概念进行扩充和改进，或是利用国外的相关理论和模型进行应用性研究，原创性研究相对较少。

2. 知识网络的类型

可以依据构成要素、网络层次、演化进程等不同标准，来对知识网络的类型进行不同的划分[49]。

从构成知识网络的结点形态看，知识网络主要有以下三种情形：①人、企业等知识主体之间的网络，其实质是知识在不同的主体之间流动或传播的网络，研究的比较多的是科研工作者之间、科研团体之间、企业之间的知识合作网络；②知识与人之间的网络，即知识网络是将人和观念、知识、信仰等联结起来的网络；③知识与知识之间的网络，以知识为结点，以知识分类或语义分类为基础，建立知识之间的分类网络。

从知识网络层次来划分，根据NSF的观点，商业环境中知识网络存在于个体、群体、公司这三个层次，而社会学和交流学的研究表明这个概念可以延伸至公司外部更大的范围，企业联盟可以作为知识网络存在的第四个层次。另外，商业和职业协会组织跨越了复合的标准，代表了更高水平的进行知识积累传递的外部组织，属于知识网络的第五个层次。赵蓉英则将其归纳为三种类型：①个体知识网络，是指个体大脑中所构成的知识网络图；②组织知识网络，包括群体和公司这两个层次；③社会知识网络，包括企业联盟与商业和职业协会组织这两个层次[49]。

从知识网络演化的角度来看，Seufert 等人（1999）将其分为两类[58]：①一类是自然形成的，对于这类知识网络所需要做的是怎么提供一定的外界环境对其加以培育以提高其绩效；②另外一类则是人为形成的，这类知识网络被看作是人为构建的网络。但无论哪种网络，其参与者都需要以共同的语言、共同的价值观和共同目标作为基础。

Büchel 和 Raub 从管理支持以及收益水平角度将知识网络划分为爱好网络（Hobby Network）、职业学习网络（Professional Learning Network）、最佳实践网络（Best Practices Networks）、商业机会网络（Business Opportunity Network）四种类型[59]。其中，爱好网络关注个人兴趣，通常得不到管理者的支持；职业学习网络中，知识的迁移一般能得到管理者的支持，但用户是否参与学习一般是自愿的，用户根据所迁移的知识的价值以及自身兴趣来决定学习什么以及是否学习；最佳实践网络中，管理者扮演着协调者的作用，所有网络成员都要参与互相间的知识的迁移与学习；商业机会网络是商业目的驱动的网络，但其关注的视角是创新与成长方面。

2.1.2 知识地图

1. 知识地图的含义

“知识地图”一词最早是由布鲁克斯①提出来的[49]。他认为，人类的知识结构可以绘制成以各种单元为节点的“认知图”，反映的是人类的客观知识。美国捷运公司绘制的展示知识资源地理分布的美国地图，则是知识地图的雏形。还有目前广泛应用于知识管理领域的“知识地图”概念，有别于前两者，指的是运用可视化的直观手段使知识在组织成员中有效地

① 贝特拉姆·克劳德·布鲁克斯（Bertram Claude Brookes，1910—1991）是英国著名情报学家，在情报学理论、定量化研究、文献计量学、统计学等方面都有一定研究和贡献。他先后任教于英国伦敦学院、伦敦帝国学院、美国密执安大学、加拿大西安大略大学、多伦多大学等高校。1965—1974 年，他任英国《文献工作杂志》编委会委员。1970—1980 年，他任国际文献联合会情报学理论委员会英国委员。1981—1986 年，他任荷兰出版的《情报科学杂志》副主编。1981 年，他在芬兰赫尔辛基开设文献计量学课程。

传递和共享。刘则渊指出，在知识管理中应用的“具有知识导向的自组织知识地图”，基本上属于知识图谱和知识可视化范畴。随着知识地图的不断发展，其与知识图谱等概念上的交互也不断增多。知识地图更强调对客观知识的描绘和直观显示，它主要起到“地图”的作用，而对于知识发展的动态过程缺乏有效的描述。

与之类似，国内外一些学者还使用“科学地图”（Science Map）的概念。美国印第安纳大学的 Katy Börner① 和国内学者陈云伟等指出[60]，科学地图是一种采用图形的方式来描述科学问题的研究方法，即基于科学数据对其所反映的科学信息进行可视化。可以看出，“科学地图”的概念同知识地图和知识图谱均有交叉部分，很多国外文献其研究内容并没有对这些概念严格加以区分，三者具有很多重合部分，有时则完全等同。这里也不做严格区分。

我国学者关于知识地图的理论与方法研究较为薄弱。早期的理论性文章主要是知识地图的介绍性、综述性文章，大多是对国外相关理论、先进算法等成果的展示。胡立勇、陈定权等介绍了引文分析可视化的理论基础和相关算法，并提出了引文分析可视化系统的设计方案。陈悦、刘则渊等人根据国外学者有关知识地图的研究情况，首次提出了“科学知识地图”的概念[61]，并对其在国外的发展情况进行了介绍。随后，知识地图的相关概念和理论逐渐受到了国内学者的关注，廖胜娇等人也先后对知识地图的相关理论和概念进行了介绍[62]。有关知识地图绘制过程中的相关方法、算法和可视化技术的研究也较少，但近年来有所改观。康永兴构建了一套科研机构知识地图系统来促进科研机构的知识管理，在一定意义上属于知识地图的方法研究范畴。张婷在 DIVA 软件的基础上对原有软件进行了二次

① 凯蒂·伯尔纳（Katy Börner，1967—）在 1997 年获得德国凯撒斯劳滕大学计算机科学博士学位，现为美国印第安纳大学信息与计算学院图书情报系教授，同时兼任艺术与科学学院统计系、生物复杂性研究所、荷兰皇家艺术与科学学院兼职教授、印第安纳大学网络科学网络基础设施研究中心主任、信息可视化实验室主任、国际场地与空间馆馆长。同时，她还是计算机协会（ACM）、国际科学计量学与信息计量学学会（ISSI）、科学社会研究协会（4S）、国际社会网络分析网络（INSNA）、美国社会学学会（ASA）、美国科学促进协会（AAAS）的会员。其研究兴趣广泛，包括科学计量学、知识管理、信息可视化等。

开发，绘制出了科学传播研究前沿演进的时间线和地形式可视化图谱。

目前，国内有关知识地图的应用研究已经取得了一些成果。总结起来，目前国内知识地图的应用研究主要分布在以下几个领域[49]：①管理学学科下的相关领域，如科学学、管理学、战略管理学、工商管理、科学哲学、情报学、科学计量学、信息管理、知识管理等方面的研究，揭示了这些学科的学科结构、发展历程、主流学术群体等；②前沿科技领域方面的研究，如生物相关领域、纳米科技、能源技术、先进工业技术等；③有关创新理论与实践的研究，如创新系统、创新管理等；④教育领域的研究。对高校自然科学学科分布与合作网络知识地图进行了绘制，对推动高校自然科学教育的发展与改革提供资鉴。此外，还有一些经济学相关领域研究、新兴交叉学科的研究和针对个别期刊、机构的知识地图研究等。

2. 知识地图的绘制方法

知识地图绘制的方法很多，主要有以下几种[49]：

（1）引文分析。引文分析方法是知识地图绘制最主要的方法。可以说，引文分析方法是知识地图产生与发展的根基所在。所谓引文分析，就是利用各种数学及统计学的方法和比较、归纳、抽象、概括等逻辑方法对科学期刊、论文、著者等各种分析对象的引证与被引证现象进行分析，从而揭示其数量特征和内在规律的一种方法。具体的方法有引文时序分析、论文共被引分析、作者共被引分析、期刊共被引分析、论文耦合分析等。

（2）共词分析。共词分析是通过对一组词语两两统计其在同一文献中的出现次数来对词进行聚类分析，从而反映出词间的亲疏关系，进而分析这些词所代表的学科研究热点、主题结构变化和转移趋势[49]。较为常见的共词分析为关键词共现分析。关键词是文章内容的直接体现，常被用来进行前沿研究领域的研究热点和发展趋势的辨析。

（3）社会网络分析。前文提到，社会网络分析是人、集团、组织或者其他信息与知识处理实体的关系和流动的映射和测量。社会网络分析可以建立网络关系模型，并对网络中各成员的关系进行描述。在知识地图研究中，社会网络分析方法可以用来对学术群体的合作关系以及引文网络中的层次关系进行研究。

（4）多元统计分析。多元统计分析是指对若干相关的随机变量观测值进行分析。多元统计分析的核心思想是降维，即数据结构的简化。在知识地图研究中，多元统计分析可以将复杂的文献信息进行简化，从大量资料中提取有用的信息，一方面可以对图谱进行简化，另一方面又可以对图谱中所展示的复杂信息进行解释。使用较多的多元统计分析方法主要有因子分析法、聚类分析法和多维尺度分析分析法。

（5）词频分析。这种方法在知识地图的绘制中主要是同上述方法相结合，通过对论文标题、关键词等进行词频分析，就可以确定领域具体研究内容以及名称等。

2.1.3 信息可视化

信息可视化（InformationVisualization）以信息科学、计算机科学、地图学、认知科学、信息传播学与信息系统为基础，通过计算机技术、数字技术、多媒体技术，动态、直观、形象地表现、解释、传递信息并揭示其规律。信息可视化技术的核心是将各类信息及其不可见的内部语义关系转换成图形，展示在一个低维的可视化空间中，提供一种有效的信息反馈机制。

1. 信息可视化的发展历程

信息可视化起源于多个方面。可视化来源于英文单词“Visualization”，是指将文本、数字等信息转化为图形、图像等直观视觉表现形式的过程。从当前发展的可视化技术来看，主要包括科学可视化、数据可视化、信息可视化、知识领域可视化等分支。信息可视化理论最早来源于图形理论。1967 年，法国制图工作者巴顿（J. Bertin）发表了图形理论。这一理论指明了图表的基本元素，描述了图表的设计框架[63]。

1987 年，美国国家科学基金会的小组报告中提出立即建立并长期从事研究“科学可视化”的新兴领域，第一次提出了科学计算可视化的概念。信息可视化是在科学可视化的基础上发展起来的，尽管两者在研究对象、方法和应用领域等方面有着本质区别，但科学可视化的发展对信息可视化研究起到极大的推动作用[49]。

自 20 世纪 80 年代以后，美国耶鲁大学统计学教授爱德华·塔夫特（Edward Tufte）① 先后于 1983 年、1990 年和 1997 年发表了三本关于信息可视化的代表性著作[49]，为信息可视化研究奠定了重要的理论基础。巴顿的理论在许多领域都很有影响，并且推动了信息可视化的大发展。1989 年，信息可视化的概念由罗伯斯顿（G. Robertson）和卡特（S. Card）等在其发表的论文中首次提出。随后“信息可视化”迅速发展成为与科学可视化并列的研究领域[64]。

信息可视化已经成为情报学领域研究的新热点。20 世纪 90 年代以后，关于信息可视化的论文和著作迅速增长，陈超美博士于 1999 年首次专门论述了信息可视化[65]，是信息可视化领域最早的开拓者之一。他在信息可视化领域引入 pathfinder 算法，提高了文献引文网络分析的效率和范围，对科学知识图谱理论与方法作了奠基性贡献。

利用计算机软件绘制知识地图是近年来信息可视化技术发展的重要手段。通过知识地图的手段实现信息可视化开始于 20 世纪 80 年代，信息计量学家霍华德·怀特（Howard D. White）等学者首先通过绘制科学知识图谱的方法对学科领域的知识结构进行可视化分析[49]，掀起了科学计量学与信息计量学等学科的信息可视化研究，这种直观展现学科知识结构的方法迅速得到了广泛传播和深入发展。陈超美创造性地将信息可视化技术和科学计量学结合起来，把对科学前沿的知识计量和知识管理研究推进到以知识图谱与知识可视化为辅助决策重要手段的新阶段，开创了知识单元的可视化技术与应用领域，推进和推广了科学前沿图谱及可视化分析。

2. 信息可视化流程

信息可视化的目的是与大规模数据集进行高效交互，发现隐藏在信息

① 爱德华·罗尔夫·塔夫特（Edward Rolf Tufte，1942—）是信息设计的先驱者、耶鲁大学统计学和政治学退休教授。他在斯坦福大学获得统计学士学位，并在耶鲁大学获得政治学博士学位，目前出版了包括《视觉解释》《构想信息》《定量信息的视觉展示》《数据分析的政治和政策》《美丽的证据》等在内的一系列书籍。2010 年 3 月 5 日，奥巴马总统任命塔夫特为美国恢复和再投资法案的恢复独立咨询小组成员，主要任务是跟踪和解释复苏刺激资金 7870 亿美元，提供有关恢复资金使用的透明度。

内部的特征和规律。各种可视化方法（或工具）充分利用了人类对可视模式快速识别的自然能力，可将人类对信息阅读、判别和理解等认知负担转变为简单、直观的视觉感知，对于科学研究工作的重要性日益凸显。特别是当研究问题的规模和复杂性日益增长，在对研究结论和成果进行展示、说明时，对各种可视化工具的需求越来越迫切。

可视化流程的关键在于精简的概括性及自然的交互性。可视化的一般流程可以概述为：原始数据经过数据过滤获得可视化数据，可视化数据通过映射获得对应的表示形式，再将这些表示通过渲染获得可视化效果并输出（如图 2－1 所示）[49]。

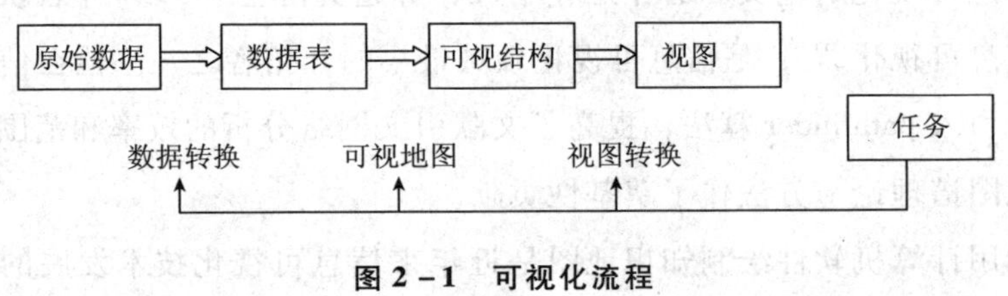

图 2－1　可视化流程

（1）原始数据到可视化数据的过程。可视化项目背景和目标决定了该过程和数据的具体内容。

（2）可视化数据的映射。映射是指将抽象数据转换为可视化表示的过程，如通过颜色映射数值关系。映射可以将复杂抽象的数据形象直观地概括到一张或多张图形中，有利于人类有效地理解数据。可视化的难点就在于从数据表到可视化结构的映射，可视化结构包括三个基本组成部分，即空间基（Spatial Substrate）、图形元素（Graphical Elements）、图形属性（Graphical Properties）。其中，空间基决定了最终视图的空间维度；图形元素是可视化视图中的主体，通常用来代表要表现的数据特征，常用的包括点、线、面、体；而图形属性为图形元素的一些视觉属性，包括静态和动态属性（例如，闪烁等动态属性）。常用的图形属性包括尺寸、形状、方向、颜色（细分为色相、明度、饱和度）、纹理等。在可视化过程中，数据表被映射为可视化结构，可视化结构在一个空间基中用图形元素和图形属性对信息进行编码，三者交叉构成不同的视图对象。

(3) 渲染与可视化效果输出。交互是指计算机对人类所做行为的反应，通过设计便捷有效的交互有利于人类对复杂数据进行自由探索。映射完成后，就有了视图，但用户看到的视图对象大多是由交互操作决定的。

为了提高可视化的效率，还需要对其中的关键步骤进行优化，并添加交互功能。从原始数据到可视化数据，需要进行层次化结构的表示、特征提取等操作；从可视化数据到渲染数据，需要进行多边形消减、自适应算法等处理；从渲染数据到渲染结果，需要借助硬件加速等技术。

目前，信息可视化在多个领域获得了广泛应用[49]，包括医药学、生物学、工业、农业、军事等领域。最近几年，信息可视化在金融、网络通信、商业信息等领域获得了大范围应用，受到社会各界的关注。

2.2 知识图谱相关理论

2.2.1 引文分析理论

引文分析是指利用各种数学及统计学的方法和比较、归纳、抽象、概括等逻辑方法对科学期刊、论文、著者等各种分析对象的引证或被引证现象进行分析，以便揭示出研究对象所具有的特征或是它们之间的关系及其规律性这样一种文献计量研究方法。

1. 引文分析的发展简史

最早运用科学论文的参考文献加以分析，以求达到某种目的的实践的是俄国科学院院士瓦尔金。他于 1911 年首次运用引文分析方法研究了包括俄国在内的化学家们对世界化学发展所作出的贡献。但是，当年的化学史著作并没有现代引文制度所规范的引文形式，瓦尔金所研究的是在正文中直接引用的叙述及脚注中出现的叙述，所以人们并没有认为瓦尔金是开引文分析先河者。

目前，学术界普遍承认的引文分析先行者是格鲁斯 (Gross) 等人[66]，他们统计并分析了化学中某些科技期刊论文的参考文献。1927年，他们依据期刊刊登被引论文多少将期刊排列制表，建立起围绕化学教育所必备期刊的顺序表，并称为核心期刊表。1956年，布朗（Brown）依据统计所得的引文频次，评价并确定了期刊的重要性，其领域扩大到化学、物理、地理、生理、植物、动物、昆虫学等学科[66]。1962年，哈里格用引文分析法追踪研究一种新的学术思想是怎样传接的，他发现某些论文由于多次被引用，成了社会计量学领域的明星——核心论文，而其他多数论文几乎没有得到什么引用。1973年，美国情报学家亨利·斯莫尔（H. Small）① 提出同被引技术[66]。从20世纪80年代开始，人们充分利用《科学引文索引（Science Citation Index，SCI）》和《期刊引用报告（Journal Citation Reports，JCR）》数据来进行多方面的研究。

2. 引文分析的主要类型

如果从不同的角度、基于不同的标准来进行划分，就会得到不同的引文分析方法。例如，如果从获取引文数据的方式来划分，则可将引文分析方法分为直接法和间接法。其中，直接法是直接从来源期刊中统计原始论文所附的被引文献，从而取得数据并进行引文分析的方法；间接法则是通过“科学引文索引（SCI）”“期刊引用报告（JCR）”等引文分析工具，查得引文数据再进行分析的一种方法。如果从文献引证的相关程度来划分，则可将引文分析方法分为自引分析、双引分析、三引分析等三种类型。如果从分析的出发点和内容来来划分，则可将引文分析方法分为以下三种类型[67]：①引文数量分析，主要用于评价期刊和论文，研究文献情报流的规律等；②从引文间的网状关系或链状关系进行研究，科学论文间存在着一种引用关系网，研究这种关系主要用于揭示学科的发展与联系，展望未来前景等；③从引文反映出的主题相关性方面进行研究，主要用于揭示科学

① 亨利·斯莫尔（Henry Small，1941—）是美国著名情报学家、科学计量学家，曾任汤姆斯科技公司（即原来的美国科学信息所ISI）首席科学家、国际科学计量学与信息计量学学会（ISSI）会长。他先后获得过Derek de Solla Price奖（1987年）、JASIST最佳论文奖（1987年）、美国情报学与技术学会最高荣誉Merit奖（1998年）等荣誉。1973年，他在其著作《用共引方法分析科学文献》中首次提出论文共引（Co－citation）概念和分析方法。

结构和进行文献检索等。

此外，如果从引文的其他不同特征出发，则可以派生出其他类型的引文分析。例如，从引文的语种、国别、类型、年代等进行引文分析。其中，引文语种分析对于人们有计划地引进外文文献、译文选题、外语教育等，颇有参考价值。引文国别分析可以探明各国互引文献的状况，弄清国际文献交流的数量和流向。引文类型分析有利于确定文献情报搜集的重点。引文年代分析不仅可以了解被引文献的出版、传播和利用情况，而且可以研究科学发展的进程和规律。

3. 引文分析的应用领域

引文分析技术日趋完善，应用不断扩大。目前，引文分析方法主要应用在以下领域[68]：①测定学科的影响和重要性：通过文献引用频率的分析研究可以测定某一学科的影响和某一国家某些学科的重要性；②研究学科结构：通过引文聚类分析，特别是对引文间的网状关系进行研究，能够探明有关学科之间的亲缘关系和结构，划定某学科的作者集体；分析推测学科间的交叉、渗透和衍生趋势；还能对某一学科的产生背景、发展概貌、突破性成就、相互渗透以及今后发展方向进行分析，从而揭示科学的动态结构和某些发展规律；③研究学科信息源分布：通过文献间的相互引证关系，分析某学科（或专业）文献的参考文献的来源和学科特性，不仅可以了解该学科与哪些学科有联系，而且还能探明其信息来源及分布特征，从而为制定本学科的信息管理方案和发展规划提供依据；④确定核心期刊：引文分析方法是确定核心期刊的常用方法之一。这种方法的主要特点是从文献被利用的角度来评价和选择期刊，比较客观。加菲尔德通过引文分析，研究了文献的聚类规律。他将期刊按照期刊引用率的次序进行排列，发现每门学科的文献都包含有其他学科的核心文献。这样，所有学科的文献加在一起就可构成一个整体的、多学科的核心文献，而刊载这些核心文献的期刊不过 1000 种左右。利用期刊引文的这种集中性规律可以确定学科的核心期刊；⑤研究文献老化规律：有关文献老化的研究一般是从文献被利用角度出发的。普赖斯曾利用引文分析探讨文献的老化规律。通过对“当年指标”和“期刊平均引用率”的分析，他认为期刊论文是由半衰期绝然不同的两大类文献构成的，即档案性文献和有现时作用的文献。科学文献之间引文关系的一种基本形式是引文的时间序列。对引文的年代分布曲线进行分析，可以测定各学科期刊的“半衰期”和“最大引文年限”，从而为制定文献的最佳收藏年限、对文献利用进行定量分析提供依据。同时，一个学科的引文年代分布曲线与其老化曲线极为相似。这有力地说明文献引文分布反映了文献老化的规律性。因此，从文献引用的角度研究文献老化规律是一种有效的途径和方法；⑥研究信息用户的需求特点：利用引文分析方法进行信息用户研究是一种重要途径。根据科学文献的引文可以研究用户的信息需求特点。一般来说，附在论文末尾的被引用文献是用户（作者）所需要和利用的最有代表性的文献。因此，引文的特点可基本反映出用户利用正式渠道获得信息的主要特点，尤其是某信息中心对其所服务的用户所发表的论文的引文分析，更具有直接的指导意义。通过对同一专业的用户所发表的论文的大量引文统计，可以获得与信息需求有关的许多指标，如引文数量、引文的文献类型、引文的语种分布、引文的时间分布、引文出处等；⑦评价人才：在人才评价方面，常采用引文分析方法。这是因为某著者的论文被别人引用的程度可以是衡量该论文学术价值和影响的一种测度，同时，也从科研成果被利用的角度反映了该著者在本学科领域内的影响和地位。因此，引文数据为人才评价提供了定量依据。

2.2.2 复杂网络理论

1. 复杂网络的含义

复杂网络（Complex Network）的研究始于20世纪60年代[69]。数学家Erdös和Rényi提出的随机图模型（现在被称为ER模型）是该领域的奠基性数学理论。小世界现象和无标度网络的发现，统计物理学研究手段的进步，促进了复杂网络研究的发展。20世纪90年代末期，复杂网络理论被西方学者广泛关注，国内则从2002年开始相关研究。复杂网络的理论研究主要由图论、统计物理学、计算机网络研究、生态学、社会学以及经济学等领域的学者进行，他们主要考虑建模问题、网络性质、网络形成机制、网络演化统计规律、网络上的模型性质、网络的结构稳定性以及网络的演化动力学机制等问题。应用研究则非常广泛，应用到自然科学和社会科学的多个领域。现实世界中有许许多多的复杂网络（例如，互联网、科研合作网、无线通讯网络、电力网络、生物神经网络和 DNA、社会关系网、航空网络等）。钱学森①对复杂网络进行了比较深入的描述，指出复杂网络是具有自组织、自相似、吸引子、小世界、无标度中部分或全部性质的网络。

2. 复杂网络的类型

如果按模型结构来区分，则可将复杂网络细分为以下四种类型[49][69]。

（1）规则网络。规则网络包括常见的具有规则拓扑结构的网络，如完全连结图，星状网络，邻近节点连接图等。用得最多的规则网络是由 N 个节点组成的环状网络。

（2）随机网络。Erdös 和 Rényi 提出一种构造网络的方法，在此方法下两个节点之间连边与否不再是确定的事情，而是根据一个概率决定。这是一种完全随机的网络模型，这样生成的网络叫做随机网络。

（3）小世界网络。Watts 和 Strogatz 提出小世界模型，构造出一种介于规则网络和随机网络之间的网络——小世界网络。

（4）无标度网络。许多实际的复杂网络的连接度分布具有幂律函数形式，由于幂律分布没有明显的特征长度，该类网络又被称为无标度网络（Scale - Free）。

3. 复杂网络的特征

复杂网络的两个最基本的特点是小世界性和无尺度性，这些特性可以在情报学的某些领域获得应用（例如，信息传播、信息资源配置、信息检

① 钱学森（1911—2009）是世界著名科学家、空气动力学家、中国载人航天奠基人、中国科学院院士、中国工程院院士、中国两弹一星功勋奖章获得者，被誉为“中国航天之父”“中国导弹之父”“中国自动化控制之父”和“火箭之王”，曾任美国麻省理工学院和加州理工学院教授、中国科学技术大学近代力学系主任、中国科学院力学研究所所长、第七机械工业部副部长、国防科工委副主任、中国科技协会名誉主席、中国人民政治协商会议全国委员会副主席、中国科学院数理化学部委员、中国宇航学会名誉理事长、中国人民解放军总装备部科技委高级顾问、中国自动化学会理事长等重要职务。

索、知识地图、知识交流、科研合作网络、引文网络、网络信息资源的组织与服务等领域)。更重要的是，复杂网络的研究视角是从整体角度来关注网络结构对其功能的影响，运用计算机进行大规模网络分析，这为信息计量学研究提供了一种新的研究问题的方法。此外，复杂网络的特征还包括[69]：①连接结构的复杂性：网络连接结构既非完全规则也非完全随机，但却具有其内在的自组织规律；②网络的时空演化的复杂性：复杂网络具有空间和时间的演化复杂性，展示出丰富的复杂行为，特别是网络节点之间的不同类型的同步化运动。

2.2.3 小世界理论

1. 小世界理论的含义

1967 年，哈佛大学社会心理学家斯坦利·米尔格兰姆（Stanley Milgram)① 进行了一项连锁信件实验，提出了著名的“六度分离”（Six Degrees of Separation）假设，即“小世界现象”（Small World Phenomenon）。通过实验，他证明了地球上任何两个人之间联系起来，经过的中间人平均值为 6 个[70]。1998 年，Watts 和 Strogatz 在研究规则网络和随机网络理论的基础上提出了“小世界模型”[71]，即 W－S 模型，该模型说明了小世界网络的构建过程。研究表明，许多实际网络（社会、生态等）都具有小世界性质。“小世界现象”目前还没有精确的定义，较为合理的解释是指网络中任意两点的平均距离 L 随网络大小（结点数 N）呈对数增长，即 L－lnN，也就是说网络中结点数量增加很快时，L 的变化相对较慢，这种现象称为“小世界现象”。

当年，米尔格伦的实验只涉及到 300 余人，但借助先进的科技，研究所用的信息量被扩大到 300 亿条之多，为理论提供了更坚实的基础。现在，“六度分离”理论已在实践中得到广泛应用，不少商人和求职的大学生更

① 斯坦利·米尔格兰姆（Stanley Milgram，1933—1984）是美国社会心理学家，曾在耶鲁大学、哈佛大学和纽约市立大学工作。在哈佛大学时他曾进行“小世界实验”，该实验启发他提出六度分隔理论，测试人们对权威的服从性。他因其对心理学的创造性贡献而获得过许多荣誉，其代表作主要有《对权力的服从》《电视与孤僻行为》《社会生活中的个体》等。

是将它作为认识朋友、扩展人脉的金玉良言加以实践。

2001 年，哥伦比亚大学社会学系的一个研究小组开始在互联网上进行了这个实验。他们建立了一个实验网站，终点是分布在不同国家的 18 个人（包括纽约的一位作家、澳大利亚的一名警察以及巴黎的一位图书管理员等等），志愿者通过这个网站把电子邮件发给最可能实现任务的亲友。结果一共有 384 个志愿者的邮件抵达了目的地，电子邮件大约只花了五到七步就传递到了目标。

美国的一个脱口秀节目有一次请了三个大学生来参加，主题是证明好莱坞的任何其他明星与演技派男星凯文·贝肯①之间都能通过五个人联系起来。他们甚至成功地将已经去世的查理·卓别林②与凯文·贝肯之间通过三个人建立了联系。节目引起了巨大反响。

微软公司的研究人员为证实这种理论的可行性而开展实验，随意挑选了 2006 年的某一月，记录下当月所有通过微软网络发送短信的用户地址，分析了 300 多亿条地址信息，最终统计得出，多达 78% 的用户仅通过发送平均 6.6 条短信，或者说通过 6.6 步，就可以和一个陌生人建立起联系。按照这种理论，每个人都可以利用关系网与陌生人搭上关系，甚至像麦当娜、英国女王这样的名人从某种意义上来说都是我们的“熟人”。

2. 小世界网络的特征

小世界网络是一种特殊结构的复杂网络，可以使用特征路径长度和聚合系数两个特征来衡量小世界网络，节点之间的特征路径长度小，而聚合系数高[49][69]。

（1）特征路径长度。在网络中，任选两个节点，连同这两个节点的最少边数，定义为这两个节点的路径长度，网络中所有节点对的路径长度的平均值，定义为网络的特征路径长度（Characteristic Path Length），这是网

---

① 凯文·贝肯（Kevin Bacon，1958—）生于宾夕法尼亚州的费城，美国电影演员，其代表作主要有《浑身是劲》《刺杀肯尼迪》《义海雄风》《阿波罗 13 号》《沉睡者》《神秘河》等，曾获得第 67 届金球奖最佳男主角、第 16 届美国演员工会奖最佳主角等荣誉。

② 查理·卓别林（Charlie Chaplin，1889—1977）是英国著名影视演员、导演、编剧，其代表作主要有《城市之光》《摩登时代》《大独裁者》等，曾获得英国电影和电视艺术学院奖终身成就奖、威尼斯电影节终身成就金狮奖、奥斯卡金像奖荣誉奖等荣誉。

络的全局特征。其中，最短的路径也称为两点间的距离，记作 Dist（i, j）。而平均路径长度定义为

$$\mathrm{Dist}_c = \frac{2}{N\ (N+1)} \sum_{j \geqslant i} \mathrm{dist}\ (ij,) \qquad (式 2-1)$$

其中 N 是节点数目，并定义节点到自身的最短路径长度为 0。如果不计算到自身的距离，那么平均路径长度的定义就变成：

$$\mathrm{Dist}_c = \frac{2}{N\ (N-1)} \sum \quad \mathrm{dist}\ (ij,) \qquad (式 2-2)$$

（2）聚合系数。聚合系数（Clustering Coefficient）：假设某个节点有 k 个边，则这 k 条边连接的节点（k 个）之间最多可能存在的边的个数为 k（k-1）/2，用实际存在的边数除以最多可能存在的边数得到的分数值，定义为这个节点的聚合系数。所有节点的聚合系数的均值定义为网络的聚合系数。聚合系数是网络的局部特征，反映了相邻两个人之间朋友圈子的重合度，即该节点的朋友之间也是朋友的程度。

2.3 知识图谱绘制步骤

早在 1997 年，White 等人将文献计量的可视化步骤归纳为 5 点[72]。2003 年，Börner 等人提出了知识图谱的 6 步绘制法[73]。2011 年，Cobo 等人提出了知识图谱的 8 步绘制法[74]。2012 年，杨思洛①等人提出了知识图谱的 8 步绘制法[75]。

① 杨思洛（1979—）曾为湘潭大学管理学院副教授、硕士生导师、珞珈青年学者，2011 年毕业于武汉大学信息管理学院信息资源管理专业，获管理学博士学位，曾获得“全国优秀博士学位论文”等学术奖励十多项，兼任武汉大学世界一流智库评价研究中心首席专家、中国图书馆学会教育研究专业委员会委员、全国科学计量学与信息计量学专业委员会秘书长、《评价与管理》常务副主编等职，主持国家社会科学基金、教育部人文社会科学基金等各级课题十多项，在国内外重要学术期刊上发表论文 100 余篇，独著 2 部，参编著作 8 部。此外，他还是《中国图书馆学报》《图书情报工作》《图书情报知识》《JASIST》等期刊审稿人。

2.3.1 Börner 等人的 6 步绘制法

2003 年，Börner 等人将知识图谱绘制分为 6 个步骤[73]：提取数据、定义分析单元、选择测度指标、计算分析单元之间的相似度、排序分析、数据显示（如图 2－2 所示）。

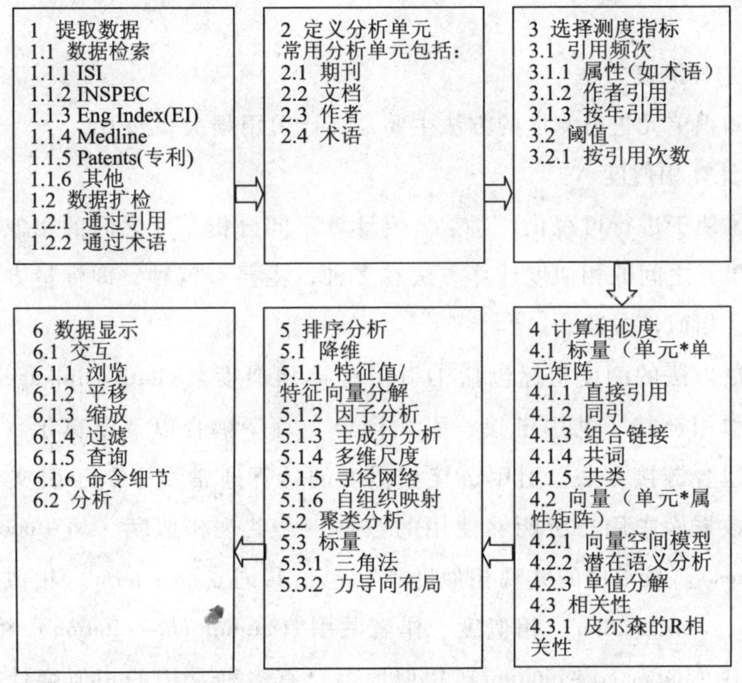

图 2－2　Börner 等人提出的 6 步绘制法示意图

1. 提取数据

Börner 等人认为，无论绘制哪一种类型的知识图谱，其中第一个步骤都会是提取合适的数据。Börner 没有详细讨论提取数据时需要考虑的检索策略等相关问题，而是特别强调提取数据的质量非常重要。

2. 定义分析单元

选择分析单元是绘制知识图谱的第二个步骤。绘制知识图谱时最常见的分析单元是：期刊（journals）、文档（documents）、作者（authors）、词语（descriptive terms or words）。不同的分析单元可以用来构建不同类型的知识图谱。例如，期刊知识图谱可以帮助读者了解学科的全貌，显示各个学科的相对位置及其关系，还可以用来对特定学科进行更细粒度的分析。又如，文档（包括论文、专利等）也是绘制知识图谱时使用最为广泛的分析单元，利用它绘制的知识图谱可以用于等多种目的，包括文档检索、领域分析、信息政策制定、评估科研绩效，以及科学技术管理、竞争情报等。

3. 选择测度方法

对知识单元进行测度的方法主要是统计引用频次和阈值。

4. 计算相似度

为了便于进行可视化，通常需要计算不同分析单元之间的相似度。不同分析单元之间的相似度计算方法有多种，主要有三种，即标量方法、向量方法、相似性方法。

标量方法的测度指标包括①引用链接相似度（citation linkages），包括直接引用链接、共引链接、引文耦合、时序耦合以及斯莫尔（Small）提出的组合链接方法。引用链接相似度的计算通常受限制于引文数据库和专利数据库中用户所能够使用的数据；②共现相似度（co－occurrence similarities）。最常用的共现相似度指标包括共词（co－term）相似度、共类（co－classification）相似度、作者共引（author co－citation）相似度、论文共引（paper co－citation）相似度等。有多种常用的相似度计算公式可用来计算共现相似度。例如，Cosine 和 Jaccard 指数就是两种简单的共现相似度计算算法。向量方法主要包括向量空间模型、潜在语义分析、单值分解。相关性方法主要是指皮尔森的 R 相关性。

5. 排序分析

为了便于对样本数据进行可视化分析，通常需要对它们进行简化处理，即排序分析。其中涉及到的技术包括降维技术、聚类分析技术以及标量技术（包括三角法和力导向布局）。其中，降维技术是指将样本数据从多维空间变换映射到低维空间，从而获得关于原数据集的低维表示。常用的降维技术包括特征向量分解、因子分析、主成分分析、多维尺度、寻径网络、自组织映射等。其中，特征向量分解是指将矩阵分解为由其特征值和特征向量表示的矩阵之积的方法。因子分析是指研究从变量群中提取共性因子的统计技术。因子分析可在许多变量中找出隐藏的具有代表性的因子。将相同本质的变量归入一个因子，可减少变量的数目，还可检验变量间关系的假设。主成分分析通过正交变换将一组可能存在相关性的变量转换为一组线性不相关的变量，转换后的这组变量叫主成分。多维尺度法是一种将多维空间的研究对象（样本或变量）简化到低维空间进行定位、分析和归类，同时又保留对象间原始关系的数据分析方法。寻径网络通过模拟人的记忆模型和联想式思维方式，建立知识单元之间的有效连接路径，经过复杂的模型运算删除网络中的大部分连接，只保留最重要的连接，从而达到最大限度地简化复杂网络的目的。自组织映射采用无导师学习的分类方法，将任意输入信息变换到二维离散网格上，并且尽可能地保持原知识的拓扑有序结构。

6. 数据显示

在绘制知识图谱过程中，通常还需要对图谱进行浏览、平移、缩放、过滤、查询等一系列交互操作。然后，对生成的图谱进行详细分析和解读。

2.3.2 Cobo 等人的 8 步绘制法

2011 年，Cobo（2011）等人将知识图谱绘制分为 8 个步骤[74]：数据检索、处理、网络提取、标准化、作图、分析和可视化（如图 2－3 所示）[76]。

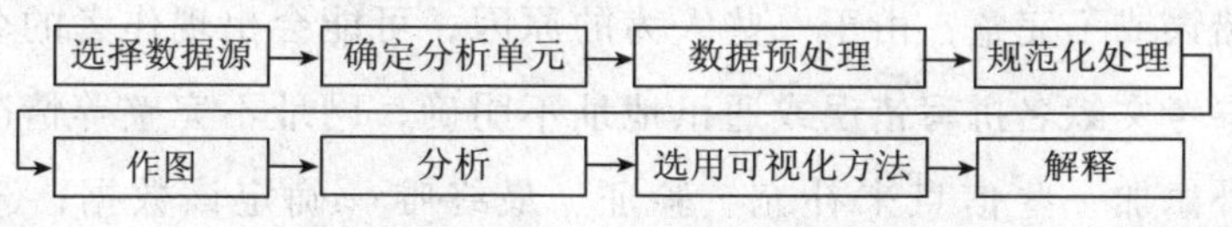

图 2－3　Cobo 等人总结的知识图谱绘制步骤

1. 选择数据源

可以用来进行知识图谱分析的国外常用数据源主要有：ISI Web of Science（WoS），Scopus（http：//www. scopus. com），Google scholar（http：//scholar. google. com），NLM 的 MEDLINE （http：//www. ncbi. nlm. nih. gov/pubmed）[77]。这几个数据库有各自的特点和优势，收录的文献也有一定的差异。另外，还有其他一些文献计量数据源。例如，arXiv（http://arxiv. org），CiteSeerX（http://citeseerx. ist. psu. edu/），Digital Bibliography&Library Project（DBPL；http://dblp. uni - trier. de/），SAO/NASA Astrophysics DataSystem（ADS；http://adswww. harvard. edu/），Science Direct（http://www. sciencedirect. com/）。国外的一些专利数据和基金数据也可以利用。例如，the United States Patent and Trademark Office（USPTO；http://www. uspto. gov/），European Patent and Trademark Office（http://www. epo. org）和 National Science Foundation（http://www. nsf. gov/）。

2. 确定分析单元

绘制知识图谱时可用的分析单元包括期刊（journals）、文档（documents）、作者（authors）、词语（descriptive terms or words）。这些分析单元可以从文档的标题、摘要、正文等选取。不同的分析单元可以用来构建不同类型的知识图谱。

3. 数据预处理

数据预处理是整个分析的重点，要想获得理想的绘制结果，更好地显示数据之间的关系，就必须依赖于数据的质量和较好的预处理方法，主要包括以下步骤：①查重：数据中常常会有用不同的拼写方式来表示同一概念或主题的情况，这时就需要进行必要的查重处理，提高数据的精确性；②拼写错误或不完整：由于一些人为的原因，可能会出现作者的名字、期刊名、参考文献名拼写错误或通讯地址不明确，网址不完整等情况，这时就得额外添加一些信息来补充、验证、最终唯一确定该数据；③时间切片：首先将数据分为不同时间的子周期，以便于对不同时段进行分析、研究，全面了解发展的前因后果；时间切片可以积累计算，即后面的数据表格可包括先前所有时间间隔内的信息，也可以进行完全切片，即每个数据表格只包括其自身的时间间隔的数据信息。累计的数据表格可用于查看其随时间的发展变化情况，而被完全切片的数据表格可以用于显示随着时间的推移其结构的变化情况；④典型数据的选取：通常情况下，在拥有很多数据时，图谱很难正确、清晰地表现出数据之间的关系。因此，为了获得更好的显示效果、更准确的数据分析结果，通常需要对数据进行缩减，选取一些典型数据来进行分析（例如，选取被引次数最多的文章，或者选择核心期刊上的数据，或是选择 H 指数较高的作者等）；⑤选取前 N 个节点和边来进行分析，同时去掉孤立节点，对边进行修剪，这样可以用更少量的数据来更强的表现网络的重点。

4. 规范化处理

当选定的分析单元之间的关系网络已经建成时，就需要利用相似度指标来对数据进行规范化处理。目前，最受欢迎的相似性测度指标包括 Salton 余弦、Jaccard 指数、Equivalence 指数、关联强度等。通常情况下，有必要对文档中的术语进行规范化处理。可以使用的文本标准化指标包括 TF（Term Frequency，词频）、IDF（Inverse Document Frequency，逆向文件频率）、潜在语义分析、对数熵、互信息等。

5. 作图

作图主要是运用各种不同的算法，利用所选的分析要素来构建整个网络图谱。常用技术主要有：①降维技术，使用多维尺度分析（MultiDimensional Scaling，MDS）把网络转化成一个低维空间（通常是二维）；②聚类技术，使用一些聚类算法把大的网络聚类成一些小的子网络；③最近出现的一些新聚类算法，如 streemer、spectralclustering、modularity maximization、a bootstrap resampling with asignificance clustering 等。

6. 分析

接下来，可以使用不同的分析方法来提取有用的知识。如果想要了解某学科的发展历史、现实发展状况，以及未来发展趋势，可以选择使用时间序列分析；如果想要了解某个学科在某个有限的持续的时段内的高密性，可以使用时间序列分析中的一个重要方法——突发性检测；如果想要分析要素的空间属性或地理位置情况，就可以进行地理空间分析。例如，可以利用共作者（或合作者）作为分析单元，然后进行突发检测，再将属性相近的作者进行聚类。同时，在网络中，还可以将每个节点上显示作者的国家/所属机构情况。

7. 选用可视化方法

每种分析方法的输出各不相同。因此，选用一种能够很好地理解和解释输出的可视化技术就显得很重要。例如，网络和子网的映射展现方式包括日心图（heliocentric maps）、几何模型（geometrical models）、主题网络（thematic networks）。另外一种方法就是用距离来衡量两个节点之间关系的强弱程度，关系强的距离近。

8. 解释

前面所做的所有努力，都是为对最终结果的解释服务的，但结果解释的深度和质量则因分析者的经验、知识、学术背景、学术功底不同而存在很大差异。

2.3.3 杨思洛等人的 8 步绘制法

杨思洛等人将知识图谱绘制分为 8 个步骤[75]（如图 2－4 所示）。

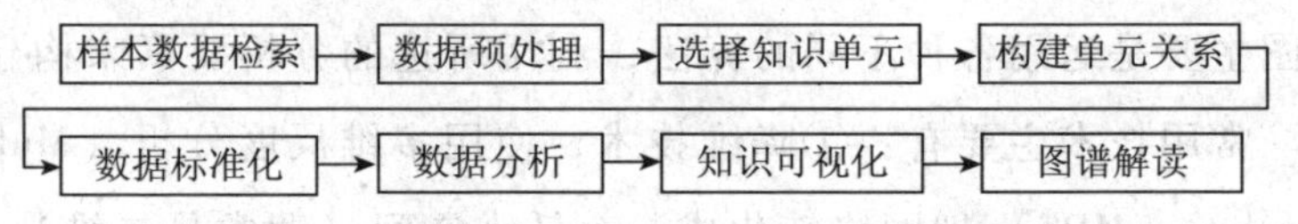

图 2－4 杨思洛等人总结的知识图谱绘制步骤

1. 样本数据检索

样本数据的检索与获取是绘制知识图谱的前提和基础。最常用的数据库除了 WoS、Scopus、Science Direct、USPTO 等，还包括 Google Scholar、arXiv、CiteSeer 等网络数据库。

2. 数据预处理

知识可视化的质量、合理性和可靠性很大程度上依赖于所用数据的精确性和全面性。但是，即使最权威、公认质量很高的 WoS，也存在数据著录格式（如人名和地名的不统一）和遗漏的问题。因此，从数据库中检索出原始数据以后，还需要经过分词、去停用词、去重、勘误等一系列预处理后才能够进行分析。另外，为了进行历时或分时段的对比分析，还需要对数据进行分段处理；如果样本数据过大，则需要进行有代表性的数据抽取（例如，选择高被引的论文或机构，或是发文最多的作者等）。

3. 选择知识单元

知识单元是知识处理的基本单位。在知识图谱绘制过程中，通常选择的知识单元主要有关键词、题名、作者、机构、刊名、分类号、学科等。目前，也有人将其扩展到摘要、参考文献和全文等。另外，也可以将两种或两种以上的知识单元结合起来进行可视化分析，以达到更好的可视化效果。

4. 构建单元关系

对知识单元关系可视化研究需要定义测度指标，目前一致认同的是 1997 年怀特（White）的描述[78]。他把知识单元关系分为两种。其中，一种是文献（单元）间的直接联系，用前缀“inter”表示；另一种是知识单元在一个文献（单元）内的共现，用前缀“co”表示，如共词、共被引、共分类号、共标引词等。另外，Zitt 等人将知识单元关系分为基于引证关系的和基于词语义的两种不同方式，通过实证分析，以块状矩阵图对比其异同，认为两者不能替代或混合，而只能相互补充[79]。

5. 数据标准化

为了便于进行可视化，往往还需要对单元数据进行标准化处理。标准化常常通过数据间的相似度进行测度，主要有两大类，一是集合论方法（Set - theoretic measures），包括 Cosine、Pearson、Spearman、Ochiai 指数和 Jaccard 指数；二是概率论方法（Probabilistic Measure），主要有合力指数（Association Strength）和概率亲和力指数（Probabilistic Affinity）。

6. 数据分析

为了发现知识之间的关系，更好地展示各个知识单元，必须对样本数据做进一步处理（即简化分析），主要包括因子分析、多维尺度分析、自组织映射图（SOM）、寻径网络图谱（PFNET）。此外，还有聚类分析（Cluster）、潜在语义分析（Latent Semantic Analysis）、Force Directed Placement（FDP）、三角法（Triangulation）、最小生成树法和特征向量法（Eigenvector）等。

7. 知识可视化

经过上述步骤处理后的知识还需要在人机界面中进行有效、精确地展示。知识单元及其关系可以通过不同模拟来可视化展示，包括几何图、战略图、冲积图、主题河图、地形图、星团图、簸幅图等。

8. 图谱解读

在知识图谱解读过程中，常常需要对知识图谱进行相应操作，包括浏览、放大、缩小、过滤、查询、关联和按需移动等。对知识图谱进行解读的方法主要有：①历时分析：从时间角度对系列知识单元的模式、趋势、季节性和异常等进行分析，发现领域（知识）在不同时期的变化情况；②突变检测：通过检测短时间内知识单元的急剧变化，主要分析知识的前沿趋势，发现知识演变的转折点和焦点；③空间分析：主要分析知识的空间分布，明晰知识的地理位置关系；④网络分析：一般借鉴社会网络分析理论，对知识节点及其关系进行测定，相关指标有中心性分析、凝聚子群分析、核心—边缘结构分析，通过在理论结构、模型和概念间构建网络来可视化科学知识；⑤地理分布：对于知识的地理位置分布，可使用通用软件（例如，Google Earth 和 Google Maps）、地理信息系统软件 ArcGis、空间计量软件 Geoda、社会网络分析软件 Pajek 等来进行可视化。

目前，上述 8 个步骤都是针对中小型数据集，而且步骤之间多以手工过渡为主，缺少对海量文献数据处理过程和全自动完成知识图谱绘制方面的研究。

2.4 知识图谱分析方法

知识图谱的绘制需要综合运用文献计量、统计分析、数据挖掘、信息可视化、社会网络分析和信息分析等领域的研究方法，大致可分为文献计量方法、统计分析方法、数据挖掘方法三大类方法[80]。但目前为止还未有对这些方法实现并行化算法实现方面的研究。

2.4.1 文献计量方法

文献计量学方法主要包括以下几种方法。

1. 引文分析方法

引文分析是利用各种数学、统计学方法和比较、归纳、抽象、概括等逻辑方法，对科学期刊、论文、著者等各种分析对象的引用与被引用现象进行分析，以便揭示其数量特征和内在规律的一种文献计量分析方法。引文分析大致有三种类型：①引文数量研究，主要用于对科学家、出版物和科学机构的定性和定量评估；②引文结构（网状或链状关系）研究，主要用于揭示科学的发展与联系；③引文主题（相关性）研究，主要用于揭示科学的结构以及进行信息检索。

2. 共引分析方法

1973 年，斯莫尔等人就提出把文献共引分析作为计量文献之间关系的一种方法。共引（co – citation）又称被共引，即两篇文献同时被一篇或多篇文献所引用，同时把共同引用这两篇文献的文献数称为共引强度（或共引频率），共引强度越大表明这两篇文献之间的关系越密切。在共引图谱中，点表示文献，当相关文献对的共引强度等于或大于某个阈值时，两点就被连接起来。共引分析多用于作者共引分析和期刊共引分析。

3. 耦合分析方法

与共引分析相对应的是耦合分析。几篇文献具有相同的参考文献就形成了文献耦合关系。将具有相同参考文献的文献数称为耦合强度。耦合分析包括文献耦合分析、期刊耦合分析、作者耦合分析、学科耦合分析等，分别表示文献、期刊、作者、学科之间具有主题和内容的相似性，可作为相关文献分析、作者群体分析和科学演化分析等的依据。

4. 词频分析方法

词频分析是指以齐普夫定律为理论基础进行的一种文献内容分析方法。词频分析可分为标题关键词词频分析、摘要词频分析、内容词频分析、引文词频分析和混合词频分析等。词频分析大量应用于科学前沿主题领域和发展趋势等方面的研究。

5. 共词分析方法

共词分析属于内容分析法的一种。其主要原理是对一组词两两统计它们在同一篇文献中出现的次数，以此为基础来对这些词进行聚类分析，生成共词文献簇，进而分析这些词所代表的学科和主题的结构变化。利用共词分析法及其相关的可视化方法，可以进行深入的主题分析，系统而又直观地了解学科结构和学科发展概况，并进行学科发展预测。

6. 链接分析方法

链接分析主要利用图计算、拓扑学和文献计量学等方法，对网络连接文档、自身属性、连接对象、连接网络等进行分析。链接分析涉及的文档包括页面、目录、域名和站点。在理论上，链接分析与文献计量学中的引文分析具有高度的相似性[56]。

链接分析运用拓扑学知识通过分析链接网络来研究网络结构，结合社会网络分析可以分析研究和绘制网络信息知识图谱，展示网络信息、知识分布结构和演化规律等。

2.4.2 统计分析方法

科学知识图谱构建使用的统计分析方法主要是多元统计分析[60]。多元统计分析是经典统计学的分支，在多个对象或指标相互关联的情况下分析其统计规律。“维度降低技术”是多元统计分析的一个特征，从几何学看这个过程是将高维空间的目标投影到低维空间。多元统计分析主要包括因子分析方法和多维尺度分析方法。

1. 因子分析方法

因子分析是用少数几个因子来描述许多指标之间的关系，即将较密切的几个变量归为同一类，每一类变量成为一个因子，用较少的几个因子来反应原资料的大部分信息。

2. 多维尺度分析方法

多维尺度分析（MDS）通过低维空间展示作者（文献）之间的联系，

并利用平面距离来反映作者（文献）之间的相似度。多维尺度分析的图形显示结果更加直观和形象，因子分析则更容易确定各个学术群体的边界和数目，因此需要同时借助因子分析的结果，进行知识图谱的绘制。

2.4.3 数据挖掘方法

数据挖掘是指从大量的数据中通过算法提取、挖掘未知的、有价值的模式或规律等知识的复杂过程。绘制科学知识图谱时需要用到很多数据挖掘方法，主要包括聚类分析方法、数据可视化方法、社会网络分析方法等。

1. 聚类分析方法

聚类分析是指将物理或抽象的对象集合分成相似的对象类的过程。簇是数据对象的集合，相同簇中的对象彼此相似，而不同的簇彼此相异。文献聚类分析是聚类分析技术在引文分析中的具体应用。处理方法是将文献通过分词、去停词等步骤将其转化为词向量，并将每个词条赋予不同的权重。这样，一篇文献就可以用由词条权重值组成的特征向量来进行表示，所有文献组成特征向量空间模型。在该模型中，可以使用聚类分析技术来进行引文分析。

2. 数据可视化方法

数据可视化也称为信息可视化，是指将抽象数据用图形图像等可视化形式表示出来，以利于分析数据、发现规律和支持决策。常用的数据可视化算法主要有：①自组织特征映射网络（Self Organizaing Feature Map, SOFM），它是一种基于神经网络的算法，通过将高维数据映射到低维空间来进行聚类，并保持一定的拓扑有序性；②寻径网络图谱（PathFinder NETwork, PFNET），是指对不同的概念或实体间联系的相似或差异程度进行评估，并应用图论中的原理和方法来生成一类特殊的网状模型。

3. 社会网络分析方法

社会网络分析（Social Network Analysis）又称为结构分析，是指将社会结构界定为一个网格，这个网格由成员之间的联系进行连接。社会网络分析聚焦于成员之间的联系而非个体特征，并把共同体视为“个体的共同体”，即视为人们在日常生活中所建立、维护并应用的个人关系网络。社会网络分析方法被证明是可以成功地用来研究科学合作网络和从互联网络得到的可视化网络，并被用于展示科学计量学中的合作网络结构与发展。

第 3 章

图书馆学情报学知识图谱数据来源

用于绘制科学知识图谱的数据来源经常会伴随时代的变化而变化。本章主要介绍国内外学者在绘制图书馆学、情报学知识图谱时使用的多种引文数据来源，主要包括以下三方面的内容，即国外引文数据库、国内引文数据库、网络引文数据库。

3.1 主要引文数据来源

3.1.1 国内外常用引文数据库概述

引文索引思想最早是由美国学者尤金·加菲尔德（Eugene Garfield）在1955年提出①②。1963年，美国科学信息研究所（Institute for Scientific Information，ISI）研制成功了《科学引文索引》（Sciences Citation Index，SCI）。后来，《社会科学引文索引》（Social Sciences Citation Index，SSCI）和《艺术与人文科学引文索引》（Arts & Humanities Citation Index，A&HCI）也相继于1973年和1978年正式出版③。此后，我国也相继研制出各种中文引

① 史继红，李志平．尤金·加菲尔德与SCI述论［J］．医学与哲学，2014，35（11）：6-10.

② 张耀铭．学术评价存在的问题、成因及其治理［J］．清华大学学报（哲学社会科学版），2015（06）：73-88.

③ 肖宏．美国科学信息研究所及其产品［J］．科学，1999（03）：60-61.

文索引库。

一、中国大陆地区引文数据库

1. 中国科学引文数据库

中国科学引文数据库（Chinese Science Citation Database，CSCD）由中国科学院文献情报中心创建于1989年，收录我国数学、物理、化学、天文学、地学、生物学、农林科学、医药卫生、工程技术、环境科学和管理科学等领域出版的中英文科技核心期刊和优秀期刊千余种，目前已积累从1989年到现在的论文记录4466152条，引文记录53187605条①。系统除具备一般的检索功能外，还提供新型的索引关系——引文索引，使用该功能，用户可迅速从数百万条引文中查询到某篇科技文献被引用的详细情况，还可以从一篇早期的重要文献或著者姓名入手，检索到一批近期发表的相关文献，对交叉学科和新学科的发展研究具有十分重要的参考价值。中国科学引文数据库还提供了数据链接机制，支持用户获取全文。

中国科学引文数据库是我国第一个引文数据库，曾获中国科学院科技进步二等奖。1995年，CSCD出版了我国第一本印刷本中国科学引文索引。1998年，出版了我国第一张中国科学引文数据库检索光盘。1999年，出版了基于CSCD和SCI数据、利用文献计量学原理制作的《中国科学计量指标：论文与引文统计》。2003年，CSCD上网服务，推出网络版。2005年，CSCD出版《中国科学计量指标：期刊引证报告》。2007年，中国科学引文数据库与美国Thomson - Reuters Scientific合作，中国科学引文数据库将以ISI Web of Knowledge为平台，实现与Web of Science的跨库检索，是ISI Web of Knowledge平台上第一个非英文语种的数据库。CSCD分为核心库和扩展库，数据库的来源期刊每两年评选一次。核心库的来源期刊经过严格评选，是各学科领域中具有权威性和代表性的核心期刊。扩展库的来源期刊也经过大范围遴选，入选者都是我国各学科领域的优秀期刊。此外，CSCD还是中国科学院院士推选人指定查询库、自然科学基金委国家杰出青年基金指定查询库、第四届中国青年科学家奖申报人指定查询库、自然

---

① 中国科学引文数据库. http：//sciencechina. cn/cscd_ source. jsp.

科学基金委资助项目后期绩效评估指定查询库、自然科学基金委国家重点实验室评估查询库。

2. 中文社会科学引文索引数据库

中文社会科学引文索引（Chinese Social Sciences Citation Index，CSSCI）启动于 1998 年底，首次发布于 2000 年 5 月，由南京大学中国社会科学研究评价中心开发研制，用来检索中文社会科学领域的论文收录和文献被引用情况，被列为教育部人文社会科学重大研究项目，是我国重要的基础性信息资源之一①。CSSCI 包括数据处理、信息检索和统计分析三个子系统，具有控制数据质量、提高检索效率、保存引文分析数据、分析学科研究特征等多项功能。CSSCI 能够提供来源文献、被引文献、优化检索等多种信息检索功能。利用它，可以为人文社会科学研究、社会科学研究评价与管理、人文社会科学期刊评价与管理、学校管理部门等提供多种服务。对于社会科学管理者来说，CSSCI 可以提供地区、机构、学科、学者等多种类型的统计分析数据，为制定科学研究发展规划、科研政策等提供科学合理的决策参考。对于期刊研究与管理者来说，CSSCI 可以提供被引频次、影响因子、即年指标、期刊影响广度、地域分布、半衰期等多种定量数据，并通过对多种定量指标进行统计分析，为期刊评价、栏目设置、组稿选题等提供科学依据。CSSCI 还可以为出版社与各学科著作的学术评价提供定量依据。此外，CSSCI 还可以借助其引文索引数据来分析学科研究特征，观察学科的成长性和国际化程度，探究学科研究热点和趋势、发现重要学术论著、构建学术网络等。目前，CSSCI 的内容覆盖经济学、教育学、心理学、管理学、系统科学、图书馆学、情报学、历史学、地理学、哲学、语言学、文学、政治学、艺术学、军事学、环境科学、法学、社会学、人文科学、体育等领域，时间跨度为 1998 年至今。

3. 中国科技论文与引文数据库

中国科技论文与引文分析数据库（Chinese Science and Technology

① 中文社会科学引文索引. http://cssci. nju. edu. cn.

Paper Citation Database，CSTPCD）① 是在中国科技信息研究所（Institute of Scientific and Technical Information of China，ISTIC）历年开展科技论文统计分析工作的基础上开发的一个集多种检索与评价功能于一体的大型文献数据库，目前分为网络版和光盘版两种版本。其中，网络版覆盖国内发行的重要科技期刊2800余种，光盘版收录核心期刊1300余种。它所提供的文献信息包括作者姓名、论文题目、作者单位地址、期刊引用参考文献，以及其他重要的文献计量数据。受国家科技部委托，中国科技信息研究所从1987年开始对我国科技人员在国内外发表论文数量和被引用情况进行统计分析，并利用统计数据建立了中国科技论文与引文数据库，受到社会各界的普遍重视和广泛好评。中国科技论文统计源期刊是CSTPCD的数据来源。通过中国科技期刊综合指标评价体系对期刊学术质量的考核，CSTPCD每年对收录期刊的范围进行调整。该数据库的主要功能包括：①查找国内发表的重要科技论文；②了解历年来我国科技论文统计分析与排序结果；③了解各地区、部门、单位、作者以及各学科及基金资助论文发表的详细情况；④开展科技论文的引文分析。该数据库集文献检索与论文统计分析于一体，它既是科技人员查找有关参考文献的重要依据，又是各级科技管理部门和各科研机构、高等院校了解全国和各单位、各部门科技论文发表情报的重要工具。目前，CSTPCD广泛应用于国家科技政策决策、科研成果管理、科技期刊评价以及文献计量学研究，为各级科技管理部门、科研机构、期刊编辑人员、广大科研人员提供服务。

4. 中国人文社会科学引文数据库

中国人文社会科学引文数据库（Chinese Humanities and Social Science Citation Database，CHSSCD），由中国社会科学院文献信息中心研制，以中国社会科学院文献信息中心首创的人文和社会科学论文统计分析数据库和中国学术期刊综合评价数据库为基础，总结首次用大规模数据对我国社会科学类论文进行统计分析的经验而建立的我国第一个人文社会科学引文数据库，并与美国SSCI接轨，填补了我国人文社会科学文献计量统计分析领

① 中国科技论文与引文分析数据库. http：//www. periodicals. net. cn/jwsj. asp？fname = zbsm.

域的空白①。从 1996 年开始，中国社会科学院文献信息中心进行社会科学期刊论文的量化分析研究和相关的理论方法研究。通过对社会科学研究论文的宏观分布和微观产出进行统计分析，以及多次学术会议的专家研讨和期刊状况调查，中国社会科学院文献信息中心在 1999 年 5 月与中国学术期刊（光盘版）电子杂志社合作，开展了大规模的文献计量学基础工程——人文社会科学引文数据库数据建设。中国社会科学院文献信息中心出版的中国人文社会科学引文数据库（2002 版）（首创版），它收录了 1999 年至 2001 年的学术文献记录 34 万条，引文记录 120 万条，学科范围涉及哲学、政治、法律、经济、文学、历史等众多领域。其收录的来源刊（含核心期刊和扩展期刊），是从中国内地 3000 多种人文社会科学期刊中遴选出来的，基本上反映了中国人文社会科学论文的学术水平，以及我国人文社会科学研究的总体水平和发展现状，是中国文献评价研究的重要信息基础。中国人文社会科学引文数据库（2000 版）吸取了中国科学引文数据库建设的成功经验，充分考虑了社会科学文献的特点，系统功能比较完备，具有良好的可操作性。该数据库采用先进的数字化加工模式和多种数据规范控制手段，在较短时间内解决了社会科学文献著录不规范等疑难问题，使该数据库的数据质量达到了较高水平。中国人文社会科学引文数据库主要从来源文献检索和被引文献检索两个方面为用户提供信息。其中，来源文献的主要检索途径有论文作者、篇名、作者机构、作者地区、期刊名称、关键词、文献分类号、学科类别、基金资助项目等；被引文献的主要检索途径有被引文献、被引作者、被引机构、被引期刊等。中国人文社会科学引文数据库以文献计量的方法，通过系统自动生成统计排序，客观地反映我国社会科学研究中作者、机构和地区发文情况、作者的被引情况、论文的被引情况、期刊的被引情况、出版社的被引情况以及期刊影响因子等等的统计分析报告，据此定量地分析与评价我国人文社会科学研究机构、高校、地区和个人的科研产出能力、学术成果以及学术影响力。

---

① 周霞.《中国人文社会科学引文数据库（CHSSCD）》的建设、应用与发展［J］. 情报资料工作，2002（04）：30－32.

5. 中国知网引文数据库

中国知网引文数据库是中国知网（http：//www. cnki. net）众多信息产品中的一个①。中国知网引文数据库主要用来体现学术文献的被引情况，从而评价学术文献的价值。它收录了中国学术期刊（光盘版）电子杂志社出版的自1979年至今的所有源数据库产品的参考文献，并且揭示了各种类型文献之间的相互引证关系。它不仅可以为科学研究提供新的交流模式，而且可以作为一种有效的科学管理及评价工具。中国学术期刊（光盘版）电子杂志社出版的所有源数据库产品的参考文献。其中，源数据库包括中国期刊全文数据库、中国优秀博硕士学位论文全文数据库、中国重要会议论文全文数据库、中国重要报纸全文数据库、中国图书全文数据库、中国年鉴全文数据库等。在真实、客观、公开、全面地反映学术文献生产、传播的理念下，中国知网引文数据库可以从引文分析角度为用户提供一个客观、规范、正确的综合评价分析工具，使得用户能够全面、系统地了解分析对象，从定量角度综合判断分析对象的学术综合实力，从而促进期刊文献质量和科研绩效管理水平的提高。该数据库收录了中国学术期刊（光盘版）电子杂志社出版的所有源数据库产品的参考文献，涉及期刊类型引文、学位论文类型引文、会议论文类型引文、图书类型引文、专利类型引文、标准类型引文、报纸类型引文等。该数据库通过揭示各种类型文献之间的相互引证关系，可以为科学研究提供新的交流模式，同时也可作为一种有效的科学管理与评价工具。

6. 维普引文数据库

中文科技期刊数据库（引文版）（Chinese Citation Database，CCD）②是维普在2010年推出的全新期刊资源整合服务平台的重要组成部分，是目前国内重要的文摘和引文索引型数据库。中文科技期刊数据库（引文版）是以全文版作为基础开发而成的，利用它可以检索1989年以来国内5000多种重要期刊（含核心期刊）上所发表论文的参考文献，该数据库可独立

① CNKI中国引文数据库. http：//epub. cnki. net/KNS/brief/result. aspx？dbprefix = CRLD.

② 中文科技期刊数据库（引文版）. http：//csi1. cqvip. com/productor/pro_ zkyw. shtml.

实现参考文献与源文献之间的切换检索。用户如果同时购买了全文数据库和引文数据库，则可以通过开放接口将引文检索功能整合在全文数据库中，实现引文检索与全文检索的无缝链接操作。中文科技期刊数据库（引文版）是科技文献检索、文献计量研究和科学活动定量分析评价的强力工具。该产品采用科学计量学中的引文分析方法，对文献之间的引证关系进行深度数据挖掘，除提供基本的引文检索功能以外，还提供基于作者、机构、期刊的引用统计分析功能，可以广泛用于课题调研、科技查新、项目评估、成果申报、人才选拔、科研管理、期刊投稿等。

目前，中文科技期刊数据库（引文版）收录文摘覆盖8000多种中文科技期刊，引文数据加工追自2000年，是全新的引文索引型数据库，能帮助客户实现强大的引文分析功能，并采用数据链接机制实现同维普资讯系列产品的功能对接定位，提高科学研究的效率。该引文数据库是汇集海量科技文摘与引文数据、追踪和揭示中文期刊文献引证关系全貌的全新引文索引型数据库，可以一键式双重检索来源文献和被引文献，集信息查询、引文分析、数据统计三重功能于一体，支持图书、学位论文、标准、专利等文献的被引统计。能够深入解析期刊引文价值，检索入口多，检索方式灵活，让引文分析更轻松，并且使用了基于引用关系的多途径数据分析方法，获取信息更快更准。该数据库提供作者、机构、期刊元素的引文数据统计功能及H指数计算，提供自定义文献集合的引用追踪、排除自引等分析功能。

二、中国台湾地区引文数据库

1. 台湾科学引文索引数据库

台湾科学引文索引数据库（Taiwan Science Citation Index，TSCI）基于SCI的创办理念和经验，是收录台湾地省科技期刊的引文数据库，该系统是一个作为查询、研究以及评估台湾科学研究的引文索引信息系统。

2. 台湾人文及社会科学引文索引数据库

台湾人文及社会科学引文索引（Taiwan Citation Index - Humanities and Social Sciences，TCI - HSS）数据库是台湾社会科学研究中心推出的数据库，汇集了台湾省权威人文社会科学类期刊87种，大部分期刊可以免费浏览全文①。由于台湾省的中文期刊很少被 SCI、SSCI 等国际性英文引文数据库所收录，为了纠正台湾学术界不正的评鉴之风，台湾在 1999 年成立了“社会科学”和“人文学”研究中心，负责建置《台湾社会科学引文索引》（TSSCI）、《台湾人文学引文索引》（Taiwan Humanities Citation Index，THCI），又于 2006 年提出《台湾人文学引文索引核心期刊》（Taiwan Humanities Citation Index Core，THCI Core）的实验性计划，试图以三年的试行效果来探讨是否能够以客观的计量方法与同行评价相结合的方法来建立核心期刊。其中，《台湾社会科学引文索引》的收录对象为台湾省社会科学领域的核心期刊，即学术水平较高、影响力较大、出刊过程较严谨的期刊，其收录条件包括：①非综合性大学学报；②过去 3 年期刊出版规范；③过去 3 年每期刊登经匿名评审的学术论文至少 4 篇；④过去 3 年期刊评量分数平均达 60 分以上。由于 THCI 定位为检索工具与研究工具，所以《台湾人文学引文索引》必须尽可能多地收录期刊，故只有少数期刊被排除。基于这样的初衷，凡是台湾省出版的人文学领域的学术期刊几乎都被收录在 THCI 内。因此，三者在收录范围方面各具特色，TSSCI 为了评估台湾地区社会科学领域的期刊影响力与研究者的研究成果，以“求精而不求多”为原则，仅收录社会学领域的核心期刊，因此评鉴是 TSSCI 的主要功能，收录期刊的条件非常严格，这一方面有利于对期刊的编辑形式进行规范，提高期刊的质量水平，但另一方面收录论文质量要求高，期刊收录数量相对较少，导致学术发表空间过小，学者自由对话的空间小，不利于学术的自由发展，也容易导致马太效应（即强化个别核心期刊），以至于会扭曲学术的自由发展以及多元化发展。与 TSSCI 不同，THCI 定位于资料库的检索功能，以丰富的来源期刊通过引文分析呈现人文学的学术研究状况，这比较符合加菲尔德创建引文索引的初衷。THCI Core 也是一个评鉴工具，它是应 TSSCI 形成的评鉴制度而建立的。

---

① 台湾人文及社会科学引文索引数据库. http://tci.ncl.edu.tw/cgi-bin/gs32/gsweb.cgi?o=dnclresource&tcihsspage=tcisearcharea&loadingjs=1&ssoauth=1&&cache=1465810060661.

三、国外引文数据库

1. Web of Knowledge

Web of Science（简称 WoS）是美国 Thomson Scientific 公司开发的一款 Web 产品①。目前，Web of Science 主要包括三大引文库（SCI、SSCI 和 A&HCI）、两个国际会议录（CPCI - S 和 CPCI - SSH）、两个化学数据库（CCR、IC）等数据库。Web of Science 以 ISI Web of Knowledge 作为检索平台。在该平台上使用的数据库除了 Web of Science，还包括 Derwent Innovations Index（德温特专利索引）、Journal Citation Reports on Web（期刊引用报告）、Essential Science Indicators（基本科学指标数据库）等。

（1）科学引文索引库。科学引文索引（Science Citation Index，SCI）是由美国科学信息研究所（ISI）于 1963 年研制成功的一种引文数据库②。它是根据现代情报学家加菲尔德（Eugene Garfield）于 1953 年提出的引文思想而创立，1965 年起每年出版一卷，1979 年起改为双月刊，自 1996 年起改为旬刊。目前，SCI 除了印刷版以外，还有磁带版、光盘版、联机版和网络版。SCI 收录文章的作者、题目、来源期刊、摘要、关键词等，不仅能够从文献引证的角度评估文章的学术价值，而且可以迅速方便地组建研究课题的参考文献网络，其内容涵盖自然科学领域内最具影响力的学术期刊，包括生命科学、临床医学、物理化学、农业、生物、兽医学、工程技术等学科领域。SCI 主要运用科学的引文数据分析和同行评估相结合的方法，综合评估期刊的科学和学术价值。由于 SCI 遵循严格的选刊原则以及严格的专家评审制度，所以它具有一定的客观性，较真实地反映了论文的水平和质量。根据 SCI 收录及被引证情况，可以从一个侧面反映学术水平的发展情况，特别是每年一次的 SCI 论文排名成了判断一个学校科研水平的一个十分重要的标准。许多国家和地区均以被 SCI 收录及引证的论文情况作为评价学术水平的一个重要指标。目前覆盖了 1900 年至今的农业、

---

① 齐青．Web of Science 的检索和应用［J］．图书馆工作与研究，2013（2）：110 - 112.

② The Thomson Scientific. Web of Science ; Science Citation Index［EB/OL］. http: //www.webofknowledge. com/wos.

神经系统科学、天文学、肿瘤学、生物化学、儿科、生物学、药理学、生物技术、物理、化学、植物科学、计算机科学、精神病学、材料科学、外科、数学、兽医、医学、动物学等150个学科领域中最具影响力的学术期刊（约6650种期刊）。

（2）社会科学引文索引库。社会科学引文索引（Social Science Citation Index，SSCI）① 与“SCI”一样，同样由美国科学信息研究所（ISI）创建，是ISI的三大引文数据库（Web of Science）之一。SSCI于1973年作为SCI的姊妹篇出版，现收录世界上不同国家和地区的社会科学期刊和论文，进行一定的统计分析，并划分为不同的因子区间，是当今社会科学领域重要的期刊检索及论文参考渠道。其内容涵盖1900至今的社会科学领域内最具影响力的学术期刊，包括人类学、政治学、历史、公共卫生、社会问题、图书馆学、情报学、社会工作、社会学、语言学、哲学、城市研究、心理学、妇女研究、精神病学等55个学科领域中最具影响力的学术期刊（约1950种期刊），收录的文献类型包括研究论文、书评、专题讨论、社论、人物自传、书信等。

（3）艺术与人文科学引文索引库。艺术与人文科学引文索引库（Arts & Humanities Citation Index，A&HCI）② 同样由美国科学信息研究所创建，1978年开始出版，为用户提供1150多种世界顶级艺术与人文期刊的索引信息，是权威的艺术与人文科学文献检索工具，包括1975年至今的艺术学、哲学、历史学、语言文学等20多个学科领域的数据。

（4）科技会议索引数据库。科技会议索引数据库（Conference Proceedings Citation Index－Science，CPCI－S）③ 曾用名“ISI Proceedings：Science & Technology，Index to Scientific & Technical Proceedings（ISTP）”。作为Web of Knowledge家族成员之一，它同样由美国科学信息研究所于1978年

① The Thomson Scientific. Web of science：Social Sciences Citation Index［EB/OL］. http：//www. webofknowledge. com/wos.

② Golderman，Gail；Connolly，Bruce. Arts & Humanities Citation Index：ISI Web of Science［J］. *Library Journal*，2003，128（7）：S37.

③ The Thomson Scientific. Web of Science：Conference Proceedings Citation Index－Science（CPCI－S）［EB/OL］. http：//www. webofknowledge. com/.

创建，是美国科学信息研究所的网络数据库 ISI Proceedings 中的两大会议索引之一，收录国际著名会议、座谈会、研讨会以及其他各种会议中发表的会议录论文的文献信息和著者摘要，包括专著、丛书、预印本以及来源于期刊的会议论文，提供了综合、全面、多学科的会议论文资料，汇集了世界上最新出版的会议录资料，内容涵盖 1997 至今的农业、环境科学、生物化学、分子生物学、生物技术、医学、工程、计算机科学、化学、物理等领域，用户可以查看论文的题录、文摘等信息。

(5) 社会科学与人文科学会议录索引。社会科学与人文科学会议录索引（Conference Proceedings Citation Index - Social Science & Humanities, CPCI - SSH）① 曾用名 "ISI Proceedings : Social Sciences & Humanities, Index to Social Sciences and Humanities Proceedings（ISSHP）"。作为 Web of Knowledge 家族成员之一，同样由美国科学信息研究所创建，收录国际著名会议、座谈会、研讨会以及其他各种会议中发表的会议录论文的文献信息和著者摘要，内容涵盖 1999 年至今的心理学、社会学、公共卫生、管理学、经济学、艺术、历史、文学、哲学等领域，数据每周更新一次。

(6) 化学反应数据库。化学反应数据库（Current Chemical Reactions, CCR - EXPANDED）② 是 Web of Knowledge 上与化学有关的数据库，集成在 Web of Science 中，既可以用化学结构或结构片段进行检索，也可以用引文方式进行检索。它收集 1985 年至今的全球核心化学期刊和发明专利的所有最新发现或改进的有机合成方法，提供详细的化学反应综述和详尽的实验细节，提供化合物的化学结构和相关性质，包括合成方法，涉及的化学领域包括有机化学、无机化学、物理化学、分析化学、生物化学、药物学、天然产物化学、农药化学、有机金属材料、高分子材料科学、精细化工的研究与发展，包含来自 39 个发行机构的一流期刊和专利摘录的全新单步和多步合成方法。每种方法都提供有总体反应流程，以及每个反应步骤

① Thomson Scientific. Web of Science: Conference Proceedings Citation Index - Social Science & Humanities (CPCI - SSH) [EB/OL]. http: //www. webofknowledge. com/.

② Thomson Scientific. Web of Science: Current Chemical Reactions [EB/OL]. http: //apps. webofknowledge. com/.

详细、准确的示意图。Current Chemical Reactions 数据库还包含来自著名的 Institut National de la Propriété Industrielle（INPI）的另外 14 万个化学反应，日期可回溯至 1840 年，每月新增三千个新颖的或改进的反应。

（7）化合物索引。化合物索引（Index Chemicus，IC）① 同 Current Chemical Reactions 一起，是 Web of Knowledge 上与化学有关的两个数据库之一，集成在 Web of Science 中，既可以用化学结构或结构片段进行检索，也可以用引文方式进行检索。主要是对新化合物的快速报道，包括 1993 年至今的来自国际一流期刊所报道的新型有机合成反应的结构和关键支持评价数据，许多记录显示了从原始材料到最终产物的反应流程。Index Chemicus 是有关生物活性化合物和天然产物最新信息的重要来源，每周新增 3500 个新化合物。

（8）德温特专利索引。德温特专利索引（Derwent Innovations Index，DII）② 由 Derwent World Patents Index（德温特世界专利索引，WPI）和 Derwent Patents Citation Index（德温特专利引文索引，PCI）整合而成。它是基于互联网 Web 的专利信息资源，其数据来自包括 USPTO（美国专利局，1963 年以来）、German Patent and Trademark Office（德国专利和商标局，1968 年以来）、ESP（欧洲专利局，EP - A，1978 年以来；EP - B，1980 以来）、WIPO（世界知识产权组织，1978 以来）、日本专利申请书第一页的英文翻译（2000 年以来）以及其他 40 多个国家、地区（例如，奥地利、比利时、丹麦、法国、爱尔兰、意大利、卢森堡、荷兰、西班牙、瑞士、摩纳哥等）和专利组织发布的专利信息，是世界上国际专利信息收录最全面的数据库之一。该数据库收录起始于 1963 年，目前共收录 1000 万个基本发明、2000 万项专利，使读者可以总揽全球化学、工程以及电子方面的专利概况。每周有 25000 条专利文献和来自于 6 个重要专利版权组

---

① Thomson Scientific. Web of Science：Index Chemicus（ISI web of knowledge）［EB/OL］. http：//apps. webofknowledge. com.

② 郑伟 . Derwent Innovations Index 数据库的主要特点及其检索方法［J］. 中国索引，2009，7（1）：56 - 60.

织的 45000 条专利引用信息收录到数据库中。除了在 DIALOG① 数据库中可以联机检索，目前在美国科学信息所（ISI）的 Web of Knowledge 系统（简称 WoK）中也能检索到，每条记录除了包含相关的同族专利信息，还包括由各个行业的技术专家重新编写的专利信息，如描述性的标题和摘要、新颖性、技术关键、优点等。Derwent Innovations Index 提供 Derwent 专业的专利情报加工技术，协助研究人员简捷有效地检索和利用专利情报，鸟瞰全球市场，全面掌握工程技术领域创新科技的动向与发展。Derwent Innovations Index 还同时提供直接链接到专利全文电子版的链接，用户只需要单击记录中的"Original Document"就可以获取专利说明书的电子版全文。目前，可以浏览说明书全文的有美国专利、世界专利、欧洲专利以及德国专利。其主要特点是：①重新编写及标引的描述性专利信息；②可查找专利引用情况；③建立专利与相关文献之间的链接；④方便对检索结果进行管理，为研究人员提供世界范围内的化学、电子与电气以及工程技术领域内综合全面的发明信息。

（9）医学文摘数据库。MEDLINE 是美国国立医学图书馆（National Library of Medicine，NLM）② 开发的当今世界上最具权威性的文摘类医学文献数据库之一。早期的 MEDLINE 包括了美国《医学索引》（Index Medicus）、《国际护理索引》（International Nursing Index）和《牙科文献索引》（Index to Dental Literature）三大检索工具的内容，后来又有更多的子文档加入，如 AIDS – HIV、Bioethics、Biotechnology 等数据库。MEDLINE 收录了自 1966 年以来世界上 70 多个国家约 4800 多种生物医学期刊上发表的论文的题录或文摘，每年递增 30 ~ 35 万条记录，其中大约有 75% 的文献为英文文献，文献来源以美国为主。目前，MEDLINE 的记录数已经超过 1000 多万条，涵盖基础医学、临床医学、护理学、牙科学、兽医学、卫生保健、营养卫生、职业卫生、卫生管理等领域。该数据库不提供全文，大多数文献都带有英文文摘（1975 年以前的文献无文摘）。如果用户想要探

① DIALOG 系统是目前世界上最大的国际联机情报检索系统，覆盖各行业的 900 多个数据库。

② EBSCO. MEDLINE——医学文献库（EBSCO）[EB/OL]. http://search.ebscohost.com/login.aspx? profile = ehost&defaultdb = cmedm.

究生物医学与生命科学、生物工程学、公共卫生、临床护理以及植物和动物科学，则可通过主题词、副主题词、关键词、篇名、作者、刊名、ISSN、文献出版商、出版年、出版国等途径来进行检索，使用 MesH 词表和 CAS 注册号进行精确检索，或是链接到 NCBI 数据库与 PubMed① 相关论文。

（10）期刊引用报告。期刊引用报告（Journal Citation Reports，JCR）② 由美国科学信息研究所（ISI）出版，是一种多学科综合性的期刊分析与评价报告，也是目前唯一的基于引文数据而建立的期刊评价资源，包括自然科学版和社会科学版两部分，数据涵盖了全球 3300 多家出版商出版的 7500 多份期刊，内容涉及 200 多个学科领域。这些刊物分成自然科学和社会科学两部分。其中，自然科学部分有 6000 多份期刊，社会科学部分有 1700 多份期刊。它客观地统计 Web of Science 所收录期刊的各项指标，并在此基础上计算出各种期刊的影响因子、立即指数、总引用次数、刊载论文总数、被引半衰期等反映期刊质量和影响的定量指标，包括显示类别中排名的表、期刊自引数据和 Impact Factor 盒状图。JCR 提供 1997 年至今的数据资料检索，JCR Web 与 Web of Science 平台已经实现了链接，用户可以从 Web of Science 检索结果的显示界面直接链接到 JCR 的相关记录，获得文献所在期刊的统计信息。网络版 JCR 通过引文数据的统计信息评估期刊资源，根据对参考文献的统计汇编，JCR 在期刊层面衡量某项研究的影响力，显示出引用和被引用期刊之间的相互关系。JCR 计量的统计数据提供了一种测定某个主题分类中大量期刊相对重要性的方法，可以帮助研究人员与学生分析了解与自己研究领域相关的重要期刊，以确定自己的投稿

① PubMed 检索系统是美国国立医学图书馆所属生物技术信息中心（National Center of Biotechnology Information，NCBI）研制开发的网络数据库，它是 NCBI 开发的 Entrez 检索系统的重要组成部分。主要提供基于 Web 的 MEDLINE 数据库检索服务，其中包括医学文献定购、全文在线阅读链接、专家信息查询、期刊检索以及相关书籍链接等功能。PubMed 检索系统与 NCBI 提供的其他免费数据库使用的都是同一个检索系统—Entrez，该系统使用方便，操作简单，使用过程中不需返回初始检索界面便可进行新的检索，每一个检索界面中均有检索提问输入框，用户可以随时输入检索提问或者修正检索提问。

② Thomson Scientific. Journal Citation Reports：Science Edition［EB/OL］. http：//www. webofknowledge. com/JCR.

方向；信息分析人员也可据此追踪文献计量学的发展，研究引文模式；帮助图书馆馆员选刊，为每种刊存放多久后即可存档入库，提供一个合适的时间参考；帮助出版商与编辑人员确定期刊在市场中的影响，适时调整编辑政策。

（11）基本科学指标数据库。基本科学指标（Essential Science Indicators，ESI）① 数据库是美国科学信息研究所（ISI）于2001年推出的一种用于衡量科学研究绩效、跟踪科学发展趋势的基本分析评价工具，是基于ISI引文索引数据库（SCIE/SSCI）所收录的全球7000多种学术期刊的900多万条文献记录而建立的计量分析数据库。ESI由引文排名（Citation Rankings）、高被引论文（Most Cited Papers）、引文分析（Citation Analysis）和评论报道（Commentary）四部分组成。该数据库以引文分析为基础，针对22个专业领域，通过计算论文数、引文数、篇均被引频次（Average Citations Per Paper）、单篇年均被引频次（Averages）、平均年份（Mean Ycar）、标准共引阈值（Normalized Co-citation）、引文阈值等指标，从各个角度对各国科研水平、期刊的声誉和影响力，以及科研机构和科学家的学术水平进行全面衡量，并对当前正在深入研究和具有突破性进展的科学领域进行直观反映。通过该数据库，用户不仅可以了解在各个研究领域中最领先的国家、期刊、科学家、论文和研究机构，识别科学和社会科学领域的重要趋势与方向，还能够确定具体研究领域内的研究成果及其影响，评估潜在的雇员、合作者和竞争对手，并对彼此的研究业绩和竞争能力进行评估，从而具备更深层次的战略竞争情报意义。例如，通过该数据库可以有针对性地系统分析国际科技文献，从而了解一些著名的科学家、研究机构（或大学）、国家（或区域）和学术期刊在某一学科领域的发展和影响。同时，科研管理人员可以利用该资源找到影响决策分析的基础数据，分析研究机构、国家以及期刊的科学研究绩效，跟踪自然科学和社会科学领域内的研究发展趋势，分析评价研究者以及竞争对手的能力，测定某一专业研究领域内科学研究成果的产量和影响力，

① The Thompson Corporation. Essential Science Indicators（ESI）[EB/OL]. http：//www.webofknowledge.com/ESI.

帮助科研人员了解各自科学研究的主要领域及与国际主要领域的异同。利用该数据库，科研人员可以分析十年来国际科学研究的主要领域、研究热点及发展态势。除了提供具体数据图表，ESI 还为用户提供了简要的数据分析指导，并为所有图表提供解释性的链接页面。该数据库涵盖农业科学、生物学、生物化学、化学、临床医学、计算机科学、经济管理学、工程学、环境科学/生态学、地学、免疫学、材料科学、数学、微生物学、分子生物学、遗传学、神经科学、行为科学、药理学、毒理学、物理学、植物学、动物学、精神病学、心理学、空间科学、社会科学、多学科（Multidisciplinary）等领域。它是一种深层的分析评价工具，提供对科学家、研究机构、国家/地区和期刊论文排名的数据。

2. 工程索引

工程索引（The Engineering Index，EI）① 创办于 1884 年，是美国工程信息公司（Engineering Information Inc.）② 出版的一种著名工程技术类综合性检索工具。EI Engineering Village 是面向应用科学和工程科学领域的数据库，是目前全球最全面的工程领书目文献数据库，收录了 5000 多种工程类期刊、会议论文集和技术报告，其范围涵盖工程和应用科学领域的各个学

---

① 席万惕. 美国《工程索引》（EI）简介［J］. 河北工业科技，2005，22（3）：152，155.

② 美国工程信息公司（Engineering Information Inc.，EI）始建于 1884 年，是世界上最大的工程信息提供者之一，该公司一直致力于为科学研究人员和工程技术人员提供专业化、实用化的在线数据信息服务，该公司的主要产品《工程索引》（Engineering Index）早已为国内的工程技术人员所熟知。EI 公司还向用户提供 EI Compendex Plus 数据库、工程索引光盘、EI Page One 数据库、EI 工程信息村等产品和服务。其中，Compendex 是 Computerized Engineering Index 的缩写。EI 数据库文字出版物即为《工程索引》（Engineering Index），它主要收集工程和应用科学领域的文献，是一个全球性数据库，其数据来自全球 50 多个国家，所用语言有十几种，但大部分是英文。EI 数据库每年新增 200000 条文摘，文献来自三千余种工程领域的期刊以及会议论文及技术报告。这些文献涉及到 175 个学科，主要包括机械、土木工程、环境工程、电工电子、结构学、材料科学、固体物理和超导、生物工程、能源、化工、光学、大气和水污染防治、危险废物处理、运输和安全等。EI Page One 数据库每年收集 32 万条文献的题录，这些文献来自世界范围内 5400 种期刊、会议论文和技术报告，该数据库只收题录，无文摘，就收集范围而论，它是世界上最大的数据库之一，该数据库无文字出版物，只提供光盘出版物。1995 年以来，EI 公司开发了称为“Village”的一系列产品，即 EI 工程信息村（Engineering Information Village），以方便用户在网上检索到 EI 和其他科技信息。“EI Village”上有一些对于工程技术人员来说极有价值的网上地址和资源。目前，工程信息村主要有“科研工业区”“商业金融区”“图书馆”“政府地址”“职业与教育”等部分。此外，EI 还与剑桥出版社、美国光学学会等机构合出了一些刊物和光盘。

科，涉及机械工程、土木工程、环境工程、电气工程、结构工程、材料科学、固体物理、超导体、生物工程、能源、化学和工艺工程、照明和光学技术、空气和水污染、固体废弃物的处理、道路交通、运输安全、控制工程、工程管理、农业工程和食品技术、计算机和数据处理、电子和通信、石油、宇航、汽车工程等领域以及这些领域的子学科。用户在网上可以检索到 1969 年至今的文献，该数据库每年新增工程领域的大约 600000 条记录。

3.1.2 网络引文数据来源概述

1. CiteSeerX

CiteSeerX（又名 Research Index）① 是 NEC 研究院在自动引文索引（Autonomous Citation Indexing，ACI）的基础上建设的一个学术论文数字图书馆。该引文索引系统提供了一种通过引文链接来检索文献的方式，目标是从多个方面促进学术文献的传播和反馈。1997 年，CiteSeerX 引文搜索引擎由美国普林斯顿大学 NEC 研究院研制开发。研发人员不断对 CiteSeerX 运行中暴露的问题和用户的反馈建议进行分析，并由美国国家科学基金会和 Microsoft Research 资助，为该搜索引擎重新设计了系统结构和数据模型（即 CiteSeerX），并于 2007 年投入运行。CiteSeerX 采用机器自动识别技术搜集网上以 PostScript 和 PDF 文件格式存在的学术论文，然后依照引文索引方法标引和链接每一篇文章。CiteSeerX 的宗旨在于有效地组织网上文献，多角度促进学术文献的传播与反馈。目前，CiteSeerX 存储的文献全文高达 138 万多篇，引文 2674 万多条，内容主要涉及计算机和信息科学领域，主题包括智能代理、人工智能、硬件、软件工程、数据压缩、人机交互、操作系统、数据库、信息检索、网络技术、机器学习等。CiteSeerX 也公开在网上提供完全免费的服务，实现全天 24 小时实时更新。CiteSeerX 的常用功能包括：①检索相关学术文献，浏览并下载 PostScript 或 PDF 格式的论文全文；②查看某一具体文献的“引用”与“被引”信息，同时还

---

① 刘莎. 引文搜索引擎 CiteSeerX 调查评析［J］. 数字图书馆论坛，2011（12）：61-65.

能够获得文献、作者与出版单位最新的引用排行；③查看某一文献的相关文献，并应用特殊算法计算文献相关度；④以图表形式显示某一主题文献，或某一作者、机构所发表文献的时间分布；⑤可据此推测学科热点和发展趋势，避免重复劳动。CiteSeerX 的检索界面简洁清晰，默认为文献检索界面。如果用户想要搜索某一特定作者的学术论文，则可选择“Authors”标签进入作者检索界面；若选择可选项，则搜索范围不但包括 CiteSeerX 的学术文献全文数据库，还包括数据库中每篇论文的参考文献。CiteSeerX 的检索首页只有一个检索框，默认情况下可对篇名、作者、摘要、文本内容等进行检索。CiteSeerX 还支持高级检索功能，单击进入高级检索界面，可以看到 CiteSeerX 支持以下检索字段的“或”运算：篇名、作者、作者单位、期刊或会议录名称、出版年、文摘、关键词、文本内容以及用户为论文定义的标签。当然，用户还可以在首页的单一检索框自行构造组合式检索表达式。CiteSeerX 支持邻近词运算匹配，邻近距离默认为一个单词。多个关键词之间有空格的作为词组或邻近词运算匹配。CiteSeerX 不支持词组的精确匹配，这样处理对查出同一作者姓名的不同拼写有利。若输入检索表达式后 CiteSeerX 搜索结果为零，无论何种原因，系统都会自动给出检索建议以及几种新检索方式的链接供检索者选择。

与传统引文索引相比，CiteSeerX 在费用、全文性、综合性、效率和即时方面有着更大的优势，同时也存在明显的差距：①更快更新地揭示引文的网络信息影响。传统引文索引的来源文献都是正式出版物，从研究人员的构思出稿到文章发表到编入索引需要一段相当长的时间，虽然论文内容较成熟，但很多观点可能已经过时。互联网的发展深刻地改变着人们的阅读习惯，研究人员已习惯在网络上查找文献并利用文献，网络文献正逐渐地进入各种学术论文的参考文献目录，网络文献成为引文已是不争的事实。CiteSeerX 是自动引文索引系统，文献源自网络，一旦有学术性文献的全文在网络上出现，CiteSeerX 就能自动找出文章的引文并标引到其索引系统中，即时把所有网上学术文献类型（包括预印本、技术报告、会议录等）的引证脉络突显出来，更快更新地反映引文的影响。这样做对于一些前沿学科（如计算机学科）的研究人员来说，就能够迅速找到更新的引用文献；②发挥引文索引的原有功能。目前，网上全文数据库基本都会收取一定费用。CiteSeerX 在网上免费提供服务，从而能够极大地发挥引文索引原本的文献检索功能；③提供友好的学术探讨环境。除了有引文索引和全文下载功能，CiteSeerX 还提供一些附加的网络服务和自由宽松的学术探讨环境。例如，文章或研究课题会连接到讨论区，研究人员可以贴出正式或非正式的评论、综述、意见以及最新的研究结果。每篇论文设有修正（Correct）链接，供看到文章的研究人员发现错误并在线改正某些款目（例如，题名、著者姓名、出版年、文摘等），以弥补机器操作的错误。在封闭式的传统商用数据库中，通常很难获取这些自由交流的非正式信息；④收录文献学科范围窄，学术评价功能尚不成熟。由于许多出版物发表的文献不能在线获得以及 CiteSeerX 的非盈利性目的，目前 CiteSeerX 还不能像商用数据库那样提供综合性学科内容的引文索引；自然，CiteSeerX 的学术评估价值还不可能取代 SCI 这样历史悠久的传统引文索引系统。⑤机器识别技术有待完善。由于依靠机器完全自动操作，目前 CiteSeerX 还存在不能准确地分辨子字段、无法消除不同作者相同名字的歧义、引文在文献中若无标识则不会被标引等情况。

2. Scopus

Scopus① 是一个新的导航工具，它涵盖了世界上最广泛的科技和医学文献的文摘、参考文献及索引。Scopus 收录了来自于许多著名搜索引擎的期刊文献（例如，Elsevier、Kluwer、Institution of Electrical Engineers、John Wiley、Springer、Nature、American Chemical Society 等）。尤其重要的是，Scopus 还广泛收录了一些重要的中文期刊（如《力学学报》《中国物理快报》《中华医学杂志》等高品质的期刊）。正是因为拥有 60% 的内容来自于美国以外的国家，所以用户能够获得最全面的世界范围内的前瞻性科学技术医学文献。Scopus 的核心是全世界最大的摘要和引文数据库，涵盖了 21900 多种自然科学、工程技术、医学、社会科学以及艺术人文等学科的

① Elsevier. Scopus. http：//www. scopus. com.

期刊。Scopus 不仅为用户提供了其收录文章的引文信息，还直接从简单明了的界面整合了网络和专利检索。它可以直接链接到全文、图书馆资源及其他应用程序如参考文献管理软件，亦使得 Scopus 比其他任何文献检索工具更为方便、快捷。总之，用户不必成为一名专业的检索人员，就可以获得大多数的信息。Scopus 使用起来易如 Google，只不过它所针对的恰好是科研人员的信息需求。对于科研人员来说，及时、准确地传播高品质的信息是至关重要的。Scopus 作为一个创新性的信息导航工具旨在将繁重的劳动从研究中脱离出来，使用户更轻松地就某一学科的文献进行评判性评估，或是就感兴趣文章和作者的引文数据进行实时追踪，或者对研究领域坚持不断更新，快捷明确研究趋势。

Scopus 是由全球 21 家研究机构和超过 300 名科学家共同设计开发而成的。在合作开发的过程中，不断帮助用户真切了解自己在文献研究中所面临的挑战，展示他们当前的检索、浏览以及查找所需信息的方式，并针对他们所面临的任务，建立一种更好的解决方案。2005 年 10 月，Scopus 为确保其收录范围公正而广泛，专门成立了一个独立的内容甄选委员会，以指导其内容甄选和未来发展方向。内容甄选委员会是由 20 位世界著名的科学家和教授以及 10 名学科图书馆员组成。该委员会成员来自世界各地的每一个科研领域——以确保 Scopus 收录的内容真正代表 Scopus 所服务的最广泛科研人员和图书馆员的需求。这个涵盖诸多学科的专家群体将 Scopus 引导成为帮助科研人员获取所在学科领域中最重要且相关的文献信息的来源，以确保 Scopus 继续保持作为最广泛、公正和涵盖面最广的科学、技术、医学和社会科学研究资源的地位。Scopus 内容甄选委员将负责以下任务：①内容甄选：负责决定 Scopus 将收录怎样的内容，并负责对用户建议收录的期刊予以批准；②政策和策略：为 Scopus 未来内容的方向制定政策；③功能性：就 Scopus 的内容、易用性和功能性提供一般性反馈。因此，Scopus 应确保其内容覆盖面是完全公正的，并且纯粹是以研究人员和图书馆员自身需要为基础建立的。

3. 谷歌学术搜索

谷歌学术搜索（Google Scholar，GS）① 是一个可以免费搜索学术文章的网络搜索引擎，由计算机专家 Anurag Acharya② 负责开发。2004 年 11 月，Google 第一次发布了 Google 学术搜索的试用版，该项索引包括了世界上绝大部分已出版的学术期刊。

Google Scholar 是一个可以免费搜索学术文章的网络搜索引擎，它索引了出版文章中文字的格式和科目，能够帮助用户查找包括期刊论文、学位论文、书籍、预印本、文摘和技术报告在内的学术文献，内容涵盖自然科学、人文科学、社会科学等多个学科。Beta 版本于 2004 年 11 月发行，收录欧洲和美洲地区最大学术出版商们经同行评议（Peer - Reviewed）的文章，这在一般搜索引擎大部分是被忽略的。这个功能和 Elsevier、CiteSeerX 和 getCITED 所提供的免费概况查阅是类似的。它也与 Elsevier 的 Scopus 以及 Thomson ISI 的 Web of Science 网络科学中的订阅工具类似。谷歌学术的广告标语是“站在巨人的肩膀上”，这也是对所有学术工作者的肯定，他们在过去的几个世纪中贡献了各自领域的知识，并为新的智慧成就奠定了基础。目前，Google 公司与许多科学和学术出版商进行了合作，包括学术、科技和技术出版商，如 ACM、Nature、IEEE、OCLC 等。这种合作使得用户能够检索特定的学术文献，通过 Google Scholar 从学术出版者、专业团体、预印本库、大学范围内以及从网络上获得学术文献，包括来自所有研究领域的同行评审论文、学位论文、图书、预印本、摘要和技术报告。

从检索情况分析，Google 学术搜索主要有以下用途：①了解有关某一领域的学术文献。由于收录范围限于学术文献，将屏蔽掉网上很多不相关信息；②了解某一作者的著述，并提供书目信息（引用时必须包括的图书出版信息或期刊论文的刊名、刊期信息）。可直接在网上搜索原文、文摘等；如

① 刘海航，黄碧云，方国辉，卜世波 . Google Scholar［J］. 中华临床医学研究杂志，2006，12（16）：2273 - 2274.

② 安拉格·阿卡亚（Anurag Acharya）是一位杰出的工程师和计算机科学家，目前他已发表 100 多篇论文，H 指数高达 28。他和同事一起开发了可以免费搜索学术文章的网络搜索引擎 Google Scholar（谷歌学术搜索），是其首席工程师。他从印度理工学院（Indian Institute of Technology）获得计算机科学学士学位，从卡内基梅隆大学（Carnegie Mellon University）获得计算机科学博士学位。

果是图书，还可通过 Library Search（如 OCLC 的 Open WorldCAT）检索附近图书馆的收藏；③了解某文献被引情况。可直接单击"Cited by..."（引用数）搜索引用文献；④对文献和期刊进行应用和引用排名。Google Scholar 的 Cited 连接，能让人们在引文溯源的天地里自由翱翔，它用于引文计算的基础数据跨越了世界上最主要的数据库，从任何角度观察它，Google Scholar 都是只专注于学术搜索的工具。通过检索结果链接到的都是数据库提供者或出版者提供服务的网页。Google Scholar 不提供任何广告链接，普通 Google 出现的赞助商链接都不会出现在 Google Scholar 中，进一步保证了 Google Scholar 的学术纯洁性。Google Scholar 为科研用户提供了一个强有力的学术搜索工具，帮助用户全面了解某一领域的学术文献，还可以通过强大的学术网页搜索及时查证某一位专家到底对科学作过多大贡献，有多少人引用或继续他的研究结果，它不仅补充了专业数据库（如 PubMed）学科面太窄的缺点，而且可以让科学家及其研究结果通过网络学术搜索引擎而公开化，使科学家的工作业绩变得更加透明，从而防止学术造假、评审不公等弊病。此外，Google Scholar 补充了科学引文索引（SCI）只重视期刊影响因子（Journal Impact Factor，JIF）而忽略文章内容的水平评价，使科技评价更加公正和全面。

3.2 引文数据检索举例

3.2.1 中文引文数据检索举例

下面，笔者以中国社会科学引文索引数据库（CSSCI）和中国知网（CNKI）数据库为例，来介绍中文引文数据检索的主要方法和步骤。

一、CSSCI 索引数据检索

CSSCI 主要从来源文献和被引文献两大途径为用户提供信息①。

① 邱均平．我国社科信息查询和计量分析的重要工具——对《中国社会科学引文索引》的使用和评价［J］．情报资料工作，2001，（3）：71－74.

1. 来源文献检索

来源文献检索主要用来查询本索引所选用的源刊的文章的作者（所在单位）、篇名、参考文献等，其主要检索途径有：①作者检索，用于查找某一学者或者某个团体作者（例如，某课题组）的发文情况；②机构检索，为用户了解某一机构发表文章情况提供了一个最佳途径；③标引词检索，提供了通过关键词找到相关论文的途径；④刊名检索，主要用于查询某种期刊上所发表的论文情况；⑤篇名词检索，为用户提供了利用篇名词来进行检索的手段；⑥基金检索，主要是用于对来源文献的基金来源情况进行检索；⑦发表年代检索，用于将检索结果控制在划定的时间范围内；⑧地区检索，用于将检索结果限制在指定地区或者非指定地区；⑨文献类型检索，用于对文献类型（例如，研究论文、简报等）进行限制；⑩刊物学科检索，用于将检索结果控制在指定学科的刊物上。需要补充说明的是，CSSCI 的来源文献检索中的大多数检索途径自身还可以用“与”“或”“非”来实现逻辑组配检索。

例如，如果用户想要查看《中国图书馆学报》[①] 上所发表的论文概况，就可按以下方法和步骤来进行检索。

（1）进入 CSSCI 主页。由于使用 CSSCI 是需要权限的，所以用户在使用 CSSCI 数据库之前需要联系单位图书馆的管理人员，以便确认自己是否有权限进入 CSSCI 数据库并进行数据检索。如果单位购买了该数据库，就可以在浏览器地址栏中直接输入 http：//cssci. nju. edu. cn/进入该数据库的首页（如图 3 -1 所示）。此时，用户需要输入用户名和密码，然后单击“登录”按钮，就可以进入到 CSSCI 首页。

---

① 《中国图书馆学报》是由中华人民共和国文化部主管、中国图书馆学会和中国国家图书馆主办的国家级图书馆学情报学专业期刊，创刊于 1957 年。《中国图书馆学报》所发文章被引频次和影响因子在国内图书馆学期刊中均位居第一。因其发表的文章学术水平高，观点新，在专业界影响大，所以被定为国家级核心期刊、中国期刊方阵期刊，并荣获国家期刊奖之百种重点期刊奖，连续被评为全国优秀图书馆学期刊，还被国际上许多著名的检索期刊如《乌利希国际期刊指南》《图书馆文献》和《最新连续出版物题录》等收录。

图 3－1　CSSCI 首页

（2）进行数据检索。进入 CSSCI 首页以后，就可以在随后出现的检索界面（如图 3－2 所示）中的期刊名称后面的文本输入框中输入“中国图书馆学报”，再单击“搜索”按钮，即可得到 CSSCI 收录该刊的论文情况。当然，用户还可以单击“来源文献检索”超链接，即通过卷期来限制检索某卷某期发表论文的情况。

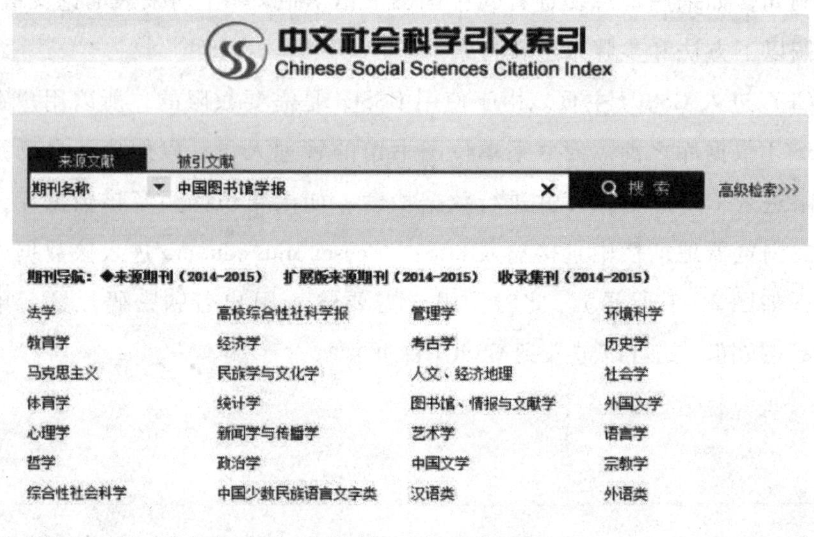

图 3－2　CSSCI 基本检索界面

（3）保存检索结果。首先，选中想要保存的论文前面的复选标记。值得读者注意的是，如果想要保存全部结果，则可选中左下角的“全部选择”复选框。其次，单击“下载”按钮，即可下载想要保存的检索结果。

2. 被引文献检索

被引文献检索主要用来查询作者、论文、期刊等的被引情况，其检索途径主要有：①被引作者检索，用于了解到某一作者在 CSSCI 中被引用的情况；②被引篇名检索，用户可以通过输入被引篇名、篇名中的词段或逻辑表达式来进行检索；③被引出处检索，主要用于查询期刊、报纸、汇编（丛书）、会议文集、报告、标准、法规、电子文献等的被引情况；④其他被引情况检索，多为附加限制检索项，通常不被单独用来检索。比如，年代项通常作为某一出版物某年发表的论文被引用情况的限制性条件。

例如，如果用户想要查询启功①先生论著的被引用情况，就可按以下方法和步骤来进行检索。

（1）进入 CSSCI 主页。由于使用 CSSCI 是需要权限的，所以用户在使用 CSSCI 数据库之前需要联系单位图书馆的管理人员，以便确认自己是否有权限进入 CSSCI 数据库并进行数据检索。如果单位购买了该数据库，就可以在浏览器地址栏中直接输入 http：//cssci. nju. edu. cn/进入该数据库的首页（如图 3 - 1 所示）。此时，用户需要输入用户名和密码，然后单击“登录”按钮，就可以进入到 CSSCI 首页。

（2）进行数据检索。进入 CSSCI 首页以后，首先检索界面中单击“被引文献检索”。然后，在“被引文献检索”界面中的被引作者框中输入“启功”，选中所有的被引年份，最后单击“检索”按钮，即可得到相应的检索结果。当然，用户还可以在“被引文献检索”界面中输入其他的限制性检索条件，以便获得更精确的检索结果。

（3）保存检索结果。首先，选中想要保存的论文前面的复选标记。注意：如果想要保存全部结果，则可选中左下角的“全部选择”复选框。其

---

① 启功（1912—2005）字元白，也作元伯，号苑北居士，北京市满人，雍正皇帝的第九代孙。他是中国当代著名书画家、教育家、古典文献学家、鉴定家、红学家、诗人、国学大师。他曾任北京师范大学教授、博士生导师、中国人民政治协商会议全国委员会常务委员、国家文物鉴定委员会主任委员、中央文史研究馆馆长、九三学社顾问、中国书法家协会名誉主席、世界华人书画家联合会创会主席、西泠印社社长以及中国佛教协会、故宫博物院、国家博物馆顾问。

次，单击“下载”按钮，即可下载想要保存的检索结果。

二、CNKI 索引数据检索

国内某知名大学大四学生小刘最近正在准备撰写有关“国内知识共享研究”的毕业论文，需要查找并下载较多的中文参考文献。下面，以国内大学生普遍使用的 CNKI 系统为例，介绍怎样利用 CNKI 查找并下载所需要的中文参考文献。

1. 登录 CNKI

登录 CNKI 的方式有两种，第一种登录方式：使用“IP 登录”方式进行登录，此方法只适用于国内高校的在校学生，因为很多学校都已经购买 CNKI 数据库的权限，在校学生可以利用校园网 IP 直接登录。但是，该方法并不适用于高校外的其他用户。

对于高校外的其他用户来说来说，可以使用账号密码登录方法。首先，在浏览器地址栏中直接输入 http：//www. cnki. com. cn/index. htm 进入该数据库的首页。如果用户还没有注册，请单击首页右上角的“注册”链接；如果用户已经注册，则请单击首页右上角的“登录”链接，随即会进入 CNKI 的登录页面。

2. 进行数据检索

进入 CNKI 的首页以后，就可输入相应的检索条件。在本例中，笔者首先选择的是期刊论文，第一个检索项选择的是“篇名”，并在其后的文本输入框中输入“知识共享”。

单击“检索”按钮后，随即会进入到检索结果页面，显示“找到 2697 条结果”。

在检索结果页面中，用户还可以单击“结果中检索”“高级检索”等超链接，以便获得更精确的检索结果。

3. 保存检索结果

首先，选中想要保存的论文前面的复选框。其次，单击“导出/参考文献”。在随后出现的“导出”对话框中，再次选中想要保存的论文前面的复选框，再次单击“导出/参考文献”，随后会出现的“文献输出”对话框。在“文献输出”对话框，先选择相应的输出格式，然后单击“导出”链接，就会出现“文件下载”对话框，单击其中的“保存”按钮，就可将检索结果保存为一个纯文本文件。需要注意的是，用户在 CNKI 中每次仅被允许下载 500 条数据。因此，如果记录数大于 500 条，则需要多次重复导出。例如，在本例中，笔者共计检索到 2697 条记录，第一次在“记录”后的文本输入框中输入 1 ~ 500，第二次输入 501 ~ 1000，第三次则输入 1001 ~ 1500……最后一次输入 2501 ~ 2697。

3.2.2 英文引文数据检索举例

1. Web of Science 数据检索

例如，如果用户想要了解 Web of Science 中收录的有关“文献计量学(bibliometric)”的英文论文情况，就可按以下方法和步骤来进行检索。

(1) 进入 Web of Science 主页。由于使用 Web of Science（简称 WoS）是需要权限的，所以用户在使用 WoS 数据库之前需要联系单位图书馆的管理人员，以便确认自己是否有权限进入 WoS 数据库并进行数据检索。如果单位购买了该数据库，就可以在浏览器地址栏中直接输入 www.webofknowledge.com 进入该数据库的首页。此时，用户需要点击，就可以进入到 Web of Science 的核心合集。

(2) 进行数据检索。进入 WoS 核心合集数据库以后，还需要对基本检索、作者检索、被引参考文献检索以及高级检索的相关参数进行设置，WoS 基本检索界面包含检索框、检索字段、检索时间设置等。

在本例中，笔者选择的是基本检索功能，想要检索主题涉及 bibliometric 的期刊论文。因此，笔者在基本检索框中输入“bibliometric *”，字段选择“主题”，时间选择“1900—2016”，数据库选择 Science Citation Index Expanded (SCI - EXPANDED)—1900 年至今和 Social Sciences Citation Index (SSCI) —1900 年至今。

设置完毕以后，单击“检索”按钮，随即进入到检索结果页面。在检索结果页面中，包含检索式、结果按照 WoS 类别、文献类型等的分布情况、数据排序、检索的保存、数据的描述性统计结果和引文报告以及被引次数和使用次数等其他信息。

（3）保存检索结果。首先，单击“结果的保存和导出”中的“保存为其他文件格式”。随后会出现一个“发送至文件”的对话框。在“发送至文件”对话框中，请输入记录 1～500，记录内容请选择“全记录与引用的参考文献”，文本格式请选择“纯文本”。接着，单击“发送”按钮，随后会提示有关数据下载的信息。

需要注意的是，用户在 WoS 中每次仅被允许下载 500 条数据。因此，如果记录数大于 500 条，则需要多次重复导出。例如，在本例中，笔者共计检索到 1300 条记录，第一次在“记录”后的文本输入框中输入 1～500，第二次输入 501～1000，第三次则输入 1001～1300。数据下载默认为 savedrecs. txt 的文本文件，建议用户在下载时自行命名为类似 download_1～500 的名称。

2. Scopus 数据检索

（1）进入 Scopus 主页。在登录 Scopus 之前，首先要确认用户所在单位是否具有 Scopus 使用权限。其次，在 IE 浏览器地址栏中输入 http://www. scopus. com/进入 Scopus 数据库主页。

（2）进行数据检索。在本例中，笔者想要检索并下载主题关于“bibliometric”的最新学术论文，故在检索框中输入“bibliometric”，在检索字段处请选择“Article Title，Abstract，Keywords”，在时间范围处请设置为“2016”年，文件类型请设置为“Article”。接着，单击，进入检索结果页面。

进入检索结果页面后，即可在页面的上端看到用户设置的检索式：“TITLE－ABS－KEY（“bibliometric”）AND DOCTYPE（ar）AND PUBYEAR < 2017”，并且还可以进一步使用相关功能导出自己想要使用的数据。在页面的左侧是检索结果按照不同类别的分类（例如，时间、作者姓名、主题领域、文件类型等）。该页面的主体部分则显示了检索结果的主要内容，主要是检索得到文献的详细列表，包含了标题、作者和文献来源以及被引情况等。

（3）保存检索结果。为了导出可以进一步分析的数据结果，首先请单击检索页面“数据检索的选择和导出”功能位置中的“Select all”，其次再单击“Export”。需要提醒大家注意的是，请选择合适的格式（例如，Text或者CSV格式），在“Choose the information to export:”处请选择“All available information”（导出检索到的所有信息）。最后，单击“Export”按钮，即可获得下载数据。

第 4 章

图书馆学情报学知识图谱工具软件

在进行信息计量学科学研究的不同阶段，通常会借助不同的信息计量辅助工具软件才能够顺利完成。例如，在研究初期需要获取数据时，需要用到各种专门的数据采集工具，或是借助商业搜索引擎、网络爬虫、链接数据库、网络档案工具来获取数据。在进行数据统计分析时，往往要用到SPSS、SAS 等统计分析工具。在对统计分析结果进行可视化分析时，则需要利用 Pajek、Ucinet 等工具软件来绘制可视化图形。

4.1 统计分析软件

获取所需要的数据以后，接下来需要做的一件重要事情就是对其进行统计分析。本节主要介绍信息计量学科学研究过程中目前较常用的统计分析软件，包括 SPSS 等。

需要补充说明的是，如果没有其他专门的软件可以利用的话，建议读者也可以利用 Excel 软件来对数据进行初步处理，将原始数据整理成某种规范格式（或是其他软件可读的格式），并进行简单的统计分析处理（例如，绘制各种图形，进行相关分析、回归分析等）。如果 Excel 的上述统计分析功能不能够满足读者的实际需求，则建议利用 SPSS 等高级统计分析工具来进行数据统计分析。

4.1.1 SPSS 软件

1. 软件简介

SPSS 是世界上最具影响力的统计分析软件之一，它具有友好的操作界面、无需编程、功能强大、方便的数据接口、灵活的功能模块等优点，在社会科学、自然科学的众多领域发挥着不可忽视的作用。

目前，国内市场上常见的该软件版本是 IBM① SPSS Statistics 20.0 多国语言版[114][115]，它主要包括以下功能[116][117]：

（1）丰富的分析功能。在 Advanced Statistics 模块中增加了更多模型，在因变量与自变量呈现非线性关系的情况下，增加了对有序测量级别的因变量的预测。此外，还包括扩展了线性模型关于预测有序变量的功能以及广义线性模型和线性混合模型的整合等。

（2）增强的图表绘制功能。新版本的图形画板模板选择器增加了用于创建不同类型的地图直观表示的模板，例如，分区图（着色地图）、带有微型图表的地图和重叠地图等。它还包括增强了在地图中按区域展示结果的功能，扩展了报告的报表内容等。

（3）增强的处理性能。SPSS 20.0 的处理速度比以前更快了，具体表现为：①更快地生成表格，比现有的表格生成时间快 5 倍以上，与表格相关的其他操作（如枢轴表、打印报告、选择表格等）速度提高 3 ~ 30 倍。②提高了排序和保存的性能，可以在排序菜单中选择是否对排序后的文件进行保存，避免了单独保存数据时的数据重复。

① IBM 即国际商业机器公司（International Business Machines Corporation），1911 年创立于美国，总部位于美国纽约州阿蒙克市，拥有全球雇员 30 多万人，业务遍及 160 多个国家和地区。目前，IBM 公司是全球最大的信息技术和业务解决方案供应商，是世界上经营最好、管理最成功的公司之一，被誉为“蓝色巨人”。在专利方面，IBM 目前保持着拥有全世界最多专利企业的地位，自 1993 年起连续 20 年出现在全美专利注册排行榜的榜首位置，硬盘技术、扫描隧道显微镜（STM）、铜布线技术、原子蚀刻技术都是 IBM 研究院的发明。在硬件方面，IBM 是计算机产业长期的领导者，在个人计算机（PC）、小型机、大型机、超级计算机方面的成就最为瞩目。在软件方面，IBM 软件集团（Software Group）提供软件行业解决方案和中间件产品，包括业务分析软件（Cognos、SPSS）、企业内容管理软件、信息管理软件（DB2、Infomix、InforSphere）等。此外，IBM 在材料、化学、物理等科学领域也有很深的造诣。

（4）增强的服务器端性能。作业可以在远程服务器上的独立后台会话中运行。可以从本地计算机上提交作业，断开与远程服务器的连接，稍后再重新连接并检索结果。无需保持 SPSS 在本地计算机上运行。甚至不需要保持用户的本地计算机处于打开状态。从“生产设施”对话框的新“后台工作状态”选项卡上监控远程作业的进度并检索结果。用户可以自由选择在 server 端运行作业时是否连接客户端和网络。当作业运行完成时可以进行提示，并增加了获得结果的机制。

2. 主要特点

与其他软件相比，SPSS 具有以下特点[116][117]：

（1）功能全面的统计分析软件。SPSS Statistics 非常全面地涵盖了数据分析的整个流程，提供了数据获取、数据管理与准备、数据分析、结果报告这样一个数据分析的完整过程。特别适合设计调查方案、对数据进行统计分析，以及制作研究报告中的相关图表。对于阅读统计分析报告的用户来讲，也已经非常熟悉由 SPSS Statistics 软件制作完毕的图表。

（2）快速、简单地为分析准备数据。在进行数据分析之前，需要根据分析目的及分析技术，对数据进行准备和整理工作。SPSS Statistics 内含的众多技术使数据准备变得非常简单。不同于其他统计分析软件，用户不需要为了完成重要的数据准备工作购买其他产品。SPSS Statistics 给出变量值的列表，以及值的数量，用户可以根据这些来添加信息。一旦建立了数据词典，用户就可以使用“拷贝数据属性”工具，更快地为分析作数据准备。

SPSS Statistics 可以同时打开多个数据集，方便研究时对不同数据库进行比较分析和转换处理。该软件提供了更强大的数据管理功能，帮助用户利用其他应用程序和数据库。它还支持 Excel、文本、Dbase 、Access、SAS 等格式的数据文件，通过使用 ODBC（Open Database Connectivity）的数据接口，可以直接访问以结构化查询语言（Structured Query Language，SQL）为数据访问标准的数据库管理系统，通过数据库导出向导功能可以方便地将数据写入到数据库中。

SPSS Statistics 支持超长变量名称（64 位字符），这不但方便中文研究的需要，也达到对当今各种复杂数据仓库更好的兼容性，用户可以直接使用数据库或者数据表中的变量名。

（3）使用全面的统计技术进行数据分析。除一般常见的摘要统计和行列计算以外，SPSS Statistics 还提供了广泛的基本统计分析功能，如数据汇总、计数、交叉分析、分类、描述性统计分析、因子分析、回归及聚类分析等，并且还加入了针对直销的各种模块，方便市场分析人员针对具体问题的直接应用。新增的广义线性模型（GZLMs）和广义估计方程（GEEs）可用于处理类型广泛的统计模型问题；使用多项 Logistic 回归统计分析功能在分类表中可以获得更多的诊断功能。

（4）用演示图表清晰地表达分析结果。高分辨率、色彩丰富的饼图、条形图、直方图、散点图、三维图形以及更多图表都是 SPSS Statistics 中的标准功能。SPSS Statistics 提供了一个全新的演示图形系统，能够产生更加专业的图片。它包括以前版本软件中提供的所有图形，并且提供了新功能，使图形定制化生成更加容易，产生的图表结果更具有可读性。SPSS 软件进一步增强了高度可视化的图形构建器的功能，该演示图形系统使用户更容易控制创建和编辑图表的时间，大大减少了工作量，并且，用户可以一次创建一个图或表，然后使用作图模板以节省时间。同时，PDF 格式的输出功能能够让用户更好地同其他人员进行信息共享。

多维枢轴表使结果更生动。在 SPSS Statistics 软件中，用户可以在一个重叠图中基于不同的数值范围建立两个独立的 Y 轴，通过对行、列和层进行重新排列来浏览表格，找到标准报表中可能会丢失的重要查找结果，还可以拆分表或者一次仅显示一组，从而可以更轻松地对各组进行比较。

（5）即时切换多国语言界面的统计分析软件，中文界面清晰友好。SPSS 软件界面操作语言齐备，使用者可以自行设置英文或简体中文操作界面。在国内统计应用中，很多使用者在学习时会遇到英文统计专业名词的困难，因此很希望软件有中文版。SPSS 可以自行切换软件语言界面，很好地满足了很多人希望使用中文版的要求。SPSS 软件的中文界面具有清晰、友好的中文界面；全新的中文帮助文档，使使用者的学习更轻松；具有简洁、清晰的中文输出，结果一目了然，共享和发表结果更方便。

(6) 强大的编程能力，支持二次开发。对于常见的统计方法，SPSS的命令语句、子命令及选择项的选择绝大部分由“对话框”的操作完成。因此，用户无需花大量时间记忆大量的命令、过程、选择项。

4.1.2 SAS 软件

1. 软件简介

SAS（Statistics Analysis System，统计分析系统）是美国 SAS 软件研究所（SAS Institute Inc.）① 经过多年研发于 1976 年推出的一款软件，目前已被许多国家和地区的机构所采用。SAS 系统广泛应用于金融、医疗卫生、生产、运输、通信、政府、科研、教育等领域。它运用统计分析、时间序列分析、运筹决策等科学方法来进行质量管理、财务管理、生产优化、风险管理、市场调查和预测等业务，并可将各种数据以灵活多样的各种报表、图形和三维透视的形式直观地表现出来。在数据处理和统计分析领域，SAS 系统一直被誉为国际上的标准软件系统。

SAS 系统是大型集成应用软件系统，它具备数据访问、数据管理、数据分析、数据显示等四大功能[117][118][119]。

SAS 系统包含了多个不同模块，可以完成不同的任务，主要模块有：①SAS/BASE（基础），初步的统计分析功能；②SAS/STAT（统计），广泛的统计分析功能；③SAS/QC（质量控制），质量管理方面的专门分析计算功能；④SAS/OR（规划），运筹决策方面的专门分析计算功能；⑤SAS/ETS（预测），计量经济的时间序列方面的专门分析计算功能；⑥SAS/IML（距阵运算），提供交互矩阵语言功能；⑦SAS/GRAPH（图形），提供许多产生图形的过程并支持众多的图形设备功能；⑧SAS/ACCESS（外部数据库接口），提供与大多数流行数据库管理系统的方便接口，并且自身也能

---

① 美国 SAS 软件研究所（SAS Institute Inc.）创建于 1976 年，总部位于美国北卡罗来那州的凯瑞，是全球最大的私有软件公司。SAS 公司一直致力于为金融、电信、交通、制造、政府以及科研教育等部门提供丰富的商务智能解决方案，包括全面风险管理、平衡记分卡、客户关系管理、供应关系管理、财务管理、智能数据仓库、人力资源管理、市场调查分析、运筹规划等，其数据仓库、数据挖掘软件产品居世界领先地位。

进行数据管理；⑨SAS/ASSIST（面向任务的通用菜单驱动界面），方便用户以菜单方式进行操作；⑩SAS/FSP（数据处理交互式菜单系统）。此外，SAS 系统还将许多常用的统计方法分别集成为两个模块 LAB 和 INSIGHT，供用户利用图形界面和菜单直接对数据进行统计分析。

2. 主要特点

SAS 软件的主要特点有[117][118]：①使用灵活方便，功能齐全。SAS 的宗旨是为所有需要进行数据处理、数据分析的非计算机专业人员提供一种易学易用、完整可靠的软件系统。SAS 使用简单方便。用户把要解决的问题，用 SAS 语言表达出来，组成 SAS 程序，提交给 SAS 系统就可以解决问题。执行情况和输出结果都在屏幕上显示出来。用户操作是在很友好的界面下进行的。此外，SAS 功能非常齐全，它提供了 20 多个模块可用于解决实际问题。②SAS 语言是编程能力强且简洁易学的非过程语言。SAS 语言是 SAS 系统的基础，是用户与系统对话的语言，是功能强大的程序设计语言。SAS 语言是非过程语言，不必告诉 SAS 怎样做，只需告诉它要“做什么”。③SAS 系统把数据处理与统计分析融为一体。SAS 程序的结构由两个基本步任意组合而成。其中，DATA 步用于对数据的加工处理，PROC 步用于分析数据和编写报告。

4.1.3 MATLAB 软件

1. 软件简介

MATLAB（矩阵实验室）是 MATrix LABoratory 的缩写，是一款由美国 The MathWorks 公司出品的商业数学软件。MATLAB 是一种用于算法开发、数据可视化、数据分析以及数值计算的高级技术计算语言和交互式环境。除矩阵运算、绘制函数/数据图像等常用功能外，MATLAB 还可以用来创建用户界面以及调用其他语言（包括 C、C + +、FORTRAN）编写的程序。

尽管 MATLAB 主要用于数值运算，但利用为数众多的附加工具箱（Toolbox）它也适合不同领域的应用（例如，控制系统设计与分析、图像处理、信号处理与通信、金融建模和分析等）。另外，它还有一个配套软件包 Simulink，提供一个可视化开发环境，常用于系统模拟、动态/嵌入式系统开发等方面。

MATLAB 主要提供以下功能[117][120]：①可用于技术计算的高级语言；②可对代码、文件和数据进行管理的开发环境；③可以按迭代的方式探查、设计及求解问题的交互式工具；④可用于线性代数、统计、傅立叶分析、筛选、优化以及数值积分等的数学函数；⑤可用于可视化数据的二维和三维图形函数；⑥可用于构建自定义的图形用户界面的各种工具；⑦可将基于 MATLAB 的算法与外部应用程序和语言（例如，C、C + +、Fortran、Java、COM 以及 Microsoft Excel）集成的各种函数。

2. 主要特点

MATLAB 语言之所以能如此迅速地普及，显示出如此旺盛的生命力，是由于它有着不同于其他语言的特点[117][121]：①语言简洁紧凑，使用方便灵活，库函数极其丰富。MATLAB 程序书写形式自由，利用丰富的库函数避开繁杂的子程序编程任务，压缩了一切不必要的编程工作。由于库函数都由本领域的专家编写，用户不必担心函数的可靠性。可以说，用 MATLAB 进行科技开发是站在专家的肩膀上。MATLAB 用更直观、更符合人们思维习惯的代码，代替了 C 语言和 Fortran 语言的冗长代码。MATLAB 给用户带来的是最直观、最简洁的程序开发环境；②运算符丰富。由于 MATLAB 是用 C 语言编写的，MATLAB 提供了和 C 语言几乎一样多的运算符，灵活使用 MATLAB 的运算符将使程序变得极为简短；③MATLAB 既具有结构化的控制语句（如 for 循环、while 循环、break 语句和 if 语句），又有面向对象编程的特性；④程序限制不严格，程序设计自由度大。例如，在 MATLAB 里，用户无需对矩阵预定义就可使用；⑤程序的可移植性很好，基本上不做修改就可以在各种型号的计算机和操作系统上运行；⑥MATLAB 的图形功能强大。在 Fortran 和 C 语言里，绘图都很不容易，但在 MATLAB 里，数据的可视化非常简单。MATLAB 还具有较强的编辑图形界面的能力；⑦MATLAB 的缺点是，与其他高级程序相比，程序的执行速度较慢。由于 MATLAB 的程序不用编译等预处理，也不生成可执行文件，程序为解释执行，所以速度较慢；⑧功能强大的工具箱是 MATLAB 的另一特色。MATLAB 包含两个部分：核心部分和各种可选的工具箱。核心部分中有数百个核心内部函数。其工具箱又分为两类：功能性工具箱和学科性工具箱。功能性工具箱主要用来扩充其符号计算功能，图示建模仿真功能，文字处理功能以及与硬件实时交互功能。功能性工具箱用于多种学科。而学科性工具箱是专业性比较强的，如 control，toolbox，signl proceessing toolbox，commumnication toolbox 等。这些工具箱都是由该领域内学术水平很高的专家编写的，所以用户无需编写自己学科范围内的基础程序，而直接进行高、精、尖的研究；⑨源程序的开放性。开放性也许是 MATLAB 最受人们欢迎的特点。除内部函数以外，所有 MATLAB 的核心文件和工具箱文件都是可读可改的源文件，用户可通过对源文件的修改以及加入自己的文件构成新的工具箱；⑩可扩展性。作为 Simulink 和其他所有 MathWorks 产品的基础，MATLAB 可以通过附加的工具箱（Toolbox）进行功能扩展，每一个工具箱就是实现特定功能的函数集合。

4.1.4 R 语言

1. 软件简介

R 语言是一种数据分析语言，它是免费的科学数据分析语言，其中凝聚了众多研究人员的心血，既是使用范围广泛的成熟语言，又是学习者能够较快受益的一种语言。

R 语言的原代码可以自由下载使用，亦有已编译的执行版本可以下载，并且可以在多种平台下运行，包括 UNIX（也包括 FreeBSD 和 Linux）、Windows 和 MacOS。R 主要是以命令行操作，有人还专门开发了几种图形用户界面[117][122]。

R 语言是一套完整的数据处理、计算和制图软件系统，其主要功能包括[117][123]：①数据存储和处理系统；②数组运算工具（其向量、矩阵运算方面的功能尤其强大）；③完整连贯的统计分析工具；④优秀的统计制图功能；⑤简便而强大的编程语言：可操纵数据的输入和输出，可实现分支、循环，用户还可以自定义功能。

与其说R语言是一种统计软件，还不如说R语言是一种数学计算环境，因为R语言并不是仅仅提供若干统计程序，使用者只需要指定数据库和若干参数便可进行统计分析。R语言的主要思想是：它不仅可以提供一些集成的统计工具，而且可以提供各种数学计算、统计计算方面的函数，从而使用户能够灵活机动地进行数据分析，甚至创造出符合需要的新统计计算方法。

R语言的语法表面上类似C语言，但在语义上是函数设计语言的（Functional Programming Language）的变种，并且和Lisp以及APL有很强的兼容性。特别要注意的是，它允许在“语言上计算”（Computing on the Language）。这使得它可将表达式作为函数的输入参数，而这种做法对统计模拟和绘图非常有用。

2. 主要特点

与MATLAB，SAS，SPSS等其他同类软件相比，R语言是一组数据操作、计算和图形显示工具的环境，其特色在于[117][124]：①它提供有效的数据处理和保存机制；②它拥有一整套数组和矩阵的操作运算符；③它提供一系列连贯而又完整的数据分析中间工具；④其图形统计功能可用来对数据直接进行分析和显示，还可用于多种图形设备；⑤它是一种相当完善、简洁和高效的程序设计语言，包括条件语句、循环语句、用户自定义的递归函数以及输入、输出接口；⑥它是彻底面向对象的统计编程语言；⑦它和其他编程语言、数据库之间有很好的接口；⑧它是自由软件，可以放心大胆地使用，但其功能却不比任何其他同类软件差；⑨它具有丰富的网上资源，更为重要的一点是R语言提供了非常丰富的程序包，除推荐的标准包外还有很多志愿者贡献的附加包，可以直接利用这些包来提高工作效率。R语言的官网是http：//www. r－project. org，与R语言有关的重要网站还有CRAN（Comprehensive R Archive Network），其主站网址是http：//www. cran. r－project. org/，可以下载到很多程序包以及R语言相关资料。

4.2 信息可视化软件

俗话说，一图胜千言。精美的可视化图形可以使抽象的数据变得直观、一目了然。因此，目前一些常用的信息可视化工具（如 Pajek，Ucinet 等）备受科研人员的青睐。这些信息可视化工具都可将信息进行可视化分析处理，帮助科研人员完成信息计量研究工作。

4.2.1 Pajek 软件

1. 软件简介

Pajek 软件是由斯洛文尼亚卢布尔雅那大学[①]的 Vladimir Batagelj[②] 和 Andrej Mrvar[③] 共同编写，可以免费提供给非商业用途的用户使用。Pajck 在斯洛文尼亚语中是蜘蛛的意思。因此，Pajek 软件的标志是一只蜘蛛。蜘蛛是生物中的织网高手，它的编织网络能力令人叹为观止。而 Pajek 这个软件不仅为用户提供了一整套快速有效的用来分析复杂网络的算法，而且还提供了一个可视化的界面，允许用户从视觉角度更加直观地了解各种复杂网络的结构特性。

---

① 卢布尔雅那大学（Universitas Labacensis）成立于 1919 年，位于斯洛文尼亚首都卢布尔雅那市中心，教育设施先进，它是卢布尔雅那唯一的大学，是斯洛文尼亚历史最悠久、规模最大的高等学院。

② 弗拉迪米尔·巴塔盖尔吉（Vladimir Batagelj，1948—），斯洛文尼亚卢布尔雅那大学数学系教授，兼任《信息学》和《社会结构杂志》编委。在《美国计算机学会通讯》《心理测量学》《分类学杂志》《社会网络》《离散数学》《算法》《数学会刊》《定量和定性》《信息学》《计算机科学讲义》《关于数据分析、分类和知识组织的研究》等刊物上发表过多篇论文。2011 年，与沃特·德·诺伊（Wouter de Nooy）、安德烈·姆尔瓦（Andrej Mrvar）合著《蜘蛛：社会网络分析技术》（*Exploratory Social Network Analysis with Pajek*）（世界图书出版公司 2012 中文版）。

③ 安德烈·姆尔瓦（Andrej Mrvar）现为斯洛文尼亚卢布尔雅那大学社会科学系教授。从 1995—2005 年，多次在网络图绘制赛事中获奖，出版《统计学方法论进展：方法卷》（2000）、《蜘蛛：社会网络分析技术》（*Exploratory Social Network Analysis with Pajek*）（世界图书出版公司 2012 中文版）等著作。1996 年，他与弗拉迪米尔·巴塔盖尔吉（Vladimir Batagelj）合作开发了适合用于进行大型网络可视化分析的 Pajek 软件。

Pajek 可以为合著网、化学有机分子网、蛋白质受体交互网、家谱网、因特网、引文网、传播网、数据挖掘网等多种复杂网络提供分析和可视化操作工具。

与一般计算机图的结构相比，复杂网络的复杂性主要表现在节点数目庞大，通常达到几千甚至几万个，其结构要比一般计算机图形的结构复杂得多。例如，一个大型家谱网络，它的节点数（即人数）可以达到数万个。Pajek 则是一种可以快速有效地分析和仿真复杂网络的可视化软件[117][125]。

2. 主要特点

概言之，与其他社会网络可视化软件相比较，Pajek 呈现出以下三方面的主要特点[117][126]。

（1）快速性。Pajek 可以为用户提供一整套快速有效的算法，用于分析节点数以万计的大型复杂网络。在 Pajek 中，由于所有的算法时间复杂度都低于 0（n^2），从而使得 Pajek 有别于其他算法，它可以用来快速处理大型的复杂网络，这也正是 Pajek 的魅力所在。

（2）可视化。Pajek 为用户提供了一个非常人性化的可视化平台，只要在 Pajek 里执行“Draw | Draw”的菜单命令，就可以快速绘制出一张网络图。此后，用户还可以根据自己的需要以自动或者手动方式来对该网络图进行精细调整。

（3）抽象化。Pajek 为分析复杂网络的全局结构提供了一种抽象方法，如图 4－1 所示。

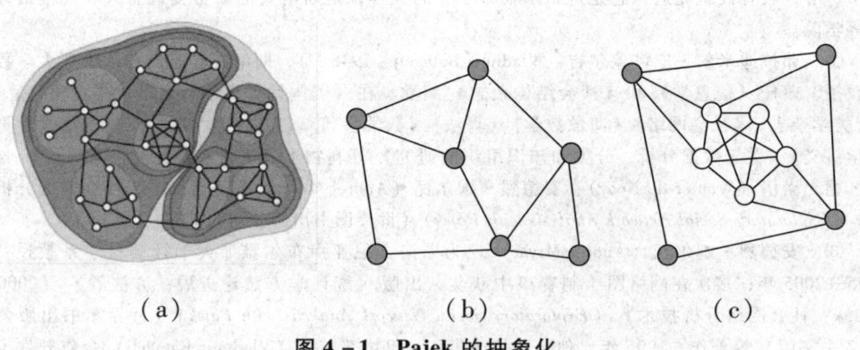

图 4－1 Pajek 的抽象化

在图4-1中，（a）表示的某社区的道路分布图。其中的阴影部分就是各个不同的“类”。这些类是若干节点的集合，在这些类的内部，各个节点之间联系紧密，而各个类之间则仅仅通过少数的几条边相连接。从这幅图中可以看到各个点之间的联系，但很难一眼看出网络的整体结构。从（b）中很容易就可以从全局的角度看出整个网络的整体结构。在（c）中，原网络正中间的那个类不变，而其周围的各类都看作是一个整体。利用这个图就可以很方便地看到中间的类中各个节点在整个网络中的作用。

4.2.2 Ucinet软件

1. 软件简介

Ucinet软件是由加州大学欧文（Irvine）分校①的一群网络分析者编写的[117][127]。现在对该软件进行扩展的团队由斯蒂芬·博加提（Stephen Borgatti）②、马丁·埃弗里特（Martin·Everett）③和林顿·弗里曼（Linton

① 加州大学欧文分校（University of California Irvine，UCI）又称伊荣分校，是一所四年制公立大学，成立于1965年。尽管它是加州大学各成员学院中历史最短的一所大学，但排名却紧追伯克莱、洛杉矶和戴维斯等大学之后，列全美最好的公立学校前十名之一。加州大学欧文分校除拥有崭新优美的建筑以外，教职人员皆具有深厚的专业背景，其中有两人为诺贝尔奖获得者。UCI最好的学科是生物学、社会生态学、英文、经济和政治科学。其中，生物学是全美国大学最好和学生选修最多的学科。

② 斯蒂芬·博加提（Stephen Borgatti，1956—）在1989年从加州大学欧文分校获得数学社会学博士学位，曾为美国波士顿学院（Boston College）卡罗尔管理学院（Carroll School of Management）教授、肯塔基大学（University of Kentucky）加顿商业与经济学院（Gatton College of Business and Economics）管理学教授，其研究领域包括社会网络、知识管理、社会认知与结构、文化领域分析、正式角色理论等。

③ 马丁·埃弗里特（Martin G. Everett），牛津大学数学和社会学博士，现为英国曼彻斯特大学（University of Manchester）社会科学学院（School of Social Sciences）教授。他创建了社会网络分析米切尔中心（现改名为曼彻斯特社会网络组），其主要研究兴趣在数学和社会学分析领域，参加过隐蔽社会网络、精神病人网络、技术分析网络、自我网络、网络和扩散等多个项目的研究。他还是目前最常用的社会网络数据分析软件Ucinet的共同著作权人，曾担任社会网络分析国际网络（INSNA）的总裁，并在2004当选为社会科学院（Academy of Social Sciences）院士。

Freeman)① 组成。该软件最初是一组用 Basic 语言编写的模块，逐渐发展成为综合性的 DOS 程序，现在已经可作为一种 Windows 程序来使用了。这是一个具有通用目标、易于使用的程序，它涵盖了一些基本的图论概念、位置分析法和多维量表分析法等。

Ucinet 软件最大的设计思路是考虑应该提供哪些功能。自从 Freeman 的第一个版本发布，Ucinet 一直吸收不同的网络算法。这些算法无论是在功能上（检测具有凝聚力的群体、测量中心度等）还是来源上（不同人以不同的数学思想、方法论的观点下创造出来的）都很多样。

2. 主要特点

Ucinet 软件主要有以下特点[117][128]：①Ucinet 是菜单驱动程序，菜单是嵌套的，选择菜单中的某个功能时可以显示该功能下的所有下级菜单，用户可以根据需要来进行选择。新版本的 Ucinet 6 与以往追求易用性相比，更注重程序运行的速度。在运行 Ucinet 程序时，总是需要在使用降低最大处理的网络节点大小、占用大量内存的算法还是使用能处理更多数据集合、节省内存空间的缓慢算法之间做出选择；②Ucinet 采用菜单系统的后果之一是需要将程序功能组织成类别及子类，并且要富于逻辑、可理解。事实证明，这不是不可能的。Ucinet 提供的所有功能分类都有几套竞争方案，但没有一个方案是完美的。每个方案对于部分功能归类非常完美，而对于剩余部分功能的归类则显得很勉强。Ucinet 已经使用的分类方案同样也存在着这样的问题，但最基本的思想是在网络环境下，该方案是基于网络理论基础之上的；③Ucinet 网络分析集成软件包括一维与二维数据分析的 NetDraw，还有正在发展应用的三维展示分析软件 Mage 等，同时集成了 Pajek 用于大型网络分析的 Free 应用软件程序。利用 Ucinet 软件可以读取文本文件、KrackPlot、Pajek、Negopy、VNA 等格式的文件。它能处理

① 林顿·弗里曼（Linton C. Freeman）在 1956 年从美国西北大学获得社会学博士学位，现为加州大学欧文分校（UCI）社会学系和数理行为科学研究所的研究教授，他一直致力于社会网络分析、社会结构和认知领域的研究，并在 1978 年创办了“社会网络（*Social Networks*）”杂志，其代表作为《社会网络分析发展史》，是社会网络分析发展的推动者，并为此做出了巨大贡献。社会网络分析研究领域的最高奖弗里曼奖就是用他的名字来命名的。

32767 个网络节点。当然，从实际操作来看，当节点数在 5000 ~ 10000 时，一些程序的运行速度就会很慢；④Ucinet 提供大量的数据管理和转换工具，例如，选择子集、合并数据集、序化、转化或记录数据。Ucinet 不包含可视化的过程，但它与 Mage，NetDraw，Pajek 等软件集成在一起，从而能够实现可视化。其中，NetDraw 是简单的网络图绘制软件，它可以读取 Ucinet 系统文件、Ucinet 文本文件、Pajek 文本文件等。它还可以同时处理多种关系，并且可以根据节点的特性来设置节点的颜色、形状和大小，是一个非常灵活的可视化软件，并且可以进行各种数据分析（例如，中心性分析、子图分析、角色分析等），还具有很强的矩阵运算能力；⑤下载后可免费使用两个月，试用版本的数据是过期的，但其功能和正式版本是一样的。试用期满后可以在线购买，并且针对不同的用户类型规定了不同的购买价格。

4.2.3 HistCite 软件

1. 软件简介

HistCitc 是由 SCI 的创始人尤金·加菲尔德以及他的同事们推出的一款比较完整的引文编年可视化系统，该软件可以在官方网站（网址：http：//www.histcite.com）上下载。HistCite 不仅是一款文献列表分析软件，更是一种强有力的可视化分析工具。HistCite 可以用 HTML 格式，在 Web 浏览器中显示一个清晰、富含大量信息的数据列表[117][129]。

2. 主要特点

与其他软件相比，HistCite 主要有以下三个特点[117][129][130]：①识别所研究领域内的关键文献，包括识别出对该主题发展做出重要贡献的文献、通过关键词查询来准确定位出所缺失的最重要的文献、识别该领域内被引用最多的作者和期刊、识别其他可以扩检的关键词等；②重现研究领域的历史及发展情况，包括创建历史图表来显示关键的文献和时间、创建某个作者的历史发展图、找到高被引文献、发现重要的共作者关系、找到对某位作者所写文献中贡献最大的出版物和文献、找到作者所出版作品的时间序列等；③分析下载文献中的作品数量和引用比率，包括发文作者的国籍和所属机构、在所下载的这些文章中发文最多以及被引用最多的作者、引文的统计情况、计算作者的H指数、自引和排除自引的情况等。

4.2.4 CiteSpace 软件

1. 软件简介

CiteSpace 是美国德雷赛尔大学（Drexel University）① 信息科学与技术学院陈超美老师所在团队研发的一款用于分析和可视共现网络的 Java 应用程序，以 Web of Science 导出的纯文本数据为主要数据源，目的是探讨科学文献可视化的模式和发展趋势。CiteSpace 在全世界享有盛誉，近年来在中国的推广非常成功，大连理工大学等多所中国院校对 CiteSpace 展开了不同程度的研究和应用，并将国内的 CSSCI，CNKI 等数据库成功应用到了 CiteSpace 中[117][131]。

由于 CiteSpace 最初是通过其官方网站的 WebStart 链接使用的，使用量可通过网站流量来统计。通过 Cluster Maps 分析可知，CiteSpace 主要用户分布在美国、欧洲、中国等国家和地区。

2. 主要特点

与其他文献分析软件相比，CiteSpace 有其自身的优势和独特之处[117][132]：①可以将 Web of Science 等数据库的原始数据格式直接导入进行运算及作图，原始数据不需要转化为矩阵的格式；②对于同一数据样本，可进行多种图谱绘制，从不同角度展现数据演化特征；③该软件通过为节点和连线标记不同颜色，清晰地展现出文献数据随时间变化的脉络；④解释图形很主观，既可以用系统的算法来生成聚类，也可以用视觉判断聚类，并咨询领域专家。

4.2.5 VOSviewer 软件

VOSviewer（Visualization Of Similarities，VOS）是由荷兰鹿特丹伊拉斯

---

① 德雷赛尔大学（Drexel University）是一所位于费城市中心的四年制私立大学，成立于1891年，是费城三大名校之一。德雷赛尔大学已经连续多年被《美国新闻与世界报道》评为“最佳美国大学”。

姆斯大学（Erasmus University Rotterdam）① 的尼斯·简·凡·埃克（Nees Jan van Eck）② 和鲁·沃尔特曼（Ludo Waltman）③ 联合开发的。

1. 软件简介

VOSviewer 最早的版本仅仅用于展示可视化的结果，随着发展其不仅开放供用户免费使用，而且功能和分析的数据的类型也得到了很大的提升。目前该软件具备了常见的几乎所有文献计量分析功能，如文献耦合分析、共被引分析、合作分析以及共词分析。据调研，该软件已经广泛应用在各个领域的科学计量分析中。以科学计量学领域的知名期刊《科学计量学》（*Scientometrics*）④ 来讲，其发表的大量案例研究类的论文就使用了 VOSviewer。在该软件被大家广泛使用的同时，也存在很多“问题”，主要表现在以下两个方面：①由于软件用户自身缺乏科学计量学的基础，所分析的目的以及结果解读存在错误；②由于没有撰写详细的软件使用技巧说明，导致很多用户得到的结果十分不清晰。当然，这可能也是用户使用其他科学图谱工具时存在的共性问题[133][134][135][136]。从核心功能来说，VOSviewer 主要用于分析科技文献的合作网络、共被引网络、耦合网络以及主题的共现网络，这些都属于无向网络。

如果用户想要下载 VOSviewer 软件，则可在 IE 浏览器中输入网址

---

① 伊拉斯姆斯大学（Erasmus University Rotterdam，EUR）位于荷兰王国第二大城市、欧洲第一大港口城市鹿特丹，它是享誉世界的顶尖高等学府，拥有欧洲乃至全世界最负盛名的经济学院和管理学院。

② 尼斯·简·凡·埃克（Nees Jan van Eck）现为莱顿大学科学技术研究中心研究员、信息计量学杂志和科学计量学杂志编委会成员，其研究兴趣主要聚焦在科学知识图谱和绩效评价指标分析与构建上。他与鲁·沃尔特曼（Ludo Waltman）博士联合开发了 VOSviewer 软件。

③ 鲁·沃尔特曼（Ludo Waltman）现为莱顿大学科学技术研究中心研究员、信息计量学杂志（*Journal of Informetrics*）主编，其研究兴趣主要聚焦在文献计量学和科学计量学方法论、文献网络分析与可视化、科研绩效评价指标上。他与尼斯·简·凡·埃克（Nees Jan van Eck）博士联合开发了 VOSviewer 软件。

④ 《科学计量学》（*Scientometrics*）杂志创刊于 1978 年，由匈牙利科学出版社出版，现任主编是普赖斯奖获得者、匈牙利科学院政策研究所资深专家格兰采尔（Glanzel Wolfgang）。该刊致力于定量研究科学的科学、科学交流和科学政策，主要刊载科学计量学领域的研究论文、短讯和评论。该刊因刊载许多计量学领域的研究性文章，为介绍科学计量研究方法、开展不同学术观点的争鸣提供了最广泛的国际环境，所以受到管理学界、图书馆学界、情报学界专家的特别重视，是科学计量学领域的国际权威学术期刊。

http：//www.vosviewer.com/，即可登录到 VOSviewer 软件的主页。然后，单击页面中的 Download，进入该软件的下载界面，按照屏幕提示即可完成该软件的下载。

2. 分析步骤

使用 VOSviewer 软件进行数据可视化分析，主要包括以下七大分析步骤[133][135][136]：①获取数据：当用户在确定好研究主题以后，就可以据此来选择数据库（如 Web of Science，Scopus 等）及数据采集方法；②选择分析单元：用户在进行数据分析之前，需要根据研究目的来选择合适的分析单元。常见的分析单元包含标题、作者、机构、国家/地区、摘要、关键词、参考文献、发表期刊以及其他索引信息；③计算分值：利用共被引分析、耦合分析、合作分析、共词分析等不同计算方法来建立知识分析单元之间的联系，并计算其关联强度（或称相关得分）；④标准化处理：在得到上述原始得分之后，为了修正由于节点本身大小所带来的对节点之间关联强度的影响，还需要对原始数据进行标准化处理。VOSviewer 中嵌入的数据标准化方法主要有关联强度方法和联合概率算法；⑤构建图谱：VOSviewer 中构建知识图谱主要包括两个步骤：一是使用 VOS mapping 算法来计算节点在二维空间的相对位置，二是通过 VOS Clustering 方法来对图谱进行聚类；⑥可视化：VOSviewer 中用节点来表示所要分析的知识单元，用节点的颜色来表示所属的不同聚类，用节点以及节点的标签来表示节点的权重信息；⑦评估结果：知识图谱结果评估决定生成的知识图谱最终是否可用，通常需要借助行业专家、学者等外界力量来对生成的知识图谱进行评估。如果用户对得到的图谱结果还不满意，则需要重新调整可视化参数。

4.2.6 SCI² 软件

一、软件简介

SCI²（Science of Science）Tool（http：//sci2.cns.iu.edu）是由美国印

第安纳大学①凯蒂·伯尔纳教授组织开发的一款免费软件，它是专门为科学研究而设计的一整套模块化科学工具。它支持从时间、空间、主题、网络分析和可视化等多个角度，分析微观（个体）、中观（局部）和宏观（整体）水平的知识单元[117][137]。

SCI^2功能强大，利用它可以输入多种常见格式数据，提供多种方法来处理数据，可以构建常见的知识单元网络，还能形成作者—引证、论文—引证、作者—论文等直接关系网络，进行历时分析（对数据进行时段分割和突变检测）、空间分析（通过地理编码和地理空间主题图完成）、主题分析（词语突变检测和共词分析）、网络分析（在网络上应用不同算法进行统计分析）。

与其他知识可视化工具相比，SCI^2具有以下重要特点：①访问或自行下载在线科学数据集；②利用最有效的算法来进行不同类型的分析；③使用不同的可视化方法来交互式地探索和理解特定数据集；④共享数据集和跨学科的算法。

二、运行环境

SCI^2的开发是在网络基础设施内核——Cyber Infrastructure Shell（CIShell）的基础上开发的。CIShell 是一个开源的 Eclipse 插件框架，它可以很容易地整合数据集、方程、工具和计算机资源，并且遵守 OSGI R4 协议和 Equinox 接口[117]。

SCI^2是一款单机桌面软件，可以适用于现有的通用操作系统，它是建立在 Java SE 5 的基础上，所以使用前必须先安装 Java 虚拟机，然后下载 SCI^2（http：//sci. cns. iu. edu/registration/user/），解压缩后就可以使用。

如果用户还没有安装 Java，需要先安装 JDK，版本要求在 JDK 5 及以

① 印第安纳大学（Indiana University）创建于1820年，是美国阿巴拉挈亚山脉西部最古老的大学之一，在全国共有八个分校，共有教师四千多人，学生近十万人。作为一所享有盛誉的明星级大学，印第安纳大学得到美国社会各界的普遍认可，并在音乐、社会学、新闻传播等领域处于美国乃至全世界领先水平，已成为全美国人文社会科学学科最强的大学之一。印第安纳大学校区占地非常广阔，拥有多样化的植物和众多新旧结合的石灰岩建筑物，被认为是世界上最美丽的校区之一。艺术评论家 Thomas Gaines 称其为全美国最美的五所艺术品般大学校园之一。

上，下载网址为 http：//www. java. com/en/download/index. jsp，然后从网址 http：//sci. cns. iu. edu/registration/user/下载 SCI^2，下载时请注意选择操作系统的类型。

下载完成后，解压缩 zip 压缩文件到任意文件夹中，从其文件组成可以看出该程序采用 Eclipse RCP 机制，而且选用的是 AWT 而非 SWT 框架。双击 SCI^2. exe 文件，即可自动运行程序。如果想要卸载 SCI^2，只需删除程序所在的文件夹即可。

三、用户界面

启动程序，得到 SCI^2 用户界面，包括菜单栏和窗口。其中，窗口包括调试窗口、调度窗口和数据管理窗口[117][137]。

1. 菜单栏

SCI^2 菜单栏主要包括 File（文件）、Data Preparation（数据准备）、Preprocessing（预处理）、Analysis（分析）、Modeling（建模）、Visualization（可视化）、Help（帮助）等七个一级菜单项。

“File（文件）”菜单主要功能包括可以加载多种数据格式（如 ISI、NSF 数据等），保存和查看结果，以及合并或分割节点和边文件。

下载文件后，就可以利用“Data Preparation（数据准备）”菜单中的选项来清理数据和建立网络或用来预处理、分析和可视化步骤的表。在菜单顶部的选项可用于任何基于表的数据集（如 CSV 文件），用于提取从网络中提取信息。位于最底部的“数据准备 | 数据库”菜单项是专门用来对先前加载到数据库 ISI 或 NSF 数据进行设置。

分析和可视化处理之前，用户可使用预处理算法进行修剪追加网络或表。菜单按照域分开，而最小单位的任务要求放在同一个域中。例如，为了可视化一个作者同被引网络，只需利用从属于“预处理”“分析”和“可视化”下面的“网络”域的算法即可。同样，显示地图仅需要“地理空间”算法。利用“Preprocessing（预处理）”菜单可以实现一般处理、时空处理、空间处理、主题处理、网络处理等功能。

一旦数据经过加载、准备和预处理以后，就可以利用 Analysis（分析）

菜单项在四个域中进行数据分析，包括时间分析、空间分析、主题分析和网络分析。分析结果可以用于再分析，也可以进行可视化。尽管 SCI^2 主要是用于网络分析，但它也支持表格数据的地理编码以及专题或者通用的分析研究。

Modeling（建模）菜单只有“网络（Networks）”一个子菜单项。“网络”子菜单项又包括以下内容：①随机图像，提取带有固定数量且被无向边随机连接的节点的图像；②瓦斯托加茨小世界，生成一个其中大部分节点没有直接连接到另一个节点，但仍通过较少边连接到另一个节点的图像；③Barabási－Albert 无标度，通过经济增长和优先连接生成无标度网络；④TARL（主题式，老龄化和递归链接），集成“老龄化”生成作者和论文的双边 Coevolving 网络，也可应用于其他不同的“老龄化”分布数据集。

Visualization（可视化）菜单包括以下子菜单项：①“概述”子菜单项，包括“Gnu 平面图”子菜单项，用于以许多不同形式绘制二维功能和数据点的平面图；②“时空”子菜单项，包括“水平条形图（不包括版本）”子菜单项，使用 CSV（表格）数据集依据时间的推移可视化数值数据；③“空间”子菜单项，包括“地理地图（圈注解）”和“地理地图（彩色区域注解）”这两个子菜单项；④“网络”子菜单项。

Help（帮助）菜单可以连接到联机文档，还包括更新、配置管理以及有关 SCI^2 工具的介绍信息。

2. 窗口界面

SCI^2 有三大窗口，它们各有不同的功能：①Console 窗口为调试窗口，展示了处理数据过程中产生的各种操作。用户进行的所有操作（如下载、查看、保存数据，运行各种公式、调整参数等），都会在“Console”窗口中显示日志信息，并将日志信息保存在“安装目录/logs”目录下。同时，“Console”窗口还会显示公式原作者的感谢信息、开发者信息、集成者信息、参考文档、链接到参考文档的 URL、链接到 Wiki 社区 NWB/SCI2 的公式描述的 URL；②Scheduler（调度）窗口主要用来显示数据处理进程，还可以对产生的数据进行删除；③Data Manager（数据管理）窗口可以用来显示处理过程中产生的所有数据。一般情况下，数据管理窗口会显示当前所有加载的可以使用的数据集。加载的不同类型的数据，会显示不同的图标如表 4－1 所示。

表 4－1　不同数据类型的图标

图标	数据类型	说明
	Text（文本）	文本文件
	Table（表）	表数据（csv 文件）
	Matrix（矩阵）	Pajek 的 . mat 文件
	Plot（曲线图）	可以利用 Gnuplot 软件来绘图的纯文本文件
	Network（网络）	网络数据（Graph/ML，XGMML，NWB，Pajek. net 或是边列表格式）
	Database（数据库）	内存数据库
	Tree（树）	树形数据（TreeML）

4.3　知识图谱工具软件应用举例

4.3.1　SPSS 应用举例

本节以共词分析为例，利用 SPSS 中的因子分析、聚类分析和多维尺度分析功能来构建相应的知识图谱[117][138]。

1. 数据处理

在中国知网（CNKI）① 上，以“信息资源管理”为关键词，检索时间范围为 CNKI 默认的年限，检索时间为 2010 年 1 月 24 日，检索范围为核

① 中国知网（China National Knowledge Infrastructure，CNKI，网址：http：//www. cnki. net）是目前世界上最大的连续动态更新的中国期刊全文数据库，收录国内 8200 多种重要期刊，以学术、技术、政策指导及教育类为主，同时收录部分基础教育、大众科普、大众文化和文艺作品类刊物，内容覆盖自然科学、工程技术、农业、哲学、医学、人文社会科学等多个领域，全文文献总量高达 2200 多万篇。

心期刊，以关键词为检索字段，采用精确检索的方式检索出 1133 篇文献。从 CNKI 上下载这些文献的题录数据，并保存成记事本格式的文件。

首先，将所有题录数据载入到数据库中，然后从这些数据中抽取出关键词，进行关键词统计，选取高频关键词，然后对高频关键词进行两两共同出现次数统计，最终得到一个高频关键词共词矩阵。

在处理过程中，笔者去掉了与信息资源管理无关的文献（如通知、启事等），最终得到 1062 篇有关信息资源管理的文献。这些文献共计有 5027 个关键词，平均每篇文献 4.7 个关键词。为保证共词分析的效果，本文选择词频不低于 6 次的做进一步处理，并且去掉了一些与信息资源管理研究方向不相关的词（如情报学、图书馆、图书馆学、管理、中国、美国、信息、研究方向、理论研究等关键词）。同时，笔者对一些同义词进行了合并（例如，将“因特网”“网络”和“Internet”合并成“互联网”，将“现代信息技术”转换成“信息技术”，将“IRM”转换成“信息资源管理”等）。其中，关键词“信息资源管理”出现的次数最多，但鉴于“信息资源管理”与本节的研究内容完全重合，在共词分析中难以发挥作用，故予以舍弃。最终确定了表征信息资源管理研究方向的 57 个关键词，这是本节处理共词分析的基础，如表 4 - 2 所示。

对这 57 个关键词进行两两组合，统计它们在 1062 篇文章中共同出现的次数，形成 57 × 57 共词矩阵，部分共词矩阵如表 4 - 3 所示。在这里，笔者将对角线的值设为该关键词与其他关键词共同出现次数的最大值 +1，以突出该关键词与自己的亲密关系。

表 4 - 2　参与聚类分析的关键词列表（部分）

关键词	词频	关键词	词频
信息管理	97	企业	22
信息资源	91	网络信息资源	21
知识管理	80	信息产业	20
信息技术	51	信息化	19
互联网	36	管理信息系统	17
信息系统	35	信息政策	16

续表

关键词	词频	关键词	词频
企业信息化	31	信息组织	16
信息服务	31	知识经济	16
电子政务	29	网络环境	16
数字图书馆	27	政府信息资源	15

表 4-3 关键词共词矩阵（部分）

关键词	信息管理	信息资源	知识管理	信息技术	互联网	信息系统	信息服务
信息管理	21	4	20	19	1	10	2
信息资源	4	9	3	6	8	4	4
知识管理	20	3	21	5	1	3	1
信息技术	19	6	5	20	1	12	4
互联网	1	8	1	1	9	2	2
信息系统	10	4	3	12	2	13	2
信息服务	2	4	1	4	2	2	5

2. 因子分析图谱创建

因子分析要达到的目标就要用尽可能少的因子去描述众多的指标或因素之间的联系，其基本思想是根据关键词之间的相关性大小，将研究对象的变量分组使得同组内的变量之间相关性较高，而不同组的变量相关性较低。每组变量代表一个基本结构，这个基本结构称为公共因子。这样，较少的几个公共因子就可以反映原资料的大部分信息。利用因子分析法，可根据因子得分值，在因子所构成的空间中把研究对象的变量点画出来，从而客观地达到分类的目的，并以此来对聚类分析结果进行完善。

具体步骤介绍如下：

（1）选择分析菜单中的降维选项，再选择因子分析选项如图 4-2 所示，打开因子分析对话框如图 4-3 所示。

图 4-2　因子分析菜单

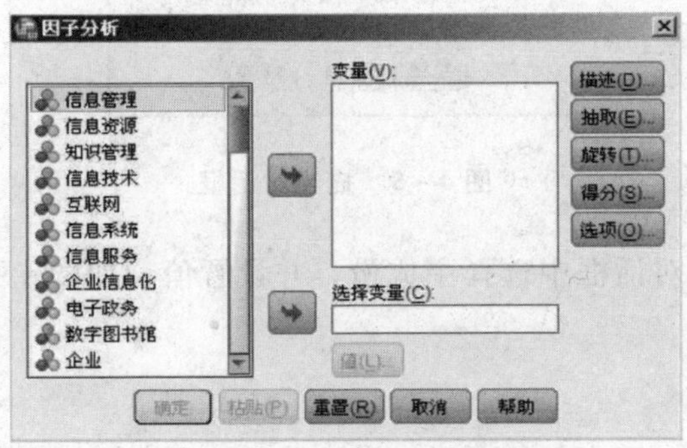

图 4-3　因子分析对话框

（2）将所有的数据添加至变量框中如图 4 -4 所示。

图 4 -4　选择所有变量

（3）在描述对话框中设置值如图 4 -5 所示。

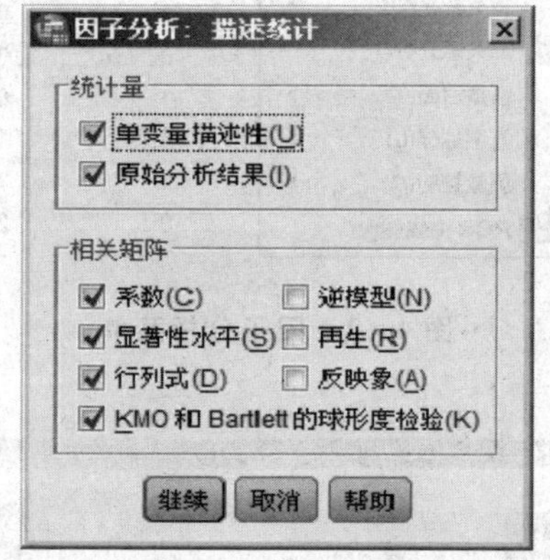

图 4 -5　描述对话框

（4）在抽取对话框中选择主成份，并设置值，如图 4 -6 所示。

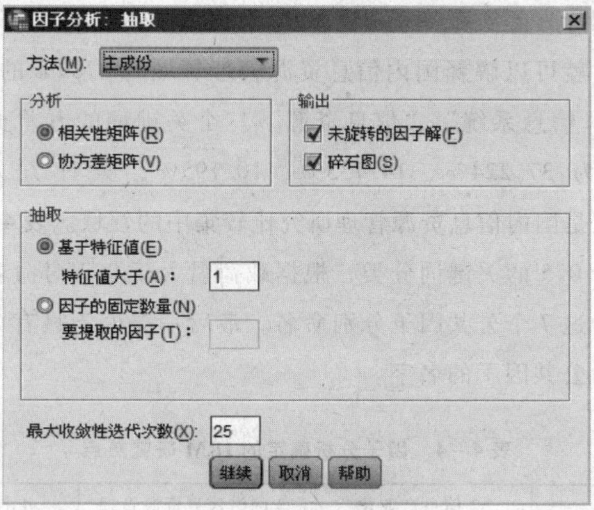

图 4－6 抽取对话框

（5）在旋转对话框中设置值如图 4－7 所示。

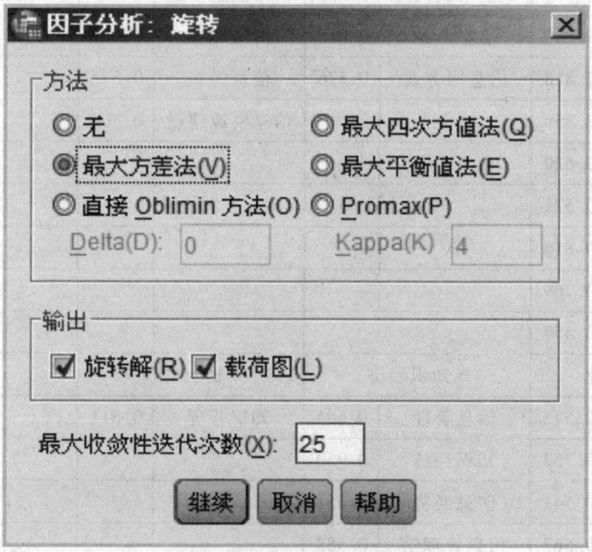

图 4－7 旋转对话框

以上面得到的关键词共词矩阵为基础，在 SPSS 20 中选择主成份方法、协方差矩阵和最大方差旋转进行因子分析。结果显示有 7 个公共因子被提取出来，其累计方差贡献率为 85.789%。也就是说，将这 57 个关键词分成 7 个类别，就可以解释国内信息资源管理领域 85.789% 的信息。其中，“信息管理”“信息系统”“信息资源”三个关键词的方差贡献率超过了 10%，分别为 37.224%、14.733%、10.195%，累计方差贡献率为 62.152%，这是国内信息资源管理研究比较集中的领域。表 4－4 显示了因子载荷量大于 0.5 的关键词分类，根据载荷量大于 0.7 对命名才有帮助的原则，笔者为这 7 个公共因子分别命名。最后一类由于只有 1 个因子，因此直接取其为公共因子的名字。

表 4－4　因子分析确定的 IRM 研究热点

1 信息系统		2 信息产业化		3 网络信息资源管理		4 档案资源管理	
信息管理	0.746	信息产业	0.892	信息资源	0.618	档案管理	0.802
知识管理	0.554	政府信息资源	0.850	互联网	0.843	档案信息资源	0.912
信息技术	0.870	信息市场	0.929	信息服务	0.627	电子文件	0.805
信息系统	0.751	信息机构	0.942	网络信息资源	0.617	档案工作者	0.658
管理信息系统	0.869	信息产品	0.815	网络环境	0.658	档案工作	0.826
信息政策	0.818	信息服务业	0.576	信息组织	0.578		
信息经济学	0.858			信息资源建设	0.809		
信息化建设	0.620						
信息经济	0.571						
国家信息政策	0.816						
企业信息资源	0.769						
信息服务业	0.557						
5 企业信息化		6 知识经济		7 知识管理			
信息资源	0.548	信息管理	0.584	知识管理	0.511		
企业信息化	0.752	知识经济	0.950				
电子政务	0.541	信息经济	0.551				
企业	0.567	信息管理学	0.582				
CIO	0.534						
电子商务	0.687						
集成管理	0.717						

3. 系统聚类图谱创建

聚类分析是从事物数量上的特征出发对事物进行分类，是数值分类学和多元统计技术结合的结果，其基本思想是依照事物的数值特征来计算各个变量或样品间的亲疏关系。而变量之间的亲疏关系则由变量之间的距离来衡量，一旦变量之间的距离定义以后，则将距离近的变量归为同一类。系统聚类（也称层次聚类）是最常用的一种方法，其含义是：开始将每个变量各看成一类，将距离最近的两个类合并；重新计算新类与其他类的距离，再将距离最近的两类合并；再计算新类与其他类的距离……，这样一步步地进行下去，每一步减少一类，直至所有的变量都合并成一类为止，整个聚类过程可绘成聚类图。

系统聚类分析的主要步骤如下所述：

（1）选择分析菜单中的分类，选择系统聚类菜单如图 4 –8 所示，打开系统聚类对话框如图 4 –9 所示。

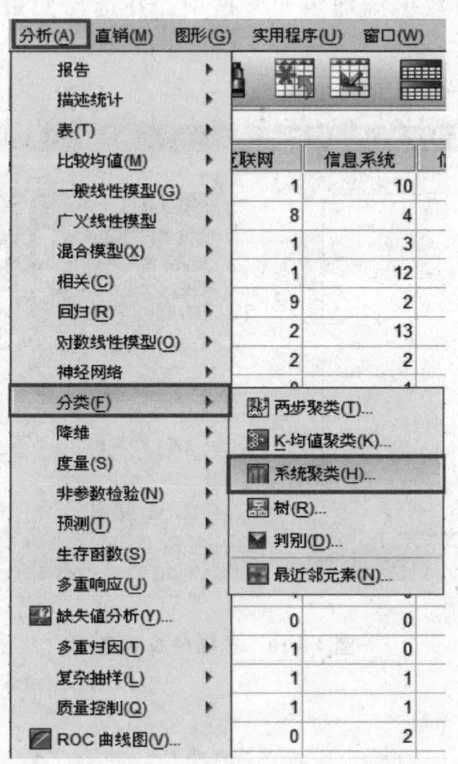

图 4 –8　系统聚类菜单

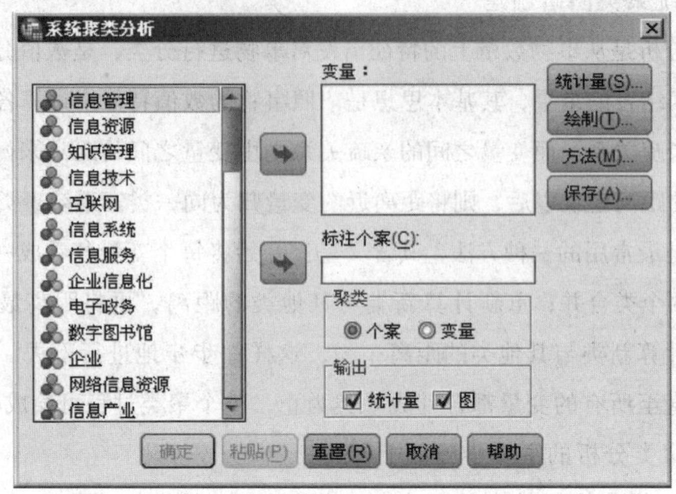

图 4－9　系统聚类对话框

（2）将所有的数据添加至变量框中，并选择变量选项，如图 4－10 所示。

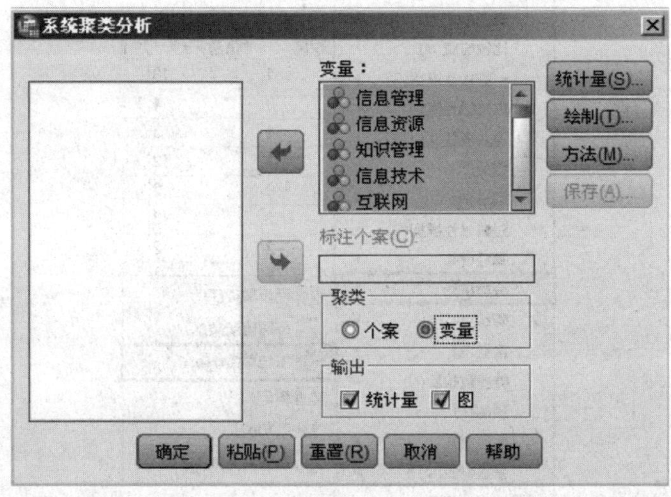

图 4－10　选择所有变量

（3）在统计量对话框中设置值如图 4－11 所示。

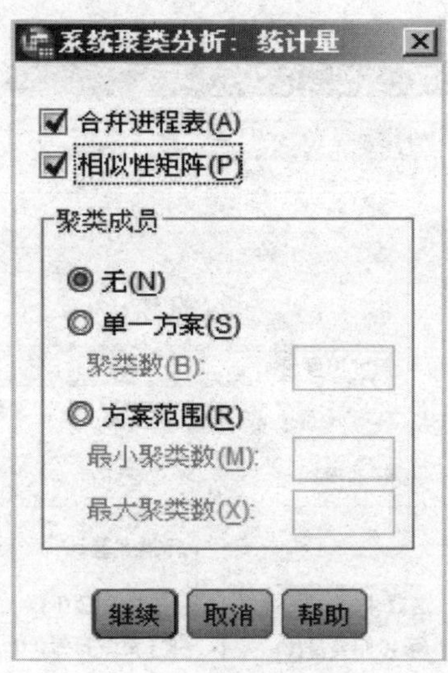

图 4－11 统计量对话框

（4）在绘制对话框中进行设置如图 4－12 所示。

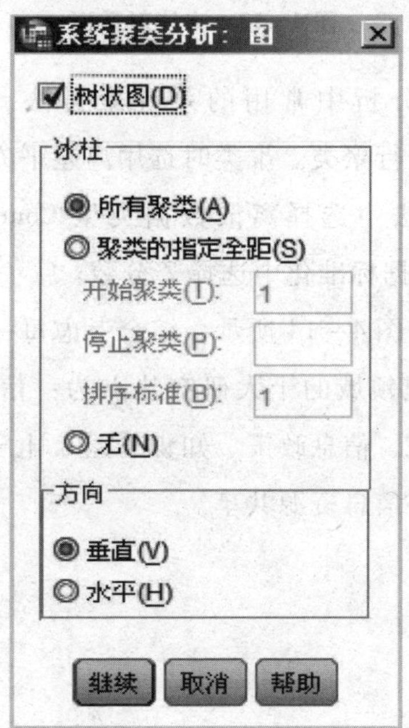

图 4－12 绘制对话框

（5）在方法对话框中进行设置如图 4－13 所示。

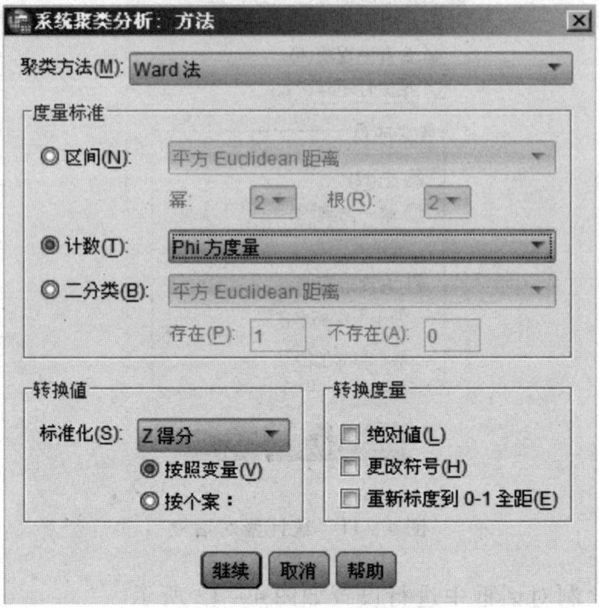

图 4－13　方法对话框

本节拟采用聚类分析中常用的系统聚类法（Hierarchical Clustering Method）对共词矩阵进行聚类。聚类时选用离差平方和（Ward）作为聚类方法，在距离测度方法中选择离散数据类型 Count 中的斐方法（Phi－square Measure），在数据标准化中选择 Z 分数。

聚类分析的结果如图 4－14 所示，综合考虑每一类中各关键词的性质，最终确定信息资源管理领域的十大研究热点为：信息产业化、信息系统、企业信息化、电子商务、信息政策、知识管理、电子政务、档案信息资源管理、网络信息组织、信息资源共享。

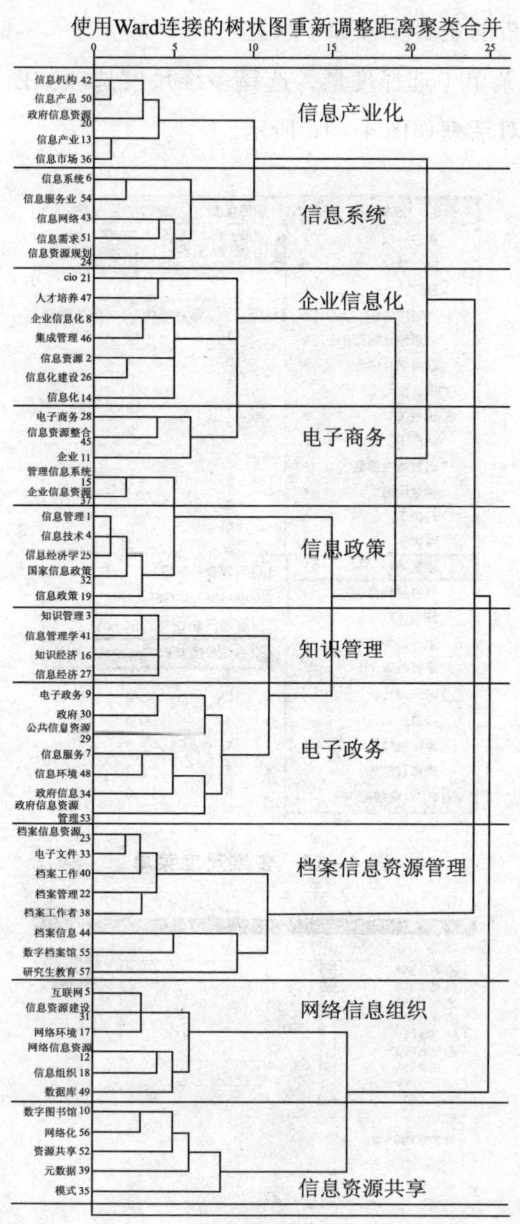

图 4－14　聚类结果树状图

4. 多维尺度图谱创建

多维尺度分析的主要步骤如下所述：

（1）在分析菜单中选择度量，选择多维尺度选项如图 4－15 所示，打开多维尺度分析对话框如图 4－16 所示。

图 4－15　多维尺度菜单

图 4－16　多维尺度对话框

(2) 选择所有的变量，并将所有的变量添加至变量框中，如图 4-17 所示。

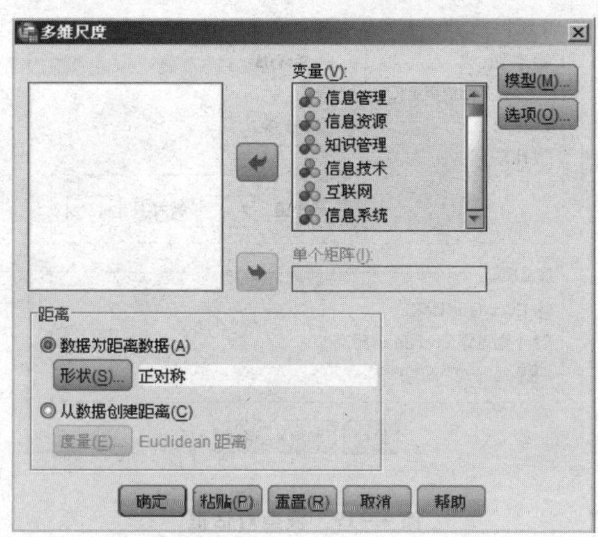

图 4-17 选择所有的变量

(3) 在形状对话框中进行设置如图 4-18 所示。

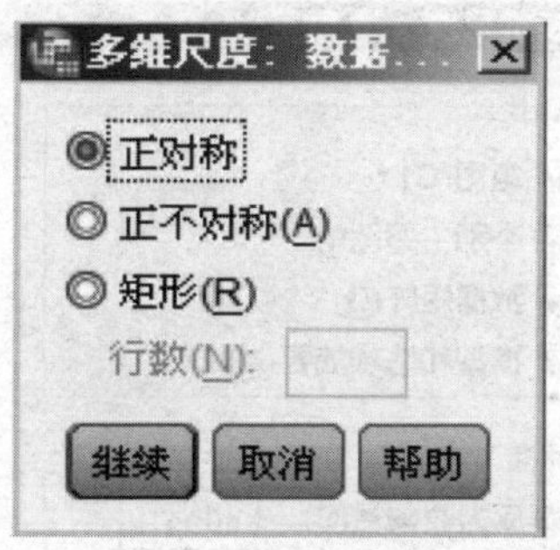

图 4-18 形状对话框

（4）在模型对话框进行设置如图 4－19 所示。

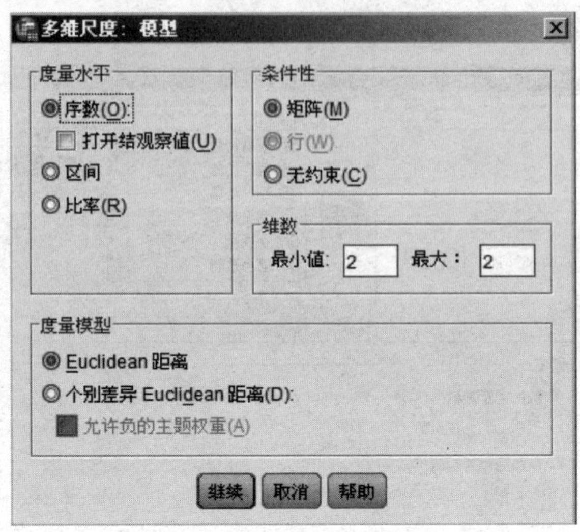

图 4－19　模型对话框

（5）在选项对话框中进行设置如图 4－20 所示。最终得到多维尺度图谱如图 4－21 所示。

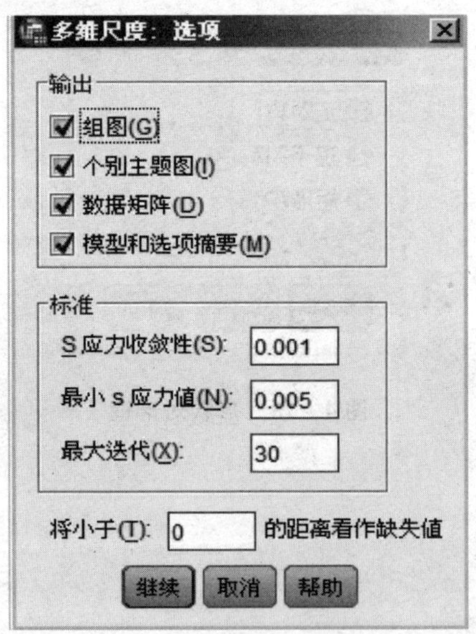

图 4－20　选项对话框

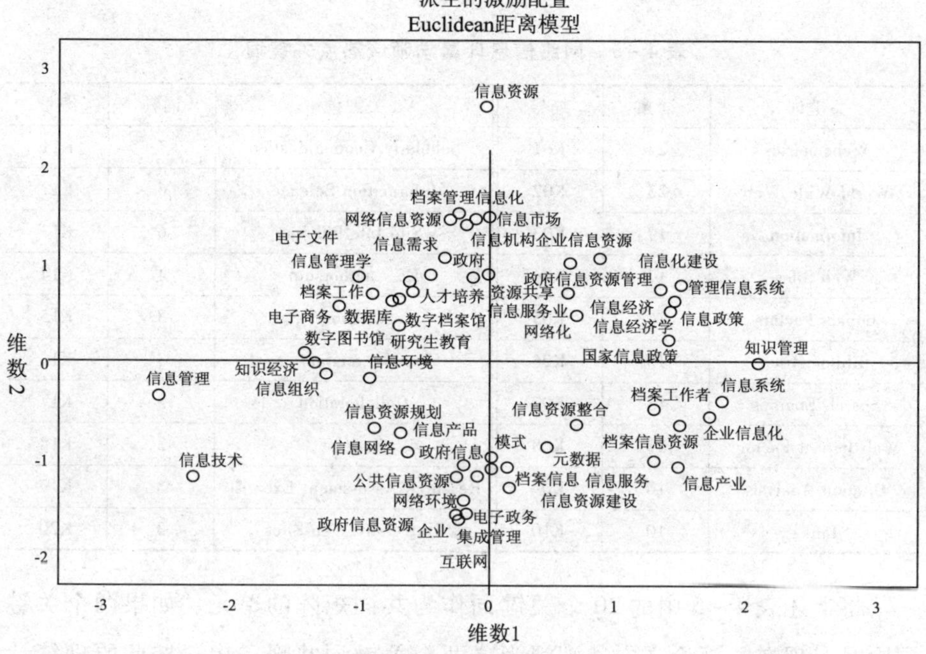

图 4－21　多维尺度图谱

4.3.2　Pajek 软件应用举例

本小节主要参考黄莉等人在论文中介绍的方法和思路[139]，从 SCIE 中挑选出网络信息计量学领域的 20 个热点关键词构建共词矩阵，借助共词可视化方法和 Pajek 作为工具，绘制出以“Webometrics”为例的 Pajek 网络图，并依据可视化图中节点的大小与连线的粗细分析了网络信息计量学的六大研究主题，分别为学科范畴、理论基础、研究对象、计量指标、研究工具、应用范围，并根据可视化图判断出理论基础、研究对象等。

1. 数据获取

以“Webmetrics”“Webometrics”为关键词在 SCIE 中搜索相关论文，然后提取各篇论文中的关键词，将各关键词的词频按降序排列，剔除其中专指程度低的关键词，如“science”等，剩余 20 个专指程度较高的关键词如表 4－5 所示。这 20 个关键词可以作为分析网络信息计量学研究主题的代表性关键词，各关键词的词频将在 Pajek 网络图中显示为节点的大小。

表 4－5　网络信息计量学领域热点关键词

关键词	词频	编号	关键词	词频	编号
Webometrics	24	K01	Scholarly Communication	7	K11
World Wide Web	23	K02	Information Science	6	K12
Information	19	K03	Site Interlinking	6	K13
Web Sites	17	K04	Co－authorship	4	K14
Impact Factors	16	K05	Citation	3	K15
Bibliometrics	13	K06	Co－citation	3	K16
Search Engines	13	K07	Collaboration	3	K17
Web Impact Factors	13	K08	Crawler	3	K18
Citation Analysis	10	K09	Research Assessment Exercise	3	K19
Links	10	K10	University Web Sites	3	K20

将上述表 4－5 中的 20 个关键词作为共词矩阵的单元。如果两个关键词同时出现在一篇论文中，则视为这两个关键词共现一次。按此原理统计这 20 个关键词两两之间的共词次数，并构建共词矩阵，如表 4－6 所示。各关键词之间的相关系数将在 Pajek 网络图中显示为节点之间连线的粗细。

表 4－6　代表性关键词的共词矩阵

	K01	K02	K03	K04	K05	K06	K07	K08	K09	K10	K11	K12	K13	K14	K15	K16	K17	K18	K19	K20
K01	24	8	7	10	8	8	9	3	6	4	4	0	2	1	0	1	0	2	1	1
K02	8	23	9	7	6	9	4	3	5	5	5	4	4	2	2	2	2	0	0	2
K03	7	9	19	4	5	4	5	5	4	6	2	0	2	1	1	2	0	3	1	1
K04	10	7	4	17	5	5	8	1	6	4	3	0	3	1	0	1	1	0	2	1
K05	8	6	5	5	16	4	5	1	5	4	0	0	1	0	0	0	0	0	1	1
K06	8	9	4	5	4	13	1	1	3	4	2	0	1	0	0	1	1	0	0	0
K07	9	4	5	8	5	1	13	2	4	3	3	1	2	3	0	0	0	1	2	1
K08	3	3	5	1	1	1	2	13	2	1	1	1	1	0	1	0	1	1	1	1
K09	6	5	4	6	5	3	4	2	10	3	2	0	2	0	0	0	1	1	1	0
K10	4	5	6	4	4	4	3	1	3	10	1	1	1	1	1	1	1	1	0	1
K11	4	5	2	3	0	2	3	1	2	1	7	2	3	0	0	1	0	0	1	0
K12	0	4	0	0	0	0	1	1	0	1	2	6	1	1	1	0	1	0	0	1
K13	2	4	2	3	1	1	2	1	2	1	3	1	6	0	0	0	0	1	0	1

续表

	K01	K02	K03	K04	K05	K06	K07	K08	K09	K10	K11	K12	K13	K14	K15	K16	K17	K18	K19	K20
K14	1	2	1	1	0	0	1	0	0	1	0	1	0	4	1	0	1	1	0	1
K15	0	2	1	0	0	0	0	1	0	1	0	1	0	1	3	0	1	0	1	1
K16	1	2	2	1	0	1	0	0	0	1	1	0	0	0	0	3	0	0	0	0
K17	0	2	0	1	0	1	0	1	1	1	0	1	0	1	1	0	3	0	0	1
K18	2	0	3	0	0	0	1	1	1	1	0	0	1	1	0	0	0	3	0	1
K19	1	0	1	2	1	0	2	1	1	0	1	0	0	0	1	0	0	0	3	0
K20	1	2	1	1	1	0	1	1	0	1	0	1	1	1	1	0	1	1	0	3

2. 图谱绘制

如果将 20 个关键词的相关数据全部导入到 Pajek 中，将构成错综复杂的网络图，难以辨认其中的关系。笔者尝试以“Webometrics”为例，用 Pajek 绘制它与其他 19 个关键词之间的共词关系网络图。在本例中，笔者将上一节中获取的“Webometrics”相关数据按照 Pajek 所需要的格式导入到 Pajek 中，运行后最终得到如图 4 - 22 所示的结果。

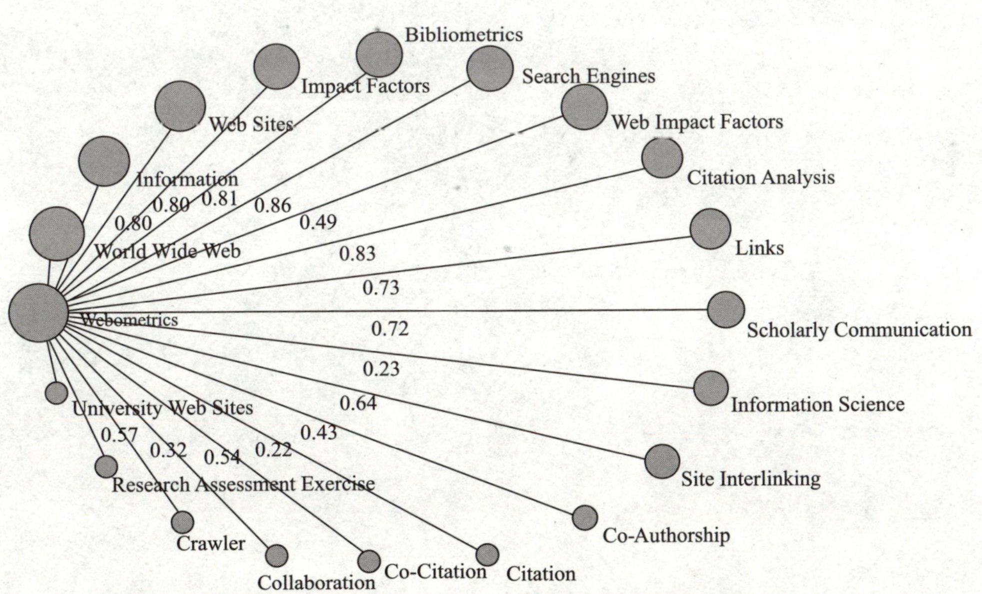

图 4 - 22　20 个网络信息计量学领域关键词的共词可视化图

图 4 - 22 中显示的网络图由节点与连线构成。从外形上看，这 20 个关键词节点是以“Webometrics”为中心，其余 19 个关键词节点从其辐射而出。各节点旁边均有标签标明其含义，节点的大小代表该关键词词频的高低，连线的粗细代表关键词关联的强弱，具体数值也标在各连线旁边。

| 第 5 章 |

基于 CNKI 数据库的国内图书馆学知识图谱实证研究

目前，国内学者主要从以下三个方面对图书馆学进行了研究：①国外图书馆学分析研究；②国内图书馆学分析研究；③国内外图书馆学比较研究。这些研究为了解国内外图书馆学的历史沿革及其发展状况提供了重要参考，其中具有代表性的研究成果主要有：①武汉大学的赵蓉英教授以 Web of Science 中的 3319 条文献作为研究对象，利用 CiteSpace Ⅱ对图书馆学（1993—2010 年）的数据进行了引文分析和主题词分析，梳理出图书馆学的重要学术文献和学术代表人物[140]；②南京大学的宗乾进以 CSSCI 中收录的 2009 年我国图书馆学文献作为研究对象，共计查找到 1400 篇论文，利用自编程序并结合 CiteSpace 进行了分析研究，以此来探究 2009 年我国图书馆学的研究热点及其知识来源[141]；③东北师范大学的刘涛在其硕士论文中利用 Excel、SPSS 等软件工具，以 2007—2011 年 CSSCI 中收录的 7 种期刊论文作为研究对象，采用共词分析方法对我国图书馆学的研究热点进行了详细分析[142]；④西安交通大学的张月群采用比较方法，对比分析了 1993—2010 年国内外图书馆学的研究概况，明确了国内外研究方面存在的差距，为我国图书馆学的发展提供参考借鉴[143]。

上述研究成果在一定程度上丰富了我国图书馆学研究内容，具有重要的参考价值。但是，上述研究主要是以较短的时间片段（以下简称“时段”）内的数据作为数据源，不够全面，所以无法从宏观角度来审视我国改革开放以来的图书馆学研究发展脉络、每个时期的研究热点以及未来可能的发展趋势。因此，非常有必要以时间跨度更长、涵盖范围更广的研究数据作为数据来源，从而更好地对我国图书馆学研究进展进行全面梳理，以促进我国图书馆学事业的进一步发展。

5.1 数据来源与分析工具

5.1.1 数据来源

在本书研究过程中，笔者使用的数据主要来自中国知网（CNKI）。之所以选择以 CNKI 作为数据来源，是因为它是全球资源规模最大的数字内容出版商、最前沿的知识管理与增值提供商。CNKI 中的信息内容经过深度加工、编辑、整合，以数据库方式进行有序管理，内容有明确的来源和出处，具有较高的质量保证。目前，CNKI 已涵盖 8200 多种期刊、近 1000 种报纸、18 万本博士/硕士论文、16 万册会议论文、30 万册图书以及国内外 1100 多个专业数据库。其中，博士/硕士论文、会议论文以及部分数据库是一次出版物，期刊、图书、报纸等为二次出版物。就某一领域的学术期刊来说，CNKI 收录较为全面，便于获取范围广、跨度大的数据。

为了更加全面准确地分析和研究我国图书馆学的发展概况，笔者在数据获取阶段摒弃了以“主题”“关键词”或“篇名”等来检索并获取数据的传统方式，而是基于 2011 年中国学术期刊影响因子年报中给出的影响因子（Impact Factor，IF）排名，以影响因子大于 0.4 作为筛选标准，并结合 CNKI 中收录的图书馆学相关期刊，最终选取了 20 种期刊作为本书研究的数据源（如表 5－1 所示）。其中，由于《图书情报工作》等杂志既属于情报学领域的期刊，又属于图书馆学领域的期刊，所以笔者都将其纳入到数据源选择范围。此外，*Chinese Journal of Library and Information Science*（中国文献情报）作为国内图书情报领域唯一的一份英文期刊，其刊载的论文具有较高的学术水平，所以笔者也将其作为数据源。由于 CNKI 中收录数据的时间从 1979 年开始，故本书研究采集的数据源的起止时间为 1979—2014 年①。

具体检索步骤概述如下：①在 CNKI 首页中单击“高级检索”选项；②在“文献来源”的“专辑名称”中选择“信息科技类期刊”，“专题名称”选择“图书情报与数字图书馆”；③选择表 5 - 1 所示的 20 种期刊；④设定好“发表时间”为“1979 年 1 月 1 日至 2014 年 8 月 31 日”；⑤单击“检索”按钮，选中并导出题录信息。

表 5 - 1　20 种图书馆学期刊概览

序号	期刊影响因子	期刊中文名称	期刊英文全称	每年期数	主办单位
1	2. 422	中国图书馆学报	Journal of Library Science in China	6	中国图书馆学会，北京图书馆
2	2. 091	大学图书馆学报	Journal of Academic Libraries	6	北京大学，教育部高等学校图书情报工作委员会
3	1. 944	图书馆学研究	Researches on Library Science	24	吉林省图书馆学会，吉林省图书馆
4	1. 131	图书情报知识	Document, Information & Knowledge	6	武汉大学传播与信息学院
5	1. 103	图书情报工作	Library and Information Service	24 + 2	中国科学院文献情报中心
6	1. 085	图书与情报	Library and Information	6	甘肃省图书馆，甘肃省科技情报研究所
7	1. 002	现代图书情报技术	New Technology of Library and Information Service	12 + 1	中国科学院文献情报中心
8	0. 918	图书馆建设	Library Development	12	黑龙江省图书馆学会，黑龙江省图书馆
9	0. 904	国家图书馆学刊	Journal of the National Library of China	6	北京图书馆
10	0. 888	图书馆杂志	Library Journal	12	上海市图书馆学会，上海图书馆

① 2014 年的数据截至 2014 年 8 月 31 日。

续表

序号	期刊影响因子	期刊中文名称	期刊英文全称	每年期数	主办单位
11	0.866	图书馆论坛	Library Tribune	6	广东省中山图书馆，广东图书馆学会
12	0.717	图书馆工作与研究	Library Work and Study	12	天津图书馆，天津市图书馆学会，天津市少年儿童图书馆
13	0.695	图书馆	Library	6	湖南图书馆，湖南省图书馆学会
14	0.611	图书馆理论与实践	Library Theory and Practice	12	宁夏回族自治区图书馆，宁夏回族自治区图书馆学会
15	0.537	高校图书馆工作	Library Work in Colleges and Universities	6	湖南省高校图情工委
16	0.499	图书馆学刊	Journal of Library Science	12	辽宁省图书馆，辽宁省图书馆学会
17	0.483	大学图书情报学刊	Journal of Academic Library and Information Science	6	安徽高等学校图书情报工作委员会
18	0.479	四川图书馆学报	Journal of the Library Science Society of Sichuan	6	四川省图书馆学会
19	0.475	新世纪图书馆	New Century Library	12	江苏省图书馆学会，南京图书馆
20	—	中国文献情报	Chinese Journal of Library and Information Science	4	中国科学院，中国科学院文献情报中心

5.1.2 分析工具

目前，国外流行的信息可视化分析软件主要有：SCI²，In - SPIRE，SciMAT，Histcite，Pajek，CiteSpace，Ucinet，Bibexcel，Gephi，VOSviewer，VantagePoint，Network Workbench Tool 等。在本书研究过程中，笔者主要利用了 CiteSpace，SciMat，Rost CM，Tableau 等 4 种信息可视化分析软件。

1. CiteSpace

CiteSpace[144] 是美国 Drexel 大学陈超美博士开发的一款基于 Java 的引

文可视化工具，分为 64 位和 32 位两种版本。目前，其最新版本为 CiteSpace Ⅲ（如图 5 - 1 所示），该软件可以在陈超美博士的个人主页上免费获取（http：//cluster. cis. drexel. edu/ ~ cchen/citespace/）。

Date	Version	WebStart 1 GB RAM Required	Download CiteSpace	Download Java JRE	Video
June 22, 2014	3.8.R5 (64-bit)		zip	64-bit / Windows x64	video
January 29, 2014	3.8.R1 (32-bit)		zip	32-bit / Windows x86	

图 5 - 1　CiteSpace 最新版本信息

CiteSpace 适用于多元、分时、动态的复杂网络分析，是近年来最具特色和影响力的信息可视化软件。CiteSpace 软件的主要功能包括作者合作分析、关键词共现分析、机构合作分析、作者共被引分析、文献共被引分析等。CiteSpace 可以用来分析随着时间变化某一研究领域不同时段的研究前沿，以及研究前沿与知识基础之间的关系。

从原理上来看，CiteSpace 软件在设计和运行过程中采用了一种有效的"分治策略"：将时间间隔划分成很多时段，每个时段都可以形成一个独立的共引网络，如果再将单独的共引网络按时间序列合并在一起，就可以从合并网络形成的可视化图谱上显示出了相邻时段的"突变"，这就给找出学科发展过程中关键文献的信息提供了便利（例如，图谱中的点、中心点、关键点等信息，可以对学科发展的演进路径和发展脉络进行梳理，探测学科知识领域在发展演进过程中的动态过程）。在利用 CiteSpace 软件绘制出的各种知识图谱中，由不同大小和不同颜色的圆环组成的引文年轮来表示引文（节点）的被引次数和被引年代，用不同颜色的连线来表示节点间共被引的年代，这样的显示结果非常直观和清晰。

与其他信息可视化软件不同的是，CiteSpace 软件不仅可以直接使用 Web of Science 中下载的引文数据，而且可以将从网络上下载的数据格式直接进行转换，不需要将下载的原始数据进行相关矩阵转化，这就大大简化了数据处理过程。针对中文引文数据，CiteSpace 中集成了大连理工大学刘盛博开发的 Java 转换程序，从而可以对 CNKI 中下载的 RefWorks 格式的数据进行匹配转换。在读入数据时，CiteSpace 特别规定了主文件名必须以

"download＊"开始。此外，还需要特别注意的是：在进行中文引文数据处理时，需要选择"Preferences"菜单下的"Chinese Encoding"选项。否则，显示结果中会出现乱码。

2. SciMat

SciMat[145][146]（http：//sci2s. ugr. es/scimat/）作为一款基于时间序列开源知识图谱软件，它通过提供不同的模块来帮助研究人员进行分析处理。其中，主要包括以下三个模块：①数据模块，专门用于管理知识库和实体的模块；②分析模块，负责进行科学知识图谱分析的模块；③可视化模块，用于将处理结果以可视化方式展示的模块。

SciMat 具有强大的数据预处理能力，还可以进行纵向的时序分析。它的时间序列呈现方式比较简捷。这样，用户就可以轻松地判定该领域的发展过程，同时还可以判断出起关键作用的作者文献。在进行规范化处理时，除了可以利用 Jaccard 指数、Salton 余弦、关联强度等以外，在进行引文分析时还可以利用 H 指数、G 指数、HG 指数、Q2 指数。SciMAT 界面中最重要的模块是分析向导模块。该软件会引导用户进行相应的操作，以使用户根据需要选择方法和算法[147]。

此外，在利用 SciMat[148] 软件进行可视化时，可以使用基于密度和中心度的战略坐标图、聚类网络和演化图，并且还可以将这 3 种图结合起来使用，从而帮助研究人员更好地理解结果。同时，该软件还可以支持分析结果的导出功能。

3. Rost CM

ROST CM 全称为 ROST Content Mining，该软件由沈阳①博士领衔的虚拟学习团队设计和编码[147]。ROST CM 是一款集海量信息采集、深度内容分析、精准情报展示等功能于一体的研究性软件。该软件可以从动态更新

---

① 沈阳（1974—）现为清华大学新闻与传播学院教授、博士生导师、清华大学新闻研究中心研究员，曾任武汉大学信息管理学院教授、武汉大学新闻与传播学院兼职教授博导、武汉大学计算机学院硕导、中国人民大学新闻学院兼职教授、美国 PSU 等校访问学者、新华网舆情首席科学家、新浪政务微博学院教授、国信办网研中心特邀研究员、武汉大学互联网科学研究中心主任，其研究领域为舆情分析、微博、微信、网络传播、搜索引擎、内容挖掘、文本分析、网络问政、数字出版，发表论文约 50 篇，申请专利 4 项、软件著作权 19 项，撰写内参数十篇、研究报告数十部。

的互联网 188 亿个网页中采集海量信息，还可以对博客、微博客、浏览记录、各类日志、网页、本地文件、互联网用户评论等文本源进行分词、词频统计、相关性分析、相似性分析、聚类分析、分类、情感倾向分析、共词分析、共被引分析等处理，从而构建出语义网络、社会网络、关系网络、复杂网络等。此外，处理结果既可以在该软件中进行分析，也可以导出到 SPSS，Ucinet，MATLAB，Netdraw 等软件作进一步分析。目前，包括剑桥大学、日本北海道大学以及来自中国大陆的近百所大学和著名公司的数以千计的研究人员使用过该软件。

4. Tableau

Tableau[149]（http：//www. tableausoftware. com/zh - cn/products）是一款用于数据可视化的商务智能展现工具，可以用来实现交互式、可视化的分析以及仪表盘分析应用。Tableau 中包含由斯坦福大学帕特·汉拉恩（Pat Hanrahan）① 教授和克里斯·斯托尔（Chris Stolte）② 博士联合发明的一种数据可视化技术，其产品主要包括 Tableau Desktop，Tableau Server，Tableau Online，Tableau Public，Tableau Reader。其中，Tableau Desktop 是能够与用户保持步伐一致的数据分析软件，它易于学习和使用，并且比现有的解决方案要快出 10 ~ 100 倍。Tableau Desktop 基于突破性的技术，能将数据图片转化为数据库查询，还能将多个视图整合在交互式仪表板中。此外，它还能够突出显示和筛选数据，从而展现数据之间的关系。

5.2 国内图书馆学学科给养知识图谱分析

引文分析方法出现在 20 世纪 20 年代，它主要利用各种数学及统计学

① 帕特·汉拉恩（Pat Hanrahan，1954—）是 Tableau 的联合创始人兼首席科学家、斯坦福大学工程学院计算机科学与电子工程系计算机图形学实验室教授，还曾是皮克斯动画工作室（Pixar）开创性的 RenderMan 动画软件的首席架构师。他的研究主要集中在渲染算法、图形处理单元、科学可视化等领域。

② 克里斯·斯托尔（Chris Stolte）博士师从于帕特·汉拉恩（Pat Hanrahan），他是 Tableau 的首席开发官。

方法以及比较法、归纳法、抽象法、概括法等多种逻辑方法，对科学期刊、论文、著作等各种分析对象的引用与被引用现象进行分析，以便揭示其数量特征和内在规律[150]。

在本书研究过程中，笔者主要采用引文分析方法从多个方面分析我国图书馆学学科给养知识图谱。

5.2.1 图书馆学研究论文

1. 高被引论文分析

论文的被引频次能够在一定程度上反映其重要程度。表5-2中显示的是我国图书馆学研究领域35年来发表的论文中被引频次前20位的高被引论文概况。

表5-2 总被引频次前20位的高被引论文概况

序号	总被引频次	论文名称	发表年月	作者	期刊
1	1079	走向知识服务：寻找新世纪图书情报工作的生长点	2000-09	张晓林	中国图书馆学报
2	571	图书馆2.0：构建新的图书馆服务	2006-01	范并思、胡小菁	大学图书馆学报
3	367	论知识管理与竞争情报	2000-04	邱均平、段宇锋	图书情报工作
4	331	公共图书馆精神的时代辩护	2004-03	范并思	中国图书馆学报
5	321	第二代学科馆员与学科化服务	2008-02	初景利、张冬荣	图书情报工作
6	313	数字资源整合研究	2002-07	马文峰	中国图书馆学报
7	308	论信息素质教育	1997-03	马海群	中国图书馆学报
8	302	图书馆联盟——实现资源共享和互利互惠的组织形式	2000-05	戴龙基、张红扬	大学图书馆学报
9	301	图书馆服务新论	2000-06	程亚男	图书馆

续表

序号	总被引频次	论文名称	发表年月	作者	期刊
10	285	再论图书馆服务	2002 - 07	程亚男	中国图书馆学报
11	272	图书馆呼唤科学精神与人文精神的融合	2000 - 02	肖希明	图书馆
12	269	云计算给图书馆管理带来挑战	2009 - 07	胡小菁、范并思	大学图书馆学报
13	269	开放存取环境下的信息共享空间	2005 - 07	吴建中	国家图书馆学刊
14	269	论 21 世纪的虚拟图书馆与传统图书馆（上）	1998 - 02	黄宗忠	图书馆理论与实践
15	265	电子资源评价指标体系的建立初探	2002 - 05	肖珑、张宇红	大学图书馆学报
16	260	21 世纪高校图书馆管理的新理念	2003 - 03	程焕文、王蕾	大学图书馆学报
17	257	论数字图书馆个性化定制服务	2001 - 05	赵继海	中国图书馆学报
18	251	谈大学图书馆“学科馆员”制度	2002 - 01	杜也力	大学图书馆学报
19	249	数字化参考咨询服务	2001 - 02	张晓林	四川图书馆学报
20	249	复合图书馆的概念及发展构想	2001 - 05	初景利	中国图书馆学报

从表 5 - 2 可知，在被引频次较高的前 20 篇论文中，原国家科学图书馆馆长张晓林①教授在 2000 年发表的《走向知识服务：寻找新世纪图书情报工作的生长点》[151]的被引频次高达 1079 次，该文主要从现代信息环境和知识经济对图书情报工作的影响和挑战出发，提出将图书情报工作核心

① 张晓林（1956—）曾任中国科学院国家科学数字图书馆项目管理中心主任、中国科学院文献情报中心主任、国际图联管理委员会委员、学术委员会委员、国际图联学术与研究图书馆专业组执行委员、中国图书馆学会副理事长、中国图书馆学会专业图书馆分会理事长、《中国图书馆学报》副主编、《现代图书情报技术》主编、《中国文献情报（英文刊）》主编，独立和合作出版专业学术著作 5 部，发表学术论文 100 余篇，获得国家级和省部级科研或教学奖 3 项，主要研究领域包括数字图书馆技术与系统、数字对象与元数据技术、知识组织与知识构建技术、知识发现与情报分析技术、开放集成系统技术、数字资源长期保存技术等。

能力定位于知识服务的理念，并着重分析了知识服务的观念、形式及操作模式。

范并思①在2006年将Web 2.0融入到图书馆中构建新的图书馆服务，从而引入图书馆2.0等相关概念，并在充分调研国内外有关图书馆2.0研究的基础上，对图书馆2.0的起源、发展、应用以及存在的问题进行了详细论述[152]。

在物质经济向知识经济转变的时代背景下，知识管理作为管理领域的一项新生事物并没有能够获得广泛的认可。于是，各种理念和研究应运而生。其中，武汉大学的邱均平教授在2000年分别从狭义和广义两个角度对知识管理概念进行了新的阐述，并且论述了知识管理与竞争情报之间的联系与区别[153]。

从被引频次最高的前3篇文章来看，它们都可以算作是我国图书馆学领域内不同方向的先驱之作，具有较高的影响力。邱均平等以国内外的先进理念和技术应用为切入点，进行了深入探讨和研究，极大地推动了我国图书馆学的发展。

被引频次较高的其他文章主要涉及图书馆服务、信息资源共享、数字资源整合、虚拟图书馆等主题，其引证文献包括期刊论文、硕/博士论文、会议论文等类型。这说明我国图书馆学研究人员对这些子领域的关注度较高，这些被引频次较高的论文中阐述的观点具有重要的参考价值。

2. 年被引频次分析

众所周知，论文的被引频次受到时间累积效应的影响，即发表时间越长，论文被阅读的次数越多，被引用的可能性也就越大[154]。因此，采用“年平均被引频次”指标，就可以避免发表时间对被引频次的干扰，同时

① 范并思（1953—）曾为华东师范大学商学院信息学系教授、系主任、硕士生导师，主要研究方向情报学、信息管理与信息系统、图书馆学、文献计量学，主要社会职务包括上海市图书馆学会常务理事、学术委员会主任、中国社会科学信息学会常务理事、中国索引学会常务理事、中国图书馆学会理事、学术委员会委员、教育部图书馆学教学指导委员会委员、《图书馆杂志》副主编，以及《中国图书馆学报》《大学图书馆学报》《情报资料工作》《图书情报知识》等刊物编委。他曾主持多个科研项目，发表学术论文100多篇，出版学术专著十多部。

也可以避免漏掉最新研究内容的高被引论文的相关数据。

年平均被引频次的计算公式为：年平均被引频次 = 总被引频次/（目前年份 - 文章发表年份）

表 5 - 3 中显示的是我国图书馆学研究论文中年平均被引频次最高的前 20 篇文章。

表 5 - 3　年平均被引频次最高的前 20 篇文章

序号	年均被引频次	论文名称	发表年月	作者	期刊
1	77	走向知识服务：寻找新世纪图书情报工作的生长点	2000 - 09	张晓林	中国图书馆学报
2	71	图书馆 2.0：构建新的图书馆服务	2006 - 01	范并思、胡小菁	大学图书馆学报
3	54	云计算给图书馆管理带来挑战	2009 - 07	胡小菁、范并思	大学图书馆学报
4	53	第二代学科馆员与学科化服务	2008 - 02	初景利、张冬荣	图书情报工作
5	44	CALIS 数字图书馆云服务平台模型	2009 - 07	王文清、陈凌	大学图书馆学报
6	41	图书馆需要一朵怎样的“云”	2009 - 07	刘炜	大学图书馆学报
7	33	公共图书馆精神的时代辩护	2004 - 03	范并思	中国图书馆学报
8	30	开放存取环境下的信息共享空间	2005 - 07	吴建中	国家图书馆学刊
9	28	信息共享空间在美国大学图书馆的发展与启示	2006 - 05	任树怀、孙桂春	大学图书馆学报
10	27	从 Web2.0 到图书馆 2.0：服务因用户而变	2006 - 09	刘炜、葛秋妍	现代图书情报技术
11	26	论知识管理与竞争情报	2000 - 04	邱均平、段宇锋	图书情报工作
12	26	数字资源整合研究	2002 - 07	马文峰	中国图书馆学报

续表

序号	年均被引频次	论文名称	发表年月	作者	期刊
13	24	再论图书馆服务	2002－07	程亚男	中国图书馆学报
14	24	21世纪高校图书馆管理的新理念	2003－03	程焕文、王蕾	大学图书馆学报
15	22	图书馆联盟——实现资源共享和互利互惠的组织形式	2000－05	戴龙基、张红扬	大学图书馆学报
16	22	图书馆服务新论	2000－06	程亚男	图书馆
17	22	电子资源评价指标体系的建立初探	2002－05	肖珑、张宇红	大学图书馆学报
18	21	谈大学图书馆“学科馆员”制度	2002－01	杜也力	大学图书馆学报
19	21	一种全新的学术出版模式：开放存取出版模式探析	2004－01	李武、刘兹恒	中国图书馆学报
20	20	论数字图书馆个性化定制服务	2001－05	赵继海	中国图书馆学报

从年平均被引频次较高的前20篇文章来看，我国学者的主要关注点集中在知识服务、图书馆管理与服务、学科馆员建设、信息共享空间探讨与建设、云计算与云服务、数字资源建设与整合等方面，程焕文①、范并思、张晓林等人的研究可以视作研究风向标，指引、深化并丰富着我国图书馆学的研究内容，对我国图书馆学的发展产生了重要影响。

① 程焕文（1961—）现为中山大学资讯管理系教授、图书馆学专业博士生导师、历史系历史文献学专业博士生导师、教育学院现代教育技术专业硕士生导师、中山大学图书馆馆长、图书馆与资讯科学研究所所长、传播与设计学院院长、现代教育技术研究所所长、中山大学学术委员会（文科）委员、中山大学学位评定委员会文科学位分委员会委员、中山大学校长助理，兼任教育部高等学校图书馆学学科教学指导委员会委员、教育部中国高等学校文献资源保障体系（CALIS）专家组成员、中国高校数字图书馆联盟（CADLA）副理事长、广东省高等学校图书情报工作委员会副主任委员、国际图书馆协会联合会（IFLA）图书馆史专业组执行委员等国内外学术职务。他曾入选教育部“新世纪优秀人才支持计划”，获“享受国务院政府特殊津贴专家”“南粤优秀教师”等各级教学和科研奖励30余项，主要研究领域包括信息资源管理、图书馆基础理论、图书和图书馆史、目录学、文献学，主编、参编教材和著作多部，发表学术论文150多篇。

5.2.2 图书馆学研究学者

高产作者是指在某一时间跨度内发表论文数量达到一定量级的某一领域研究人员。

1. 高产作者分析

图 5－2 中显示的是我国图书馆学领域的高产作者概况。

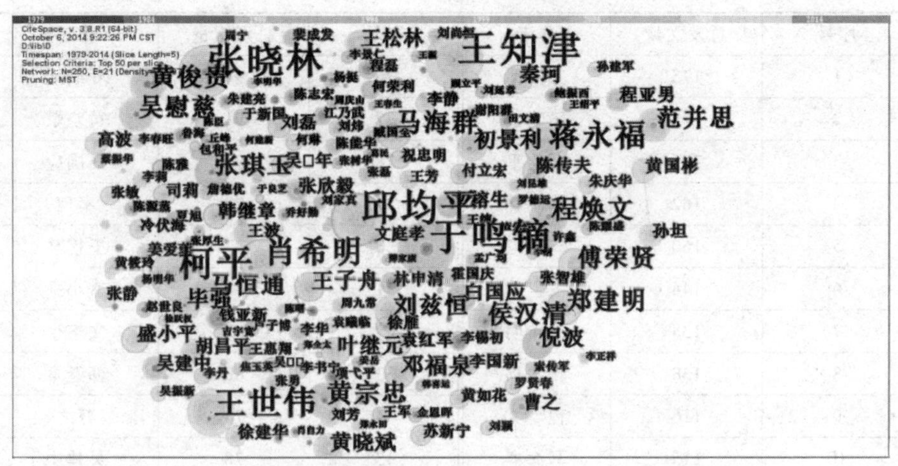

图 5－2 我国图书馆学领域在 1979—2014 年的高产作者

图 5－2 中的节点越大，表示该作者的发文量越多。从图 5－2 中不难看出，代表南开大学的王知津①教授、大连轻工业学院图书馆的于鸣镝②研究馆员、武汉大学的邱均平教授、中国科学院原国家科学图书馆馆长张

---

① 王知津（1947—）现为南开大学商学院教授、南开大学情报科学研究所所长、博士生导师，曾任黑龙江大学信息管理系主任、中国索引学会常务理事、中国图书馆学会编译出版委员会委员，他是我国知名情报学专家，主要研究方向包括竞争情报与竞争战略、信息管理与信息系统、战略信息管理，发表学术论文 300 多篇，出版《索引的概念与方法》《文摘的概念与方法》《情报检索系统》等学术专著十多部，主持包括国家社会科学基金项目、国家自然科学基金项目等在内的十多个项目。

② 于鸣镝（1939—2006）是大连轻工业学院图书馆原馆长、研究馆员，主要论著有《图书馆管理学纲要》《期刊管理》《高校图书馆管理》《全国中文期刊标准著录手册》等 9 部，发表论文 260 余篇，因在学术上贡献突出，被聘为中国图书馆学会学术委员，入传《中国社会科学人物》《中国图书馆名人大辞典》《中国当代社会科学家大辞典（英文版）》。

晓林教授、武汉大学的肖希明①教授、黑龙江大学的蒋永福②教授、中山大学的程焕文教授等人的节点非常突出，在本次采集数据的时间范围内他们所发表的论文数量都在100篇以上，这就意味着他们在我国图书馆学领域内都具有较高的影响力。表5－4中统计了发文量前50位的作者及其在1979—2014年的总发文量。

表5－4　前50位高产作者在1979—2014年的总发文量

序号	总发文量	作者	序号	总发文量	作者
1	175	王知津	26	94	叶继元
2	172	于鸣镝	27	91	黄晓斌
3	165	邱均平	28	90	白国应
4	162	张晓林	29	88	秦珂
5	160	柯平	30	87	王松林
6	144	王世伟	31	84	盛小平
7	138	肖希明	32	82	文榕生
8	138	蒋永福	33	80	韩继章
9	116	程焕文	34	78	曹之
10	115	马海群	35	78	吴建中
11	112	黄俊贵	36	77	陈传夫
12	110	郑建明	37	77	程亚男
13	110	黄宗忠	38	76	胡昌平
14	110	侯汉清	39	76	张欣毅
15	108	吴慰慈	40	75	高波

① 肖希明（1955—）现为武汉大学信息管理学院图书馆学系主任、教授、博士生导师，兼任教育部高等学校图书馆学教学指导委员会委员、中国图书馆学会理事、中国图书馆学会学术研究委员会副主任、中国图书馆学会资源建设与共享专业委员会主任、湖北省图书馆学会常务理事等职，主要研究领域为信息资源建设、图书馆管理等，主持或参加多个科研项目，出版《文献资源共享理论与实践研究》《中国图书馆藏书发展政策研究》《信息资源建设》《数字信息资源建设与服务研究》《公共图书馆文献资源建设法律保障研究》等学术著作多部，发表学术论文150余篇，获各级教学科研奖励十余项。

② 蒋永福（1961—）现为黑龙江大学信息管理学院副院长、黑龙江大学信息资源管理中心研究员，其研究方向为知识组织论、图书馆哲学、人文图书馆学，兼任黑龙江省图书馆学会理事、学术委员会委员、黑龙江省文博图系列高级职称评委会委员、《图书馆建设》编委，代表作有《信息自由及其限度研究》《图书馆学通论》《现代公共图书馆制度研究》等。

续表

序号	总发文量	作者	序号	总发文量	作者
16	108	张琪玉	41	75	袁红军
17	107	范并思	42	75	黄国彬
18	106	傅荣贤	43	73	孙坦
19	104	刘兹恒	44	73	刘磊
20	104	马恒通	45	72	吴稌年
21	99	邓福泉	46	71	王波
22	97	倪波	47	69	司莉
23	95	毕强	48	68	徐建华
24	95	王子舟	49	68	文庭孝
25	95	初景利	50	68	李国新

2. 高影响力作者分析

作者的影响力不仅在于其发文量的多少，文章的被引频次以及有多少篇文章被引用都是十分重要的因素。H 指数（H－index）[155] 就是一种混合量化指标，它最初是由美国加利福尼亚大学圣地亚哥分校①的物理学家乔治·赫希（Jorge Hirsch）② 在 2005 年提出来的，其目的是量化科研人员作为独立个体的研究成果，其定义概述如下：一个科学家的 H 指数是指在一定时期内他/她发表的论文至少有 h 篇的被引频次不低于 h 篇。H 指数被认为是对先前众多衡量指标的一大改进。先前的衡量指标都倾向于关注科研人员在其发表论文的期刊质量，所以它们都假定作者的贡献等同于期刊的平均值。

为了更好地获取具有代表性的数据，笔者以 2000—2014 年我国图书馆学领域研究学者的发文及其被引情况作为统计数据源，利用中国知网

① 加利福尼亚大学圣地亚哥分校（University of California，San Diego）简称 UCSD，设有数十个学科专业，其生物学科在全美名列前茅，其医学院更是全美国各大高校中的翘楚。化学、语言学、微生物学、西班牙语、物理学、心理学、计算机、电机等学科在美国大学相应领域排名中稳居前 20 名，具有较大的影响力和较强的实力。该校拥有一流的研究和教学设施，建有音乐研究中心、能源研究中心、巨型计算机研究中心、信息处理研究中心等一大批科研机构。该校学校师资力量雄厚，目前任教的教授中有 7 位诺贝尔奖得主、61 位国家科学院院士、12 位国家工程院院士。

② 乔治·爱德华多·赫希（Jorge Eduardo Hirsch，1953—）是美国加利福尼亚大学圣地亚哥分校的物理学教授，主要研究超导电性和铁磁性。他因其在 2005 年发明的 H 指数而闻名于世，H 指数既可用来对科学家的科研生产力进行定量评价，也可作为其他指数的基础。

（CNKI）所提供的作者统计功能查找发文量最高的前50位作者的相关信息，最终得到如表5－5所示的H指数统计表。

表5－5　2000—2014年高影响力作者的H指数统计

序号	H指数	作者	序号	H指数	作者
1	35	张晓林	26	16	文庭孝
2	35	蒋永福	27	15	黄宗忠
3	30	范并思	28	15	毕强
4	29	王子舟	29	15	程亚男
5	28	邱均平	30	15	高波
6	26	柯平	31	15	徐建华
7	25	王世伟	32	14	王波
8	25	肖希明	33	14	司莉
9	25	盛小平	34	13	吴建中
10	25	李国新	35	13	刘磊
11	23	初景利	36	12	马恒通
12	21	马海群	37	12	倪波
13	21	刘兹恒	38	11	袁红军
14	21	陈传夫	39	11	黄国彬
15	20	程焕文	40	10	于鸣镝
16	19	黄晓斌	41	10	韩继章
17	18	王知津	42	9	张琪玉
18	18	黄俊贵	43	9	张欣毅
19	18	吴慰慈	44	9	吴稌年
20	17	郑建明	45	8	邓福泉
21	17	叶继元	46	8	王松林
22	16	侯汉清	47	8	文榕生
23	16	秦珂	48	7	傅荣贤
24	16	胡昌平	49	5	曹之
25	16	孙坦	50	4	白国应

对比表5－4与表5－5中的数据后不难发现，部分作者的排名发生了一些变化。H指数排名前5位的作者分别是张晓林、蒋永福、范并思、王

子舟①、邱均平，其他排名靠前的还有肖希明、盛小平②、陈传夫③、程焕文等人，这些作者在我国图书馆学领域都具有较高的学术影响力。可以这么认为，H 指数能够较好地反映我国图书馆学领域科研人员的科研能力及其学术影响力。

3. 我国图书馆学核心作者

我国图书馆学领域的核心学者是指在图书馆学领域内发文较多且影响较大的学者，他们在推进我国图书馆学发展过程中发挥了较大作用[156]。图 5 – 3 中显示的是我国图书学研究的的部分核心作者，表 5 – 6 中则给出了我国图书馆学领域部分核心作者的汇总信息。

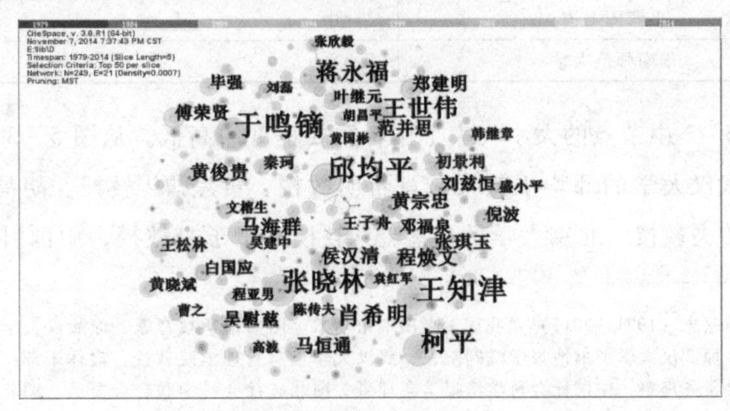

图 5 – 3　我国图书学研究的部分核心作者

① 王子舟（1957—）现任北京大学信息管理系教授、博士生导师，曾任武汉大学图书情报学院教授、武汉大学信息管理学院图书馆学系主任，其主要研究方向为图书馆学理论研究、图书与图书馆史研究、图书馆学史研究，主要著作有《陈寅恪读书生涯》《图书馆学基础教程》《图书馆学是什么》，兼任教育部高校图书馆学学科教学指导委员会委员、中国图书馆学会学术委员会学术委员、《图书馆建设》等杂志编委。

② 盛小平（1968—）是中国科学院管理学博士、北京大学博士后，现为华南师范大学经济与管理学教授、硕士生导师、吉首大学特聘教授，主持或参加 7 个国家社会科学基金与国家自然科学基金项目，主持多个省部级人文社会科学基金项目，出版专著 4 部，发表学术论文 150 余篇。

③ 陈传夫（1962—）现为武汉大学信息管理学院教授、武汉大学本科生院院长，曾任武汉大学信息管理学院院长、武汉大学教务部部长、知识管理与知识产权方向博士生导师、武汉大学国际法研究所兼职教授，兼任教育部图书馆学科教学指导委员会副主任委员、中国图书馆学会研究与培训委员会主任委员、中国社会科学情报学会常务理事、中国版权协会理事等职，还曾应邀以高级访问学者身份赴美国华盛顿大学、法国巴黎十一大学法学院、英国东安哥利亚大学法学院从事研究工作，主持完成国家自然科学基金、国家社会科学基金、欧盟中国高等教育合作知识产权项目 5 项，被评聘为教育部 2009 年度长江学者特聘教授。

表 5－6　我国图书馆学领域部分核心作者汇总

所属科研机构	核心作者
武汉大学	邱均平、肖希明、黄宗忠、胡昌平、陈传夫
北京大学	吴慰慈、王子舟
大连轻工业学院	于鸣镝
南开大学	王知津、柯平
中国科学院国家科学图书馆	张晓林、初景利
中山大学	程焕文
黑龙江大学	蒋永福
南京农业大学	侯汉清
华东师范大学	范并思
上海图书馆	吴建中
华南师范大学	盛小平

图 5－3 中节点的大小代表了作者重要程度的高低。从图 5－3 中不难发现，武汉大学的邱均平教授、肖希明教授、黄宗忠①教授、胡昌平②教授、陈传夫教授，北京大学的吴慰慈③教授和王子舟教授，中国科学院国

① 黄宗忠（1931—2011）是我国著名图书馆学家、图书馆学教育家、原武汉大学图书馆学系系主任、原武汉大学图书情报学院副院长、武汉大学信息管理学院教授、离休干部，兼任中国图书馆学会常务理事、中国社会科学情报学会理事、湖北省社会科学联合会委员、湖北省图书馆学会会长、武汉信息咨询研究会会长、《中国大百科全书》图书馆学卷编委、美国图书馆协会国家教育资源委员会常务委员、美国传记协会（ABI）研究顾问委员会委员等职。他是 1992 年政府特殊津贴享受者，长期从事图书馆基础理论、图书馆管理学、文献信息学、图书馆事业建设的教学与研究，发表学术论文 200 余篇，出版专著教材 20 余部。

② 胡昌平（1946—）是武汉大学信息管理学院教授、博士生导师，曾任武汉大学图书情报学院副院长、武汉大学学术委员会委员、教育部人文社会科学重点研究基地武汉大学信息资源研究中心副主任等职，兼任中国信息协会经贸专业委员会常务理事、国家社会科学基金学科评审组成员、《情报科学》等学术期刊编委、湘潭大学等高校兼职教授，是国务院颁发的政府特殊津贴享受者，1999 年被评为湖北省有突出贡献中青年专家，2011 年被评为湖北名师，主要从事情报学、信息管理与信息系统专业教学和科研工作，出版专著、教材和译著 18 部，发表学术论文 200 余篇，主持包括国家社会科学重大项目，教育部人文社会科学重大课题攻关项目在内的各类项目 20 余项，获国家、省部级奖励十多项。

③ 吴慰慈（1937—）毕业于北京大学图书馆学系，曾任北京大学信息管理系主任、信息传播研究所所长、北京大学信息管理系教授、图书馆学专业博士生导师，兼任教育部高等院校图书馆学学科教学指导委员会主任委员、国务院学位委员会图书情报与档案管理学科评议组第一召集人、中国图书馆学会学术委员会主任、《中国图书馆学报》等核心期刊编委、南京大学等高校兼职教授，出版著作十余部，发表学术论文 280 余篇，主持国家社会科学基金、教育部等重大研究项目多项。

家科学图书馆的张晓林教授和初景利①教授，南开大学的王知津教授、柯平②教授，黑龙江大学的蒋永福教授，南京农业大学的侯汉清③教授，华东师范大学的范并思教授，上海图书馆馆长吴建中④，中山大学的程焕文教授等图书馆学领域学者的节点较大，说明他们在我国图书馆学发展过程中起到了非常重要的作用。可以这么认为，正是这些学者推动着我国图书馆学研究的不断发展。

5.2.3 图书馆学科研机构

通过对发文机构进行统计后可知：我国目前从事图书馆学研究的科研机构包括以下 4 种类型：高等院校图书馆、高等院校院系、文献情报中心或研究所、公共图书馆。其中，具有一定代表性的科研机构主要有：①高等院校图书馆代表，包括北京大学图书馆、浙江大学图书馆、清华大学图书馆；②高等院校院系代表，包括武汉大学信息管理学院、北京大学信息

① 初景利（1962—）现为中国科学院国家科学图书馆编辑出版中心主任、《图书情报工作》杂志社社长、主编，二级研究馆员、博士生导师、博士后指导教师，兼任国际图联（IFLA）“图书馆理论与研究”专业委员会常务委员、全国文标会第 8 分会主任委员、中国科学技术情报学会理论方法与教育培训专业委员会副主任委员、中国图书馆学会编译出版委员会委员、教育与培训专业委员会委员等职，主要从事学科化服务、开放获取、图书馆服务评价的教学与研究，主持国家社会科学基金项目和多项省部级研究课题，出版著作 6 部，发表论文 100 余篇，获省部级科研成果奖 3 项。

② 柯平（1962—）现为南开大学信息资源管理系教授、博士生导师、南开大学图书情报专业学位中心主任。他是 2015 年度长江学者，兼任国务院学位委员会“图书馆、情报与档案管理”学科评议组成员、教育部档案学教学指导委员会委员、中国图书馆学会理事、学术委员会副主任、目录学专业委员会主任、中国索引学会常务理事、《中国图书馆学报》等核心期刊编委等职，主持包括国家社会科学基金项目等在内的多个科研项目，发表学术论文 200 余篇，出版专著（教材）十余部。

③ 侯汉清（1943—）现为南京农业大学信息科技学院教授，我国首届图书馆学研究生，1967 年 7 月研究生毕业于北京大学图书馆学系，先后师从刘国钧和关懿娴教授，其研究领域包括信息检索、智能信息处理等，主持或参加国家社会科学基金项目 5 项、横向合作项目多项，1998 年获国务院颁发的政府特殊津贴，先后获得国家级、省部级等多项奖励，主要著作有《主题法导论》等十多部。

④ 吴建中（1956—）是中国当代图书馆学家，现任上海图书馆馆长和上海科技情报研究所所长等职务，兼任上海市图书馆行业协会会长、中国图书馆学会副理事长、上海市图书馆学会理事长、国际图联管理委员会两届委员、国际知名专业杂志 *Libri* 和 *Library management* 编委、上海交通大学等校兼职教授，2012 年被增选为政协上海市第十一届委员会常务委员。其代表作主要有《21 世纪图书馆新论》《转型与超越：无所不在的图书馆》。

管理系、南京大学信息管理系①；③研究所代表，包括中国科学院文献情报中心、中国科学技术信息研究所；④公共图书馆代表，包括辽宁省图书馆、上海图书馆、黑龙江省图书馆。

1. 科研机构整体分布

我国图书馆学研究机构呈现南北两大地域分布。其中，南方以武汉大学为中心，北方则以北京大学为中心，这两所著名高等院校作为我国最早开设图书馆学专业的先驱，在我国图书馆学发展过程中起到无可比拟的领头羊作用。

在地处南方的我国图书馆学科研机构中，除武汉大学以外，还包括南京大学、浙江大学图书馆、中山大学、上海图书馆、安徽大学、厦门大学、暨南大学、湖南大学、湘潭大学、四川大学、华中师范大学等高校院校以及公共图书馆，它们都积极参与到我国图书馆学相关研究中，并且取得了丰富的研究成果。

在地处北方的我国图书馆学科研机构中，除北京大学以外，还包括清华大学图书馆、南开大学、天津图书馆、国家图书馆、中国科学院文献情报中心、中国科学技术信息研究所、北京师范大学、吉林省图书馆、辽宁省图书馆、黑龙江省图书馆、甘肃省图书馆、宁夏大学等一批院校系所以及省级公共图书馆，它们也都在我国图书馆学发展过程中拥有举足轻重的学术地位，具有较高的学术影响力。

2. 高产科研机构分析

表 5 -7 中列出的是我国图书馆学领域发文量前 100 位的科研机构清单。

表 5 -7　我国图书馆学领域发文量前 100 位的二级科研机构（合并前）

序号	发文量	科研机构	序号	发文量	科研机构
1	1890	武汉大学信息管理学院	51	197	暨南大学图书馆
2	1259	北京大学信息管理系	52	191	安徽大学管理学院
3	964	中国科学院文献情报中心	53	190	南开大学信息资源管理系
4	923	南京大学信息管理系	54	189	中山大学资讯管理学院
5	680	辽宁省图书馆	55	187	武汉大学
6	680	武汉大学图书情报学院	56	187	甘肃省图书馆

① 2011 年，南京大学信息管理系升格为南京大学信息管理学院，同年加入国际 iSchools 组织。

续表

序号	发文量	科研机构	序号	发文量	科研机构
7	649	中国科学院国家科学图书馆	57	185	宁夏大学图书馆
8	600	上海图书馆	58	177	上海大学图书馆
9	566	国家图书馆	59	174	黑龙江大学信息资源管理研究中心
10	559	南京图书馆	60	173	湘潭大学管理学院
11	527	天津图书馆	61	172	北京图书馆
12	501	清华大学图书馆	62	169	华东师范大学图书馆
13	451	北京大学图书馆	63	166	厦门大学图书馆
14	448	湖南图书馆	64	165	江南大学图书馆
15	414	黑龙江省图书馆	65	164	四川大学图书馆
16	402	武汉大学信息资源研究中心	66	164	宁波大学图书馆
17	396	浙江大学图书馆	67	163	四川省图书馆
18	375	中山大学图书馆	68	161	西安交通大学图书馆
19	360	郑州大学信息管理系	69	160	广东工业大学图书馆
20	354	中山大学资讯管理系	70	160	宁夏回族自治区图书馆
21	348	中国科学技术信息研究所	71	159	沈阳师范大学图书馆
22	343	中山大学信息管理系	72	157	河北大学管理学院
23	307	武汉大学图书馆	73	156	中国矿业大学图书馆
24	298	南开大学商学院信息资源管理系	74	156	湘潭大学公共管理学院
25	295	华中师范大学信息管理系	75	156	湘潭大学图书馆
26	287	深圳图书馆	76	154	大连理工大学图书馆
27	279	广东省立中山图书馆	77	153	东莞图书馆
28	276	中国科学院研究生院	78	152	南京师范大学图书馆
29	275	南开大学图书馆	79	151	北京师范大学管理学院
30	273	河北师范大学图书馆	80	150	四川大学公共管理学院
31	268	华南师范大学图书馆	81	150	广东商学院图书馆
32	264	广东省中山图书馆	82	148	哈尔滨市图书馆
33	258	吉林大学管理学院	83	147	天津大学图书馆
34	251	南京大学信息管理学院	84	145	哈尔滨工业大学图书馆
35	248	吉林省图书馆	85	145	南京农业大学信息管理系
36	239	浙江图书馆	86	145	曲阜师范大学图书馆
37	234	南京大学图书馆	87	139	山东大学图书馆
38	231	深圳大学图书馆	88	137	辽宁师范大学管理学院
39	231	上海师范大学图书馆	89	134	徐州师范大学图书馆

续表

序号	发文量	科研机构	序号	发文量	科研机构
40	225	上海交通大学图书馆	90	128	东南大学图书馆
41	225	华南师范大学经济与管理学院	91	126	湖南师范大学图书馆
42	223	广州图书馆	92	121	中国科学院国家科学图书馆兰州分馆
43	222	广州大学图书馆	93	121	山东理工大学图书馆
44	221	湖南大学	94	120	兰州大学图书馆
45	217	安徽大学	95	116	哈尔滨师范大学图书馆
46	213	北京师范大学图书馆	96	112	北京大学
47	209	沈阳市图书馆	97	111	丹东市图书馆
48	207	湖南大学图书馆	98	109	烟台大学图书馆
49	207	汕头大学图书馆	99	107	南京政治学院上海分院信息管理系
50	200	黑龙江大学信息管理学院	100	105	东北师范大学传媒科学学院

需要注意的是，在表 5－7 中所列的我国图书馆学领域发文量前 100 位的科研机构中，有的是虽经多次改名但仍属于同一个科研部门（例如，武汉大学信息管理学院、武汉大学信息资源研究中心、武汉大学图书情报学院三者就属于同一个科研部门在不同时期的不同官方名称），有的虽然分属于不同的下级科研部门，但隶属于相同的上一级科研机构（例如，武汉大学信息管理学院与武汉大学图书馆就是同属于武汉大学这个科研机构的两个不同的下一级科研部门，中国科学院文献情报中心、中国科学院国家科学图书馆、中国科学院研究生院、中国科学院国家科学图书馆兰州分馆都可以归并到上一级科研机构“中国科学院”中）。因此，可以针对上述两种情况进行进行合并统计。合并统计完成后，就可得到我国图书馆学领域发文量前 75 位的一级科研机构概况，如表 5－8 所示。

表 5－8　我国图书馆学领域发文量前 75 位的一级科研机构（合并后）

序号	发文量	科研机构	序号	发文量	科研机构
1	2016	武汉大学	39	197	暨南大学
2	1709	中山大学	40	187	甘肃省图书馆

续表

序号	发文量	科研机构	序号	发文量	科研机构
3	1382	中国科学院	41	185	宁夏大学
4	1334	北京大学	42	177	上海大学
5	1181	南京大学	43	172	北京图书馆
6	905	华南师范大学	44	169	华东师范大学
7	791	安徽大学	45	166	厦门大学
8	766	黑龙江大学	46	165	江南大学
9	733	南开大学	47	164	宁波大学
10	680	辽宁省图书馆	48	163	四川省图书馆
11	660	湘潭大学	49	161	西安交通大学
12	600	上海图书馆	50	160	广东工业大学
13	598	四川大学	51	160	宁夏回族自治区图书馆
14	566	国家图书馆	52	159	沈阳师范大学
15	559	南京图书馆	53	157	河北大学
16	527	天津图书馆	54	156	中国矿业大学
17	504	中山图书馆	55	154	大连理工大学
18	501	清华大学	56	153	东莞图书馆
19	499	北京师范大学	57	152	南京师范大学
20	448	湖南图书馆	58	150	广东商学院
21	414	黑龙江省图书馆	59	148	哈尔滨市图书馆
22	412	湖南大学	60	147	天津大学
23	396	浙江大学	61	145	哈尔滨工业大学
24	360	郑州大学	62	145	南京农业大学
25	348	中国科学技术信息研究所	63	145	曲阜师范大学
26	295	华中师范大学	64	139	山东大学
27	287	深圳图书馆	65	137	辽宁师范大学
28	273	河北师范大学	66	134	徐州师范大学
29	258	吉林大学	67	128	东南大学
30	248	吉林省图书馆	68	126	湖南师范大学
31	239	浙江图书馆	69	121	山东理工大学
32	231	上海师范大学	70	120	兰州大学
33	231	深圳大学	71	116	哈尔滨师范大学
34	225	上海交通大学	72	111	丹东市图书馆
35	223	广州图书馆	73	109	烟台大学
36	222	广州大学	74	107	南京政治学院
37	209	沈阳市图书馆	75	105	东北师范大学
38	207	汕头大学			

从表 5 - 7 和表 5 - 8 中可知：我国图书馆学领域发文量前 5 位的一级科研机构分别是武汉大学、中山大学、中国科学院、北京大学、南京大学，它们的发文总量都超过 1000 篇。其中，武汉大学信息管理学院、北京大学信息管理系、中国科学院文献情报中心、南京大学信息管理系这 4 个二级科研机构的发文总量都超过 900 篇。

武汉大学信息管理学院[157]是中国历史最悠久、规模最大的信息管理教育与研究机构，其前身是美国学者韦棣华①和中国第一位图书馆学留学生沈祖荣②先生于 1920 年创办的武昌文华大学图书科，1929 年独立为武昌文华图书馆学专科学校。1953 年武昌文华图书馆学专科学校并入武汉大学，更名为武汉大学图书馆学系，1956 年建立图书馆学本科专业，1984 年经教育部批准建立图书情报学院，2001 年更名为信息管理学院。该院设有图书馆学、信息管理与信息系统、档案学、编辑出版学、电子商务、数字出版学等 6 个本科专业，7 个硕士和博士点，2 个一级学科博士学位授权点和 1 个博士后流动站。在 2012 年教育部学位与研究生教育发展中心③第三轮学科评估中，武汉大学图书情报与档案管理一级学科位列全国第一位。

北京大学信息管理系[158]前身是图书馆学系，始建于 1947 年。自 20 世

① 韦棣华（Mary Elizabelh Wood，1861—1931）是近代女图书馆学家、图书馆事业家、教育家、近代新图书馆运动的倡导者，曾任美国 Richmond 图书馆馆员。她于 1899 年来到中国后，在教会创办的文华学院担任英语教师，同时兼管图书馆工作，从此开始了为中国图书馆事业建设和发展的工作，在中国图书馆学正规教育史上占有举足轻重的地位。

② 沈祖荣（1883—1977）字绍期，中国图书馆学家，1916 年获得哥伦比亚大学理学学士学位，是中国获得图书馆学专业学位的第一人。1920 年，韦棣华商同文华大学校长孟良佐创办文华大学图书科，沈祖荣兼任教学工作。1925 年，沈祖荣参与发起中华图书馆协会，并长期担任主要职务。1953 年，他随文华图书馆学专科学校并入武汉大学任教。除了从事图书馆学教学以外，沈祖荣还与胡庆生合编了《仿杜威书目十类法》，这是中国第一个仿“杜威法”。

③ 教育部学位与研究生教育发展中心（China Academic Degrees & Graduate Education Development Center，CDGDC）简称为“学位中心”，成立于 2003 年，是教育部的直属事业单位，接受教育部和国务院学位委员会的领导，具有独立的法人资格。经国务院学位委员会和教育部授权，学位中心自 2000 年起面向国内外开展“中国学位证书及其他教育背景材料认证”工作。为满足留学需要，CDGDC 自 2006 年起开展“高中会考和高考成绩认证”工作，自 2008 年起开展“中等职业教育毕业证书认证”工作。

纪中期以来，王重民①、刘国钧②、赵万里③、于光远④、傅振伦⑤等一大批著名学者先后在该系任教或者授课，为其学科的壮大奠定了基础。20 世纪 50—60 年代，北京大学信息管理系除招收本科生以外，还招收研究生和函授生，为中国图书馆事业培养了一大批高深人才和业务骨干。20 世纪 80 年代以来，其学科专业逐步扩大，教学手段日益现代化，教学内容不断更新充实。目前，该系设有图书馆学（本科、硕士、博士）、情报学（硕士、博士）、信息管理与信息系统（本科）、编辑出版学（硕士点、博士点为自

① 王重民（1903—1975）是中国古文献学家、目录学家、版本学家、图书馆学教育家、敦煌学家，曾化名鉴，字有三，号冷庐主人，河北高阳县人。1947 年，他在北京大学中国文学系创办图书馆学专科（后改为本科，他任系主任）。1949 年北平和平解放后，他还兼任北京图书馆副馆长。1952 年，他辞去北京图书馆职务，专事教学，并担任目录学等课程的讲授，为新中国培养出一大批专业人才。他主要从事目录学、敦煌学、校勘学等方面的学术研究，一生著述颇丰，共有专著、论文 160 余部（篇），代表作主要有《普通目录学》《中国目录学史论丛》《〈校雠通义〉通解》等。

② 刘国钧（1899—1980）是我国著名图书馆学家，曾任金陵大学教授兼图书馆主任、文学院院长、北平图书馆编纂部主任、《图书馆学季刊》主编、西北图书馆馆长、北京大学图书馆学系教授、系主任等职，兼任北京大学学术委员会委员、北京图书馆顾问、中国图书馆学会名誉理事等职。刘国钧长期从事图书馆工作和图书馆学教学研究工作，他在图书分类、图书编目、图书馆自动化技术等方面的研究成果对中国图书馆事业的建设和发展起着推动作用，代表作主要有《中国图书分类法》《图书馆学要旨》《图书馆目录》《中国书史简编》《刘国钧图书馆学论文选集》等。

③ 赵万里（1905—1980）是我国著名文献学家、敦煌学家，精于版本、目录、校勘、辑佚之学，国学大师王国维的同乡兼门生。字斐云，别号芸盦、舜盦。1925 年毕业后任清华学校国学研究院助教，1928 年转往北平北海图书馆（今中国国家图书馆）工作，历任中文采访组组长、善本考订组组长、编纂委员、《国立北平图书馆馆刊》编辑、善本部主任，兼中央研究院历史语言所特约及通信研究员，故宫博物院图书馆和文献馆专门委员，并在北京大学、清华大学、中法大学、辅仁大学、中国大学等校任教，讲授中国史料目录学、目录学、校勘学、版本学、中国雕版史、中国戏曲史、中国俗文学史、词史等课程。1949 年后任北京图书馆（今中国国家图书馆）研究员，兼善本特藏部主任。1964 年被选为第三届全国人民代表大会代表。1979 年当选为中国图书馆学会名誉理事。他由于工作中接触到大量宋元珍本和名家抄校本，又和当代藏书家傅增湘等经常切磋研究，获得丰富的版本学经验和学识，著有《中国版刻图录》《北平图书馆善本书目》《北京图书馆善本书目》《海宁王静安遗书》《校辑宋金元人词》《汉魏南北朝墓志集释》等。

④ 于光远（1915—2013）1936 年毕业于清华大学物理系，历任中共中央图书馆主任、北京大学图书馆系教授、中共中央宣传部理论宣传处副处长、中国科学院哲学社会科学部委员、科学规划委员会副秘书长、国家科学技术委员会副主任、国家计划委员会经济研究所所长、中国社会科学院副院长兼马列主义毛泽东思想研究所所长、国家科委副主任、中共中央顾问委员会委员、中国社会科学院顾问、《中国大百科全书》总编委会副主任等职。他以思想敏锐、学识渊博、勤奋多产著称，经济建设和经济体制改革中的许多重大理论问题都是由他率先或较早提出来的。

⑤ 傅振伦（1906—1999）曾任中国历史博物馆研究员，编辑出版了《新河县志》《中国方志学通论》《博物馆学概论》《公文档案管理法》《中国史志论丛》《方志文存》《方志论著选》《明代瓷器工艺》《中国伟大的发明——瓷器》《朱琰陶说译注》《景德镇陶录译注》等 20 多种专著。

设）等专业。在2012年教育部学位与研究生教育发展中心第三轮学科评估中，北京大学图书情报与档案管理一级学科位列全国第四位。

中国科学院文献情报中心[159]又名中国科学院图书馆，它主要为自然科学、边缘交叉科学和高技术领域的科技自主创新提供文献信息保障、战略情报研究服务、公共信息服务平台支撑和科学交流与传播服务，同时还通过国家科技文献平台和开展共建共享为国家创新体系其他领域的科研机构提供信息服务。该中心是我国图书馆学和情报学这两个学科的硕士学位和博士学位授予单位，2012年获批图书馆学、情报学博士后科研流动站。中国科学院文献情报中心是国际图书馆协会与机构联合会（IFLA）①的重要成员。近年来，该中心积极组织、参与高层次专门化国际学术交流活动，目前已经与美国、德国、韩国、俄罗斯等多个国家的文献情报机构建立了稳定的合作关系。

南京大学的信息管理系②是南京大学历史最悠久的系科之一，拥有图书馆、情报与档案管理一级学科博士学位授予权（其中，情报学为国家重点学科），设有图书馆、情报与档案管理一级学科博士后流动站，还设有情报学、信息资源管理、图书馆学、档案学和编辑出版学等5个二级学科博士点和硕士点，以及图书情报、出版2个专业硕士点。该系现有国家信息资源管理南京研究基地、南京大学中国人文社会科学评价创新基地、新闻出版总署南京大学出版人才培养基地、国家保密培训基地南京分基地4

① 国际图书馆协会与机构联合会（International Federation of Library Associations and Institutions，IFLA）简称“国际图联”，成立于1927年，是联合各国图书馆协会、学会共同组成的一个机构，是世界图书馆界最具权威、最有影响的非政府专业性国际组织，也是联合国教科文组织“A级”顾问机构、国际科学联合会理事会准会员、世界知识产权组织观察员，国际图联总部设在荷兰海牙。国际图联的主要目标是促进国际图书馆界、信息界的相互了解、合作、交流、研究和发展。它每年在其成员国举行一次大会。其最高机构是理事会，即全体大会。它的主要机构是执行委员会和专业委员会。执行委员会由理事会选举产生，成员包括主席、第一副主席、司库、专业委员会主席等。专业委员会下设专业部、组和圆桌会议，从事国际图联的专业工作。国际图联的日常工作由秘书处负责，通称国际图联总部。

② 2011年，南京大学信息管理系升格为南京大学信息管理学院，同年加入国际iSchools组织。该学院现有在编教职员工55人。其中，长江学者特聘教授2人，欧洲文理科学院院士1人，国务院学位委员会学科评议组成员1人，教育部社会科学委员会委员1人，教育部教学指导委员会委员4人，享受国务院特殊津贴2人，教育部新世纪优秀人才5人。

个国家级基地，建有信息数字化集成实验室、情报分析综合实验室、多媒体技术研究实验室等研究型实验室和信息技术教学实验室。在2012年教育部学位与研究生教育发展中心第三轮学科评估中，南京大学图书情报与档案管理一级学科位列全国第二位。

5.2.4 图书馆学基金项目

“图书馆、情报与档案管理”是国务院学位办公布的管理学门类下的一级学科，它是一个文理交叉融合的学科，其下属的图书馆学、情报学、档案学等三个二级学科在科学研究等方面相互交叉融合，很难进行严格区分。因此，在本书研究中，笔者在图书馆学、情报学领域的基金项目选取方面，以国家自然科学基金①（1986年成立）和国家社会科学基金②（1991年成立）作为分析对象。国家社会科学基金与国家自然科学基金是我国在科学研究领域支持基础研究的主要渠道，这两大基金项目面向全国，重点资助具有良好研究条件、研究实力的高等院校和科研机构中的研究人员。此外，所有申请课题都必须经过充分论证，研究成果需要在项目结题时作为审核依据。因此，这两个基金项目支持发表的研究论文在质量上都有所保证。

---

① 20世纪80年代初，为推动我国科技体制改革，变革科研经费拨款方式，中国科学院89位院士（学部委员）致函党中央、国务院，建议设立面向全国的自然科学基金，得到党中央、国务院的首肯。随后，在邓小平同志的亲切关怀下，国务院于1986年2月14日批准成立国家自然科学基金委员会。国家自然科学基金（The National Natural Science Foundation of China）坚持支持基础研究，逐渐形成和发展了由研究项目、人才项目和环境条件项目三大系列组成的资助格局。三十多年来，自然科学基金在推动我国自然科学基础研究的发展、促进基础学科建设、发现并培养优秀科技人才等方面取得了巨大成绩。

② 国家社会科学基金简称为国家社科基金，设立于1991年6月，由全国哲学社会科学规划办公室（National Planning Office of Philosophy and Social Science）负责管理。全国哲学社会科学规划领导小组主要职责是制订国家哲学社会科学研究中长期规划和年度计划，管理国家社会科学基金，组织评审立项、中期管理、成果验收、宣传推介等工作。国家社会科学基金设有马克思主义·科学社会主义、党史·党建、哲学、理论经济、应用经济、政治学、社会学、法学、国际问题研究、中国历史、世界历史、考古学、民族问题研究、宗教学、中国文学、外国文学、语言学、新闻学与传播学、图书馆·情报与文献学、人口学、统计学、体育学、管理学等23个学科规划评审小组以及教育学、艺术学、军事学3个单列学科，已形成包括重大项目、年度项目、特别委托项目、后期资助项目、西部项目、中华学术外译项目等6个类别的立项资助体系。

1. 立项数量分析

在本书研究中，自然科学基金项目的数据来源于国家自然科学基金委员会网站[160]，立项学科为信息资源管理下的“图书情报档案管理”，时间跨度为2008—2014年，具体类目包括G管理科学部、G03宏观管理与政策、G0314信息资源管理、G031401图书情报档案管理。社会科学基金项目的数据来源于国家社会科学基金项目数据库[161]，立项学科分类为“图书馆、情报与文献学”，时间跨度为1994—2014年。表5-9中给出了1994—2014年我国图书馆学、情报学领域国家自然科学基金和国家社会科学基金立项数。

表5-9　1994—2014年我国图书情报领域国家自然科学基金和国家社会科学基金立项数

年份	自然科学基金立项数	社会科学基金立项数
1994	—	10
1995	—	3
1996	—	27
1997	—	13
1998	—	12
1999	—	13
2000	—	14
2001	—	23
2002	—	32
2003	—	30
2004	—	35
2005	—	40
2006	—	58
2007	—	51
2008	7	73
2009	6	80
2010	10	104
2011	12	118
2012	18	134
2013	20	155
2014	17	140
总计	90	1165

图 5－4 中显示的是 1994—2014 年我国国家社会科学基金的立项统计数量。

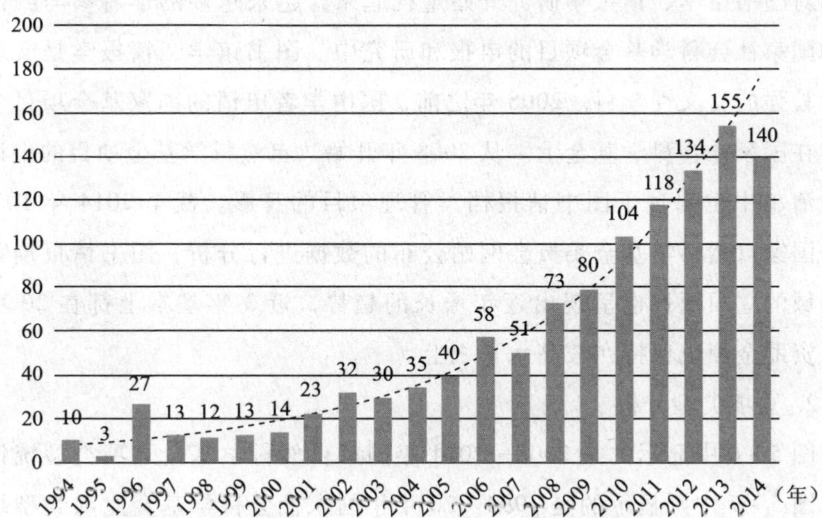

图 5－4　1994—2014 年国家社会科学基金立项数

图 5－5 中显示的是 2008—2014 年我国国家自然科学基金的立项统计数量。

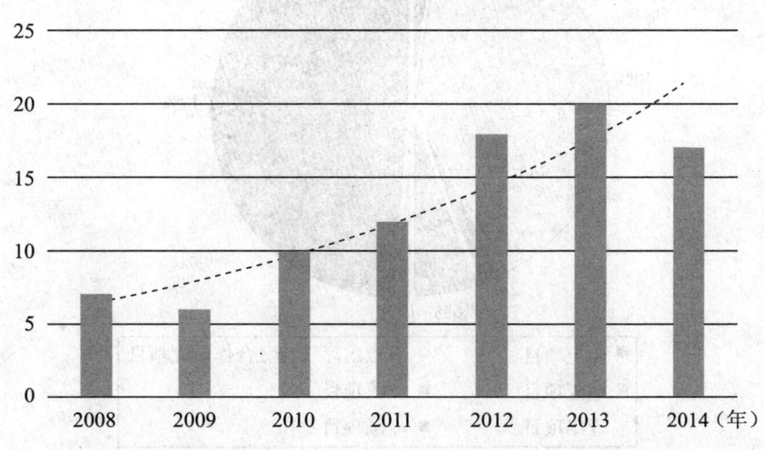

图 5－5　2008～2014 年国家自然科学基金立项数

结合图 5－4、图 5－5 以及表 5－9 中的数据进行分析后不难发现，国家社会科学基金和国家自然科学基金在立项数量基本上是呈现逐年增长的趋势，国家社会科学基金的立项项目从 2010 年开始每年超过 100 项，说明我国对图书馆学、情报学研究开始重视起来，越来越多的学者参与到该领域的国家社会科学基金项目的申报和研究中。图书馆学、情报学是文理综合性较强的交叉性学科。2008 年之前，国内学者申请的国家基金项目主要集中在国家社会科学基金上。从 2008 年开始，自然科学基金项目的申请和立项清单中也出现了图书情报档案管理项目的身影。截至 2014 年 10 月，根据国家自然科学基金委员会网站公布的数据进行分析，图书情报档案管理领域的立项项目也呈现出逐年增长的趋势，近 3 年基本上都在 20 项左右，资助金额也保持在较高水平之上。

2. 立项类型分析

图 5 – 6 中显示的是 2008—2014 年国家自然科学基金立项类型统计结果。图 5 – 7 中则显示的是 1994—2014 年国家社会科学基金立项类型统计结果。

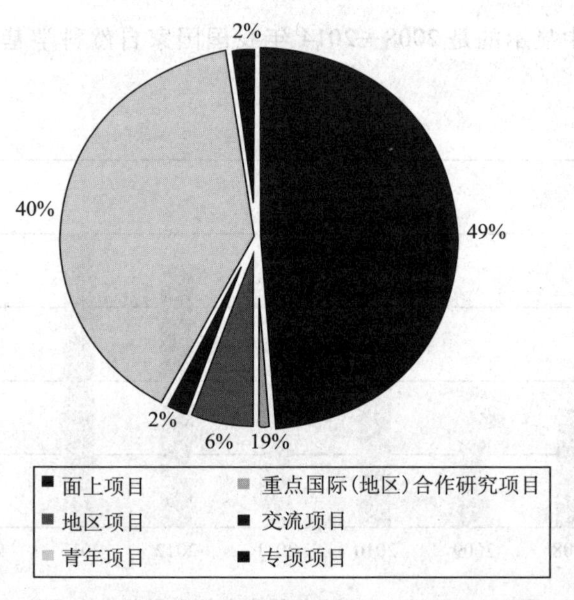

图 5 – 6　2008—2014 年国家自然科学基金立项的项目类型

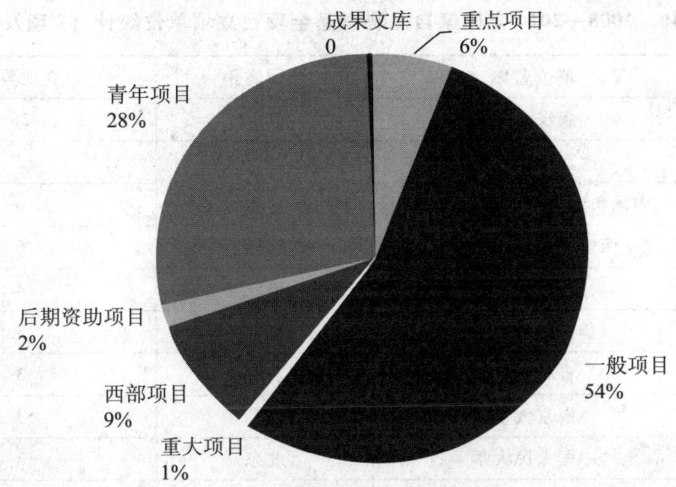

图 5－7　1994—2014 年国家社会科学基金立项的项目类型

从图 5－6 可知，在 2008—2014 年图书情报领域立项的国家自然科学基金项目中，面上项目有 44 项（占 49%），青年项目有 36 项（占 40%）。这两部分占全部国家自然科学基金项目的比例接近 90%，且立项数量基本呈现逐年增加趋势。其中，在 2014 年立项的项目中，武汉大学马费成教授主持的"大数据环境下的知识组织与服务创新研究"属于重点国际（地区）合作研究项目，获得 200 万元的资助经费。

从图 5－7 可知，在 1994—2014 年图书情报领域立项的国家社会科学基金项目中，一般项目和青年项目所占的比重合计达到 82%，重点项目、重大项目和西部项目所占的比重合计为 16%，且都呈现出逐年增长的趋势。从 1994—2014 年的 20 年期间，立项总数增长了 13 倍，国家对图书情报领域研究的重视程度由此可见一斑。

3. 承担单位分析

在国家自然科学基金的 90 个立项项目中，共涉及全国 13 个省份的 31 所高校、科研院所与公司。笔者将这些数据导入到 Tableau，设定好相关参数，就可以得到地域分布图。其中，承担两项及以上的科研单位概况如表 5－10 所示。

表 5-10　2008—2014 年国家自然科学基金项目立项单位统计（2 项及以上）

序号	单位名称	所属省份	立项数量
1	武汉大学	湖北	28
2	南京理工大学	江苏	7
3	中国科学技术信息研究所	北京	6
4	西安电子科技大学	陕西	6
5	浙江大学	浙江	4
6	华中师范大学	湖北	3
7	吉林大学	吉林	3
8	南京大学	江苏	3
9	中国人民大学	北京	3
10	北京大学	北京	2
11	内蒙古大学	内蒙古	2
12	南昌大学	江西	2
13	中山大学	广东	2
14	中南财经政法大学	湖北	2

表 5-10 中统计了国家自然科学基金项目立项数为 2 个及以上的 14 家单位概况，它们获批的项目总数为 73 项，占 7 年总立项数的 81.1%。

在表 5-10 中，排名前 5 位的单位分别是武汉大学（28 项）、南京理工大学（7 项）、中国科学技术信息研究所（6 项）、西安电子科技大学（6 项）、浙江大学（4 项）。除中国科学技术信息研究所以外，其他单位均为我国重点高等院校，具有较强的理科专业背景，在图书情报领域研究方面颇有建树。

笔者将国家社会科学基金立项数据导入到 Tableau 中，设定好相关参数，按照地理角色进行分类后，就可以得到地域分布图。

表 5-11 中统计了 1994—2014 年国家社会科学基金项目立项单位概况（6 项及以上）。利用该表的统计数据，就可对我国图书情报领域国家社会科学基金立项项目承担单位的概况有所了解。

表 5－11　1994—2014 年国家社会科学基金项目立项单位统计（6 项及以上）

序号	单位名称	所属省份	立项数量	序号	单位名称	所属省份	立项数量
1	武汉大学	湖北	64	21	宁夏大学	宁夏	11
2	北京大学	北京	47	22	云南大学	云南	11
3	南京大学	江苏	39	23	华南师范大学	广东	10
4	中国人民大学	北京	31	24	吉首大学	湖南	10
5	中山大学	广东	31	25	吉林大学	吉林	10
6	华中师范大学	上海	26	26	山西大学	山西	10
7	上海大学	上海	26	27	甘肃省社会科学院	甘肃	9
8	中国科学技术信息研究所	北京	23	28	中国科学院文献情报中心	北京	8
9	国家图书馆	北京	22	29	苏州大学	江苏	8
10	安徽大学	安徽	19	30	兰州大学	甘肃	7
11	郑州大学	河南	18	31	大连理工大学	辽宁	7
12	湘潭大学	湖南	17	32	复旦大学	上海	7
13	南开大学	天津	17	33	西藏大学	西藏	7
14	北京师范大学	北京	16	34	河南大学	河南	6
15	黑龙江大学	黑龙江	16	35	中南大学	湖南	6
16	华东师范大学	上海	15	36	江西财经大学	江西	6
17	南京农业大学	江苏	14	37	南昌大学	江西	6
18	四川大学	四川	12	38	山东理工大学	山东	6
19	天津师范大学	天津	12	39	上海交通大学	天津	6
20	河北大学	河北	11	40	宁波大学	浙江	6

表 5－11 中列出了立项数为 6 个及以上的 40 家单位概况，其获批立项总数为 633 项，占所有立项数的 54.3%。在这 40 家单位中，既包括武汉大学、北京大学、南京大学等图书情报领域传统的知名高等学府，也包括类似中国科学技术信息研究所、中国科学院文献情报中心、甘肃省社会科学院、国家图书馆等这样的著名信息服务机构和公共图书馆。其中，作为国内图书馆学、情报学科研究重镇的武汉大学信息管理学院先后承担图书情报领域的国家社会科学基金项目 64 项，占 1994—2014 年立项总数的 5.5%，表明它在我国图书情报领域研究中占有非常重要的地位。

4. 项目负责人分析

表 5 - 12 中给出了国家自然科学基金和国家社会科学基金这两大基金的项目负责人统计概况。

表 5 - 12　两大基金项目负责人情况统计概况

基金类型	承担项目数量	负责人数量
国家自然科学基金	2	14
	1	62
国家社会科学基金	4	8
	3	13
	2	113
	1	868

结合表 5 - 12 和表 5 - 9 的统计数据可知，在 2008—2014 年的国家自然科学基金项目中，共计立项 90 项，由 76 位学者承担。其中，承担两个项目的学者有 14 位，包括武汉大学的马费成教授和胡昌平教授、南京大学的叶鹰①教授等人；承担一个项目的学者有 62 位，包括武汉大学的邓仲华②教授、南京理工大学的王曰芬③教授等人。在 1994—2014 年国家社会科学基金项目中，共计立项 1165 项，由 1002 位学者承担。其中，承担过 4 个项目的学者有 8 人，包括中山大学的程焕文教授、南开大学的王知津教授、武汉大学的肖希明教授等人；承担 3 个项目的学者有 13 人，包括北

---

① 叶鹰（1962—）现任南京大学二级教授、博士生导师，曾任浙江大学教授，兼任欧洲文理科学院院士、国际科学计量学和信息计量学会终身会员、中国图书馆学报等专业期刊编委，在国内外学术期刊上发表和合作发表论文共计 80 余篇。

② 邓仲华（1957—）现为武汉大学信息管理学院教授、博士生导师，长期从事信息系统理论及开发技术的研究，拥有各类信息系统的开发与项目管理经验，主要研究方向有信息系统理论与开发、知识组织、知识构建与处理等，主持教育部人文社会科学规划项目等多个项目，发表论文 100 多篇。

③ 王曰芬（1963—）现为南京理工大学经济管理学院教授、博士生导师，兼任中国国防科学技术信息学会第四届理事会理事、常务理事等职，主要研究方向为竞争情报与知识管理、知识挖掘与知识服务、情报研究与经济信息分析，发表学术论文 100 多篇，出版专著或教材十多部，主持或者参加过 20 多项课题，获得多项省部级以上奖励。

京大学的赖茂生①教授、南京大学的朱庆华②教授、华东师范大学的范并思教授等人；承担过 2 个项目的学者有 113 人，包括武汉大学的陈传夫教授和黄如花③教授、南京大学的孙建军④教授、南开大学的于良芝⑤教授等。

能够在一定时间内主持两个或两个以上国家基金项目的学者一般都是本领域内颇有建树的专家学者，他们都拥有较高的学术影响力，对我国图书情报领域的发展起到重要的推动作用，极大地丰富了我国图书情报领域

① 赖茂生（1946—）历任北京大学助教、讲师、副教授、教授、博士生导师、信息管理系副主任、北京大学社会科学学部学术委员会委员、北京大学图书资料系列职称评定小组成员，社会兼职主要有中国科技情报学会理事会理事、情报学理论方法与情报教育专业委员会主任委员、中国信息协会常务理事、中国信息经济学会常务理事、全国科技传播研究会学术部负责人、《现代国书情报技术》等杂志编委、河北大学等校兼职教授，长期从事科技文献检索、情报检索语言、自动标引、计算机情报检索、信息资源管理、信息政策与法律等方面的教学和研究工作，发表论文 100 余篇，出版著作 20 余部，主持或参加十多个科研项日，获得国家教委优秀教材二等奖等多项奖励。

② 朱庆华（1963—）现为南京大学信息管理学院教授、博士生导师、副院长，兼任南京大学工程管理学院信息管理工程专业博士生导师、台湾东吴大学企业管理系客座教授、国务院学位委员会图书情报与档案管理学科评议组成员、教育部“新世纪优秀人才支持计划”获得者、江苏省高校“青蓝工程”第二期计划首批优秀青年骨干教师培养人选、中国科学技术情报学会理事、中国社会科学情报学会理事、中国信息经济学会理事等职，主要从事网络信息资源管理、信息分析与评价、信息政策法规方面的研究工作，主持或参加 20 余项科研课题，独立或合作出版著作近十部、发表学术论文 100 余篇。

③ 黄如花（1968—）现为武汉大学信息管理学院图书馆学系副主任、博士生导师，兼任《中国图书馆分类法》编委会第七届委员会委员、中国图书馆学会标引与编目专业委员会委员、湖北省图书馆学会学术委员会委员、武汉大学数字图书馆研究所副所长、武汉大学信息资源研究中心兼职研究员和武汉大学中国科学评价研究中心研究员，主要研究领域为信息组织、信息检索与咨询，已出版独著 2 部，主编教材 1 部，参编著作 5 部，发表论文 60 余篇，先后获得中国图书馆学会韦棣华基金会甲等奖学金、武汉大学优秀教学研究论文奖、武汉大学优秀博士学位论文奖、湖北省优秀博士学位论文奖等奖项。

④ 孙建军（1962—）现为南京大学信息管理学院教授、博士生导师、长江学者特聘教授，现任南京大学信息管理学院院长、所长，兼任安徽财经大学兼职教授、江苏省图书馆学会副理事长、中国科学管理学会理事、中国信息系统学会常务理事、中国科学技术情报学会常务理事、情报理论与方法研究委员会副主任、《情报学报》等多家杂志社编委，主要研究领域为信息经济、信息学教育，发表论文 100 余篇，独著参著 20 余部，已完成包括国家社会科学基金项目等在内的科研项目十多项。

⑤ 于良芝（1963—）现为南开大学商学院信息资源管理系教授、博士生导师，兼任《津图学刊》副主编、《大学图书馆学报》等杂志编委、中国图书馆学会第七届学术委员会图书馆学基础理论专业委员会委员，主要研究方向为图书馆学基础理论、图书馆管理、信息社会理论，主持或参加十多个科研项目，出版《图书馆学导论》等著作多部，发表学术论文多篇。

的研究内容。

5. 项目主题分析

项目名称是项目研究主题的重要体现[162]。通过对项目名称中的关键词进行统计和聚类分析，就能够在一定程度上揭示出我国图书馆学、情报学科研项目的研究主题。在本书研究中，笔者以2008—2014年90项国家自然科学基金项目的名称和1994—2014年1165项国家社会科学基金项目的名称为数据分析源，采用词频分析法和共词分析法，对我国图书情报领域立项项目的研究主题进行实证分析。

在本书研究中，笔者主要利用了原武汉大学沈阳教授开发的ROST CM作为分析软件，先对国家自然科学基金项目和国家社会科学基金项目的名称进行分词，接着对分词后的语词进行人工干预，再对能够描述专业问题的专业词汇进行归类、聚并和词频统计，最后得到以下几个方面的研究主题（分别如表5-13和表5-14所示）。

表5-13　1994—2014年国家社会科学基金项目研究主题

时间节点	主题
"八五"规划（1994—1995）	信息需求、信息行为、信息系统、信息交流、信息咨询、多媒体数据库
"九五"规划（1996—2000）	数字图书馆、信息服务、信息服务业、书目控制、书目信息、电子出版物、信息技术、信息检索、信息组织
"十五"规划（2001—2005）	信息服务、信息组织、信息共享、信息技术、信息安全、信息检索、信息行为、信息生态、知识共享、知识管理、知识转移、知识服务、知识整合、农村图书馆、高校图书馆、电子政务、政府信息资源、政府信息资源共享、政府信息公开、数字图书馆、复合图书馆、图书馆服务、个性化服务、网络信息资源、信息化、知识产权、网络舆情、语义网、本体、领域本体、图书馆联盟、图书馆事业、文献计量、信息技术、数据挖掘、文献挖掘
"十一五"规划（2006—2010）	信息服务、信息资源服务、个性化信息服务、知识共享、知识管理、知识转移、知识服务、知识产权、知识传播、知识联盟、知识整合、互联网、网络环境、电子政务、政府信息资源、政府信息资源共享、政府信息公开、信息资源共享、信息组织、信息共享空间、信息安全、信息共享、信息检索、信息行为、公共图书馆、高校图书馆、农村图书馆、西部图书馆、复合图书馆、数字图书馆、网络信息资源、网络社区、图书馆学、情报学、竞争情报、网络舆情、技术创新、信息技术、语义网、领域本体、文献计量学、图书馆事业

续表

时间节点	主题
“十二五” 规划（2011—2014）	大数据、数字图书馆、网络舆情、舆情监测、公共图书馆、高校图书馆、图书馆联盟、农家书屋、移动图书馆、区域图书馆、知识服务、知识组织、知识管理、知识发现、知识关联、云计算、信息服务、信息行为、信息查询行为、信息组织、信息共享、信息安全、信息搜寻、信息生态环境、关联数据、电子文件管理、竞争情报、可视化、知识图谱、引文分析、社会网络、元数据、叙词表、图书馆学、情报学、情报分析、本体、移动互联网、移动网络、移动服务、微博、虚拟社区、社会化媒体、泛在网络、知识库、学科服务、语义分析、语义挖掘、语义标注、语义描述、公共文化服务、电子书服务、智慧城市

从表 5－13 中列出的国家社会科学基金研究主题来看，“八五” 规划期间（1994—1995 年）的研究主要集中在信息需求、信息行为等与信息相关的主题。随着信息技术的不断发展，“九五” 规划期间（1996—2000 年），数字图书馆、信息服务、信息技术、信息检索、电子出版物等一系列研究主题逐渐成为我国图书情报领域学者的关注热点。进入 21 世纪，图书情报学科国家社会科学基金立项数量逐步增加，研究主题也在不断扩展。“十五” 规划期间（2001—2005 年），信息服务、图书馆服务与个性化服务、农村和高效图书馆、知识管理、电子政务信息、数字图书馆与复合图书馆、网络舆情、语义网与本体等新主题涉及绝大多数的立项项目，这一时期的研究与 1994—2000 年的研究相比则更加注重研究的多样性，着重关注的是与图书情报领域相关联的新兴技术和概念。在“十一五” 规划期间（2006—2010 年），我国图书情报领域的国家社会科学基金项目立项数量有了较大幅度的增长，从 2006 年的 58 项增加到 2010 年的 104 项，增幅达到 79.31%，这一时期的研究主题更多地是结合互联网来展开，在网络环境下研究信息资源服务与共享、网络社区、知识管理与知识服务、信息技术与技术创新、公共图书馆、多种类型的图书馆（如农村图书馆等）、语义网与本体，这一期间的研究延续并丰富了“十五” 规划期间的相关研究成果。此外，图书馆学、情报学自身研究也是该期间的一大关注重点（例如，对图书馆学情报学进行文献计量分析的研究等）。此后，由于信息技术、互联网等新技术发展迅猛，所以我国图书情报领域的国家社会科学

基金立项研究在"十二五"规划期间（2011—2014年）主要集中在大数据、云计算、网络舆情与舆情监测、移动互联网和微博等新媒体、关联数据与数据挖掘、引文分析、知识图谱与可视化、机构知识库、学科服务、智慧城市等多个方面。从这些研究主题中不难看出，我国图书情报领域研究紧跟时代发展脉搏，从图书情报领域的专业视角来分析和研究新技术、新理念对图书情报学科发展的影响。

表5-14　2008—2014年国家自然科学基金项目研究主题

时间节点	主题
"十一五"规划（2008—2010）	数字图书馆、信息计量、信息服务、服务创新、定向荐读服务、信息推荐服务、关联数据、检索框架、检索建模、自动分类、自动聚类、网络舆情、舆情演变、大数据、语义识别、语义网络、文本语义、知识组织、知识管理、知识聚合、知识服务、知识构建、知识图谱、领域本体、概念格、社会网络
"十二五"规划（2011—2014）	知识组织、知识共享、知识整合、知识地图、知识挖掘、知识社区、知识抽取、知识库构建、信息服务、智能分析、云计算、本体、网络舆情、舆情信息、大数据、数据挖掘、文本语义、本体学习、语义网格、语义表示、语义分析、语义识别、语义检索、语义挖掘、语义对等网、语义Wiki、观点检索、观点挖掘、检索系统、搜索策略、搜索任务情境、社会化搜索、用户检索行为、开放存取、个性化信息推荐、多位推荐服务、微博、移动Web 2.0、社交媒体、专利文献、专利计量、专利网络、专利引用

从表5-14中列出的国家自然科学基金研究主题来看，在"十一五"规划期间（2008—2010年），我国图书情报领域国家自然科学基金的立项项目主要涉及到数字图书馆、信息计量、信息服务、自动分类与聚类、信息检索模型及框架、网络舆情、语义与本体、社会网络等与图书馆学情报学密切相关的主题或研究领域。进入十二五计划期间（2011~2014年），我国图书情报领域国家自然科学基金的立项项目则向知识组织与整合、知识抽取与挖掘、知识库构建、云计算与大数据、网络舆情分析、语义识别与挖掘、社会化搜索与用户检索行为、个性化信息推荐、移动Web 2.0和社交媒体（微博等）、专利引用与计量等主题方向转移，相关研究成果不仅关注理论性知识的探讨，而且更加注重新兴技术手段在图书情报领域的应用研究。总体来说，国家自然科学基金项目的研究主要以理论研究为基础，以技术应用为手段，通过学科之间的融合，多方位、多角度地推动着

我国图书情报领域科学研究的发展。

5.2.5 图书馆学期刊分析

20 世纪 30 年代，英国著名文献学家布拉德福①首先揭示出文献的集中与分散规律。此后，联合国教科文组织等研究机构以及 SCI 创始人加菲尔德等研究人员对其进行了深入研究，表明学术期刊存在着“核心效应”，从而衍生出“核心期刊”概念。所谓核心期刊，是指刊登与某一学科或专业有关的论文数量较多且质量较高，能够反映该学科的最新研究成果及发展趋势的那些期刊[163][164][165]。

1. 图书馆学核心期刊分析

本书研究以期刊为单位来获取数据，主要以中国学术期刊影响因子年报（2011 年）作为参考依据。表 5－15 中列举的是 CSSCI 数据库中收录的图书馆学核心期刊及其基本信息。

表 5－15　图书馆学核心期刊概况

序号	期刊影响因子	期刊中文名称	期刊英文全称	创刊年份	每年期数	出版地点	主办单位
1	2.422	中国图书馆学报	Journal of Library Science In China	1957	6	北京	中国图书馆学会、北京图书馆
2	2.091	大学图书馆学报	Journal of Academic Libraries	1983	6	北京	北京大学、教育部高等学校图书情报工作委员会
3	1.944	图书馆学研究	Researches On Library Science	1980	24	长春	吉林省图书馆学会、吉林省图书馆

① 布拉德福（Samuel Clement Bradford，1878—1948）是英国文献学家和物理化学家，毕业于英国伦敦大学，1922 年荣获科学博士学位。布拉德福所学虽非图书馆学和目录学，但热爱这一事业，一直从事图书馆工作，1925 年起任设在南肯辛顿的科学图书馆馆长，一直到 1937 年 12 月退休。他是英国改进科技情报管理的热心支持者，并为文献工作的发展做出了贡献。他在 1927 年发起成立英国国际书目学社，并相当支持负责修订、发展通用十进制图书分类法的国际目录研究所。他在 1934 年提出了描述文献分散规律的布拉德福定律，该定律在文献工作者中得到了广泛的重视，引起热烈讨论。他在 1947 年当选为国际文献工作联合会副主席、国际分类法委员会主席。布拉德福著述颇多，仅关于文献工作的论著就有 35 种。他在 1948 年将发表过的文献学相关论文辑成《文献学》（*Documentation*）一书。

续表

序号	期刊影响因子	期刊中文名称	期刊英文全称	创刊年份	每年期数	出版地点	主办单位
4	1.131	图书情报知识	Document, Information & Knowledge	1983	6	武汉	武汉大学传播与信息学院
5	1.103	图书情报工作	Library and Information Service	1980	24+2	北京	中国科学院图书馆、中国科学院文献情报中心
6	1.085	图书与情报	Library and Information	1980	6	兰州	甘肃省图书馆、甘肃省科技情报研究所
7	1.002	现代图书情报技术	New Technology of Library and Information Service	1980	12+1	北京	中国科学院文献情报中心
8	0.918	图书馆建设	Library Development	1978	12	哈尔滨	黑龙江省图书馆学会、黑龙江省图书馆
9	0.904	国家图书馆学刊	Journal of The National Library of China	1977	6	北京	北京图书馆
10	0.888	图书馆杂志	Library Journal	1982	12	上海	上海市图书馆学会、上海图书馆
11	0.866	图书馆论坛	Library Tribune	1981	6	广州	广东省中山图书馆、广东图书馆学会
12	0.717	图书馆工作与研究	Library Work and Study	1979	12	天津	天津图书馆、天津市图书馆学会、天津市少年儿童图书馆

2. 图书馆学核心期刊地域分布

期刊作为科学研究成果的载体，是科学研究和学术思潮的前沿阵地。12种图书馆学核心期刊的地域分布情况概述如下：其中5种期刊的出版地均为北京，其他7种期刊的出版地分别为华中地区的武汉、东北地区的长春和哈尔滨、西北地区的兰州、华东地区的上海、华南地区的广州、华北地区的天津。从地域分布来看，上述8个城市分据在我国的东西南北，拥有我国优质的教育资源和科研资源，图书馆学研究的学术氛围相对较为浓厚，对促进我国图书馆学研究的发展起到了非常重要的推动作用。

5.3 国内图书馆学发展轨迹知识图谱分析

5.3.1 数据处理

1. 获取并清洗数据

从 CNKI 下载获得 1979—2014 年①的全部数据以后，还必须对其进行清洗，剔除与主题无关的论文（例如，会议通知、征文征稿启事、期刊目录索引、研讨班开学结业等）。笔者在充分浏览论文的基础上，尽可能多地列出一些停用词表（如表 5 - 16 所示），并且以此为依据对先前下载获得的数据进行清洗。

表 5 - 16 标题停用词表

会议活动类	目录索引类	征文类	研讨班类	发言类	信息类
召开	总目录	征文	研讨班	讲话	简讯
举办	篇名索引	征稿	开学	发言	短讯
举行	总目	征订	结业	视察	一句话信息
通知	下期要目	预订	名单	讲学	书刊介绍
学术活动	总索引	订阅	招生		书刊述评
纪要		投稿须知			作者指南
纪实					编辑寄语
竞赛					编者的话
出版					编后
纪念					卷首语
大事记					刊首语
讲座					信息通报
出版					动态

① 1976—1978 年的数据空缺，故本研究中只选取了 1979—2014 年的数据。

根据表5－16中给出的停用词表，对所采集的数据进行清洗，并进行相应的格式转换以后，将数据导入到SciMat中，得到如图5－8所示的结果。其中，在Knowledge base（知识库）中包含了文章篇名、作者、关键词、期刊、发表日期等几个待分析的选项。

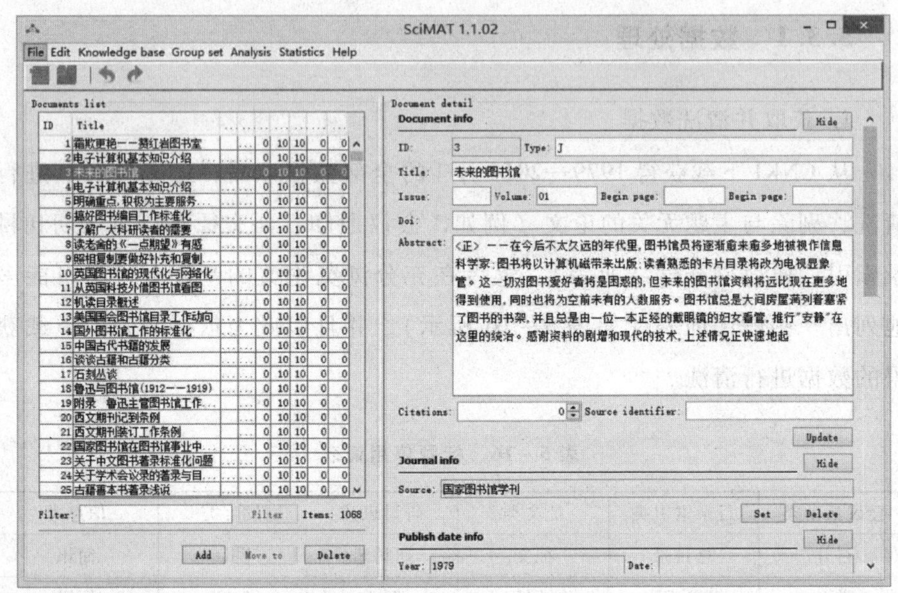

图5－8 数据导入后的效果

2. 提取高频关键词

利用SciMat的关键词统计功能，可将关键词按出现的频次进行排序，如图5－9所示。需要补充说明的是，在进行分析时要将一些高频但没有分析意义的关键词加以删除，并根据具体情况对关键词频次设置相应的阈值，从而达到将我国图书馆学发展轨迹以及每个时期的研究热点充分揭示的目的。

Words list 关键词列表 频次

ID	Name	Documents	Role author	. . .	
62	"图书馆"	2385	2385	0	0
13	"高校图书馆"	1887	1887	0	0
116	"公共图书馆"	1285	1285	0	0
43	"数字图书馆"	599	599	0	0
128	"信息服务"	431	431	0	0
53	"图书馆学"	331	331	0	0
136	"图书馆服务"	302	302	0	0
179	"学科馆员"	257	257	0	0
177	"学科服务"	227	227	0	0
118	"阅读推广"	224	224	0	0
77	"云计算"	223	223	0	0
22	"图书馆联盟"	222	222	0	0
65	"读者服务"	219	219	0	0
26	"图书馆员"	203	203	0	0
555	"知识服务"	201	201	0	0
23	"资源共享"	195	195	0	0
199	"大学图书馆"	189	189	0	0
79	"服务模式"	171	171	0	0
592	"知识管理"	168	168	0	0
106	"移动图书馆"	164	164	0	0
47	"数字资源"	156	156	0	0
475	"信息资源"	155	155	0	0
48	"资源建设"	146	146	0	0
1313	"国家图书馆"	145	145	0	0
453	"微博"	143	143	0	0

Filter: Filter Items: 29280

图 5-9 高频关键词的提取

5.3.2 图谱分析

1. 1979—1980 年中国图书馆学发展轨迹的知识图谱

由于考虑到 1979—1980 年的发文量较小，所以笔者在选择高频关键词时将阈值设置为大于或者等于 5。最终得到的关键词演化示意图如图5-10 所示。从中不难发现：随着时间的推移，我国图书馆学领域的学者所关注的研究点也在不断地扩展，且增长速度十分迅猛。

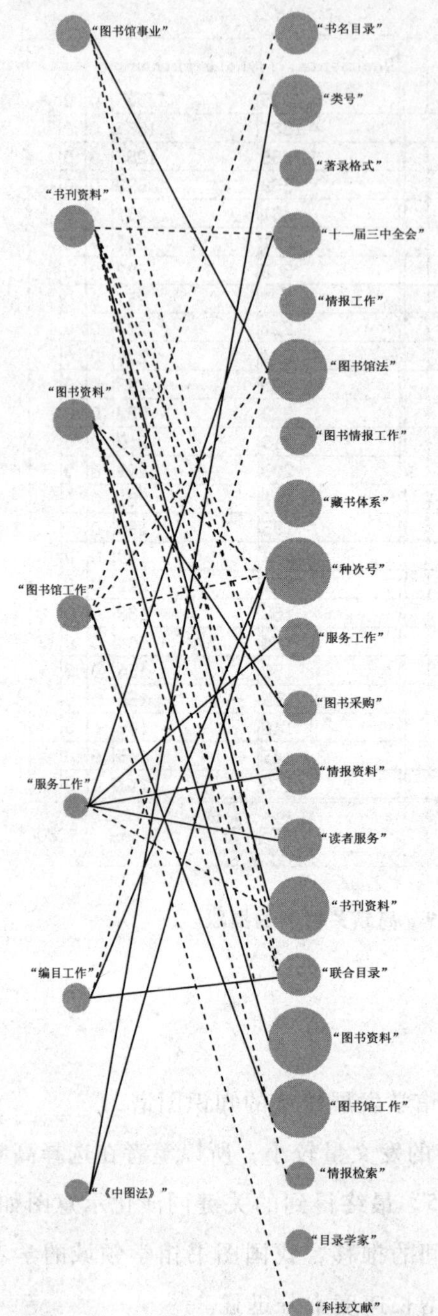

图 5-10　1979—1980 年我国图书馆学高频关键词演化示意图

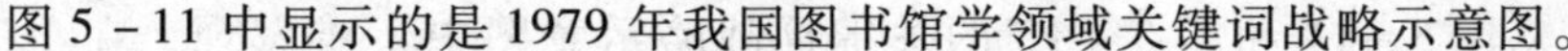

图 5 - 11 中显示的是 1979 年我国图书馆学领域关键词战略示意图。

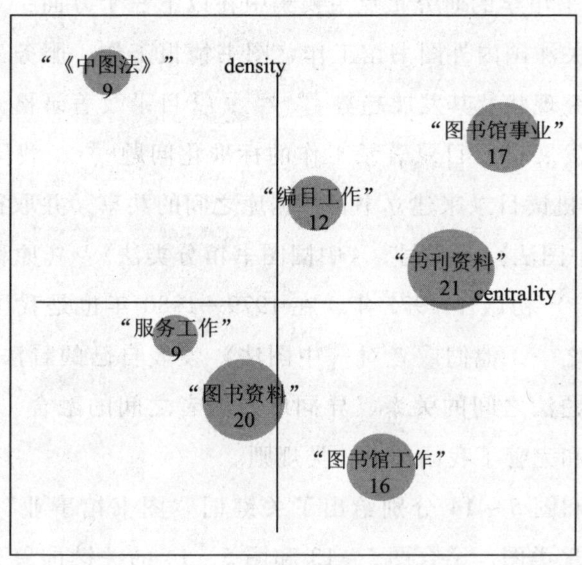

图 5 - 11　1979 年我国图书馆学领域关键词战略示意图

图 5 - 12 中显示的是 1980 年我国图书馆学领域关键词战略示意图。

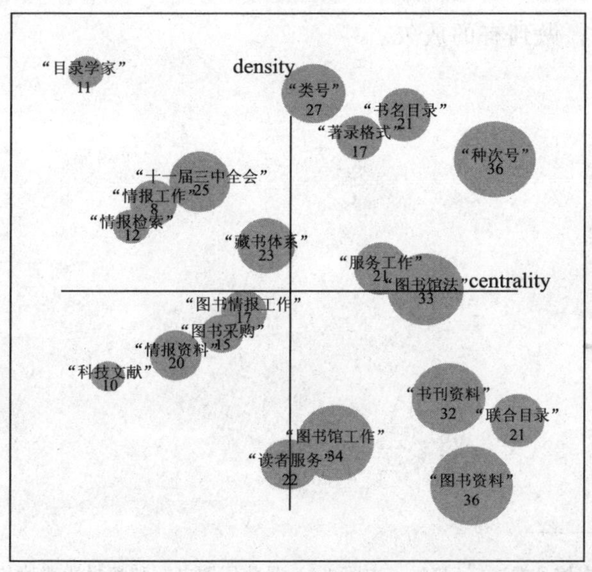

5 - 12　1980 年我国图书馆学领域关键词战略示意图

从图 5 -11 和图 5 - 12 的关键词战略示意图中不难发现，在 1979—1980 年我国图书馆学的研究重点主要集中在以下三个方面：①图书馆工作及服务，主要关注国内外图书馆工作、图书情报工作、服务工作、读者服务等方面的研究现状及其发展趋势[166][167]；②目录及著录格式，主要讨论了编目工作的发展以及目录著录工作的标准化问题[168]，我国学者还尝试利用 MARC Ⅱ机读目录来建立书目数据库之间的共享，并取得了一定的成果[169]；③《中图法》及类号，《中国图书馆分类法》① （原称《中国图书馆图书分类法》）初版于 1975 年，在 1979—1980 年也是我国图书馆学学者的关注重点之一，他们或者对《中图法》发表自己的看法[170]，或是探讨分类法与主题法之间的关系、异同以及两者之间的融合[171][172][173]，从多个方面丰富和完善了我国图书分类规则。

图 5 - 13 和图 5 - 14 分别给出了关键词“图书馆事业”和“联合目录”的关键词聚类图。结合图 5 - 13 和图 5 - 14 的关键词聚类图，可以发现关键词之间的共现关系，这些关键词都是成对出现，彼此之间具有很强的关联性。通过对这些聚类关键词的提取并用可视化的方式呈现出来，能够帮助读者更好地了解学科内某一方向之间的强关系，从而全面准确地抓住研究的重点，做到有的放矢。

① 《中国图书馆分类法》（简称《中图法》）是我国图书馆和情报所普遍使用的一部综合性分类法，主要供大型图书馆图书分类使用。《中图法》使用字母与数字相结合的混合号码，基本采用层累制编号法。《中图法》初版于 1975 年，1999 年出版了第四版。

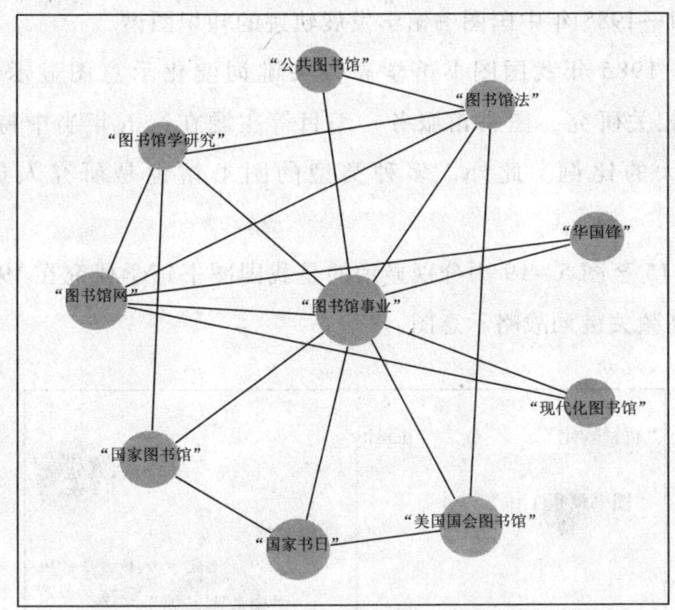

图 5-13　关键词“图书馆事业”聚类图

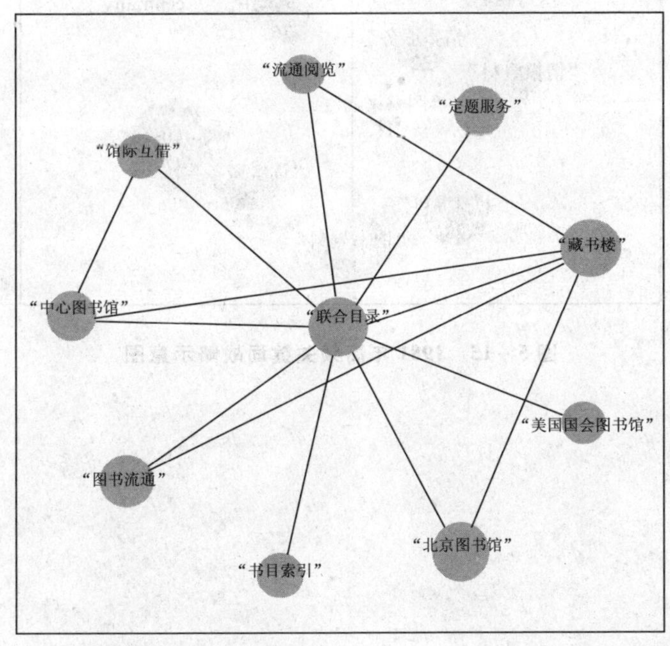

图 5-14　关键词“联合目录”聚类图

2. 1981—1985 年中国图书馆学发展轨迹的知识图谱

1981—1985 年我国图书馆学高频关键词演化示意图显示，《中图法》及其相关研究、图书馆服务、编目等主题在这五年当中持续出现，且占有较大的比例。此外，多种类型的图书馆也是研究人员关注的热点。

图 5－15 至图 5－19 中分别显示的是我国图书馆学研究在 1981—1985 年的各年高频关键词战略示意图。

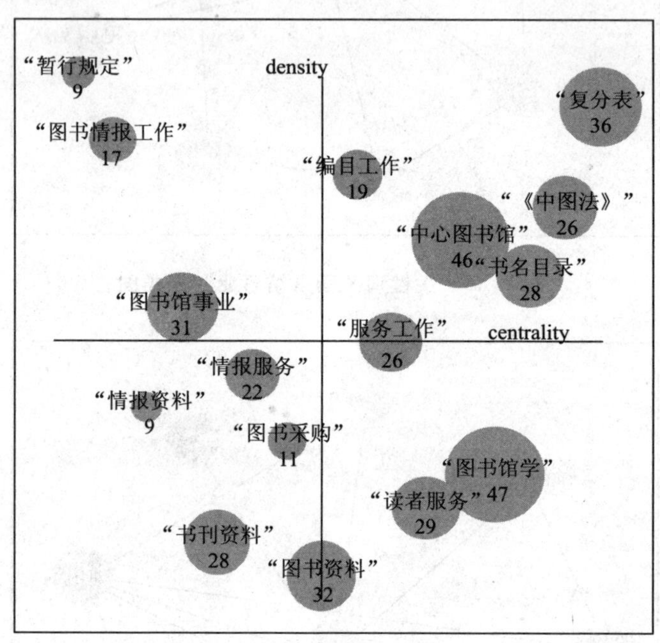

图 5－15　1981 年高频关键词战略示意图

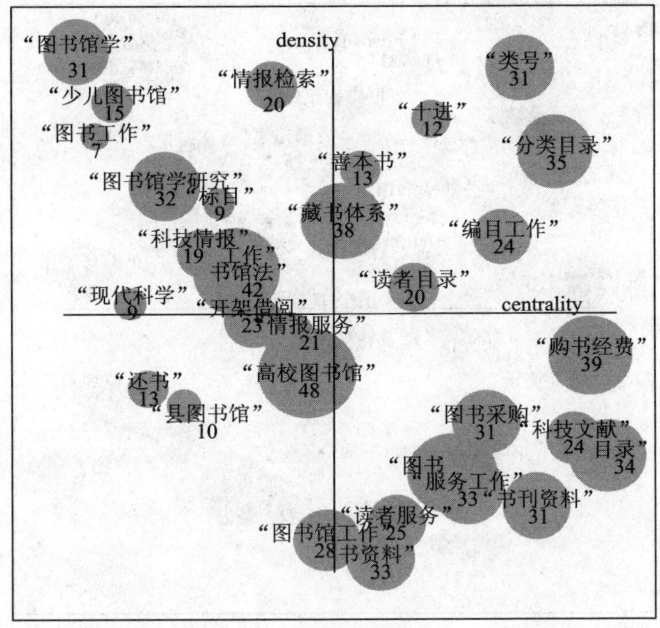

图 5-16　1982 年高频关键词战略示意图

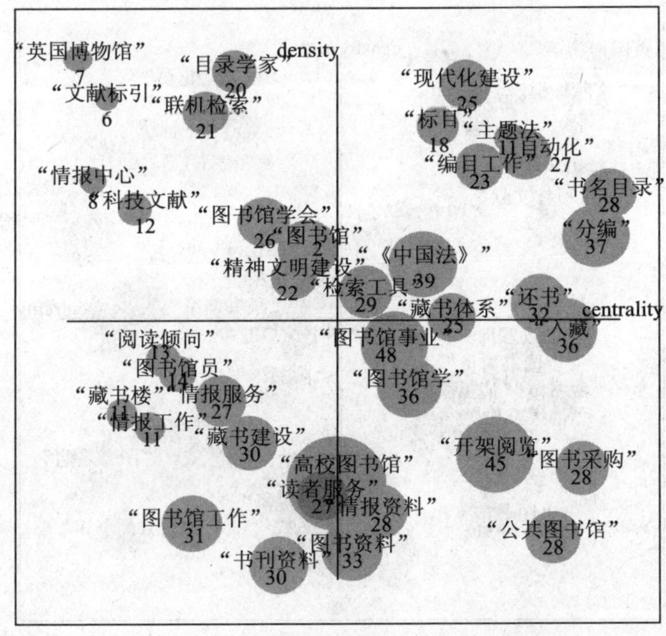

图 5-17　1983 年高频关键词战略示意图

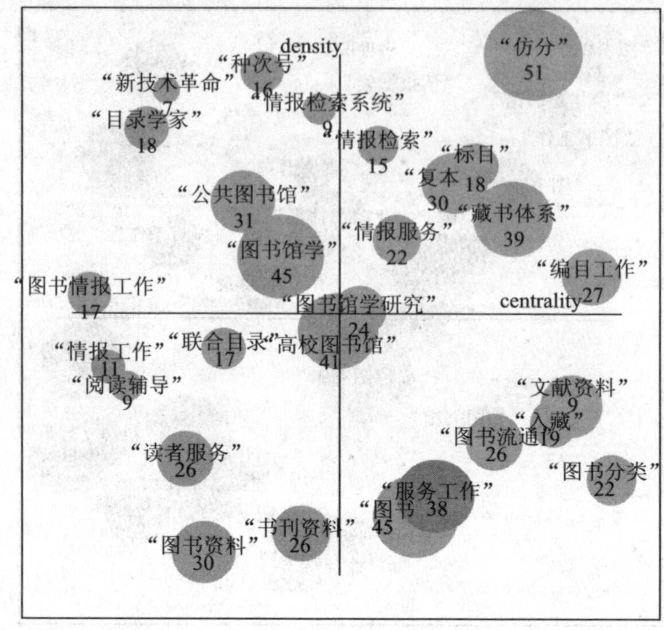

图 5 - 18　1984 年高频关键词战略示意图

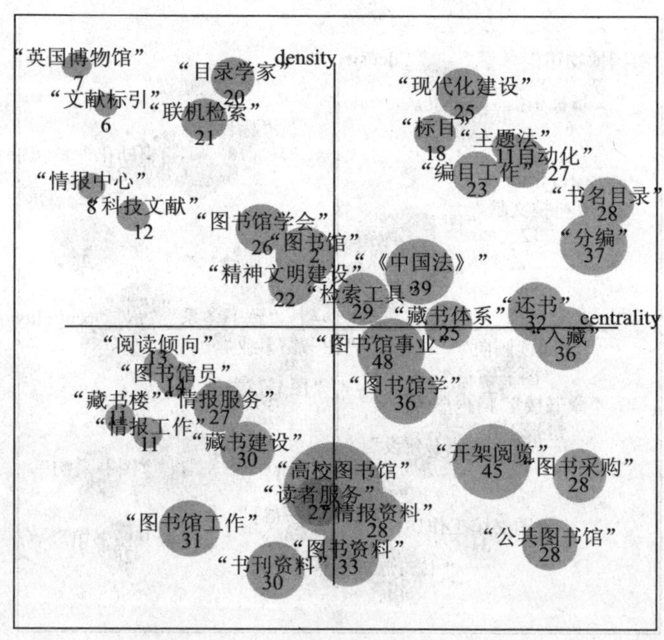

图 5 - 19　1985 年高频关键词战略示意图

结合图 5－15 至图 5－19 可以看出，在 1981—1985 年我国图书馆学领域的研究除继续关注图书馆工作与服务以及编目等主题以外，还十分关注国外的研究动态和新兴技术手段在图书馆中的应用，主要集中表现在以下几个方面：

（1）多种类型的图书馆研究。主要包括公共图书馆、高校图书馆、少儿图书馆、区县图书馆的研究。例如，杜文余在 1982 年对我国少儿图书馆事业的历史沿革、研究现状以及未来发展趋势进行了论述[174]；宋运郊①在 1984 年介绍了美国公共图书馆系统的相关标准[175]，张欣毅②在 1984 年论述了信息化背景下省市公共图书馆的改革方向[176]。此外，高校图书馆相关研究也一直是我国图书馆学领域的热门主题之一。例如，肖自力③在新技术革命潮流兴起的前提下，对我国文献资源建设中的关键问题进行了深刻地剖析，提出了文献资源保障体制的设想，同时也对高校图书馆在文献资源建设中的使命给出了相关建议[177]。作为我国图书馆的重要组成部分，县级基层图书馆也得到国内学者们的关注和重视。例如，鲍家声在 1981 年就从当时的时代背景出发，对我国县级图书馆的容量、馆藏、读者座位等进行了调查统计，并针对相关问题给出了针对性的解决方案[178]。

（2）科学技术研究。主要包括新技术革命、信息革命、现代科学、缩

① 宋运郊曾为山东大学管理学院信息管理系教授、北京大学图书馆系 1955 级学生，著有《信息活动原理》《企业技术信息工作》《市场信息开发与利用》《信息咨询》等。

② 张欣毅（1957—2012）是我国图书馆学家，曾任宁夏图书馆常务副馆长、研究馆员、《图书馆理论与实践》主编，兼任宁夏回族自治区政协常委、文史与学习委员会副主任、民盟宁夏回族自治区副主委、中国图书馆学会理事、宁夏图书馆学会副理事长等职。他致力于图书馆学、文献学、信息管理、宁夏地方文献研究，发表各类学术论文近百篇，参与主持国家级课题 5 项，曾获中国图书馆学会一等奖、自治区社会科学一等奖等奖项，参与主创的 30 集大型电视文化专题片《跨越时空的文明》获全国第八届“五个一工程”理论文献专题片奖，2004 年入选自治区宣传文化系统首批“四个一批”人才，2007 年获“国家文化部优秀专家”称号。

③ 肖自力（1938—）是中国图书馆学家、图书馆事业家、人口情报学家，曾为北京大学图书馆研究馆员，1981—1988 年在全国高校图工委工作，任全国高校图书馆工作委员会副主任兼秘书长，致力于在全国高校推广普及文献检索课。1988 年，他调任中国人口情报研究中心，担任该中心主任、研究员。在 20 世纪 80 年代，他是我国文献信息资源建设研究体系的中流砥柱，发表了一系列有影响力的论文，组织了高校系统藏书建设研讨会，发表了《试论藏书结构》《文献资源建设与布局论文选》《高等学校文献检索与利用课程教学研究》《分类目录主题索引编制法》等论著。

微设备的研究。例如，邓小昭①在 1985 年就以科学知识和技术知识的现代化为切入点，着重分析了新技术革命对图书馆传统观念的冲击以及为了更好地适应社会发展的需要，图书馆必须做出的改变[179]，黎盛荣等人也在 1985 年以阿尔文·托夫勒②撰写的《第三次浪潮》一书中所描述的有关信息革命的片段为引子，论述了在计算机和通信技术支撑下的图书馆实现现代化的六大标志、图书馆的未来发展趋势以及所存在的问题[180]。随着科学的不断发展，科学文献迅速增长，并呈现出指数级的增长规律。为了解决文献迅速增长和馆藏书库饱和之间的矛盾，人们提出了将缩微技术与计算机技术相结合的解决方案，这为解决该矛盾提供了有力支持。例如，柳较乾在 1985 年向我国图书馆界详细介绍了这一新的信息储存技术，并对我国开展这项工作提出了相关设想[181]。

（3）文献及信息检索研究。主要包括检索工具、联机检索、图书馆自动化、联合目录、情报检索等方面的研究。检索效率是衡量文献工作质量高低的重要标尺，而快速便捷地获取文献或信息则是图书馆学研究人员亟须解决的一大关键问题。早在 1982 年，邱峰就从完善检索方法、健全检索手段、做好标引工作等六个方面对如何提高检索效率进行了研究[182]。随着信息技术的不断发展，图书馆自动化得到了飞速进步，联机公共检索目录（Online Public Access Catalog，OPAC）正是在此背景下产生的。例如，张晓林在 1985 年向我国图书馆学界介绍了美国图书馆联机公共检索目录的发展情况及其优势[183]。

---

① 邓小昭（1965—）现为西南大学（原西南师范大学）教授，研究方向为信息用户与服务，曾任信息管理系主任、计算机与信息科学学院副院长，兼任教育部高等学校图书馆学专业教学指导委员会委员、中国图书馆学会学术委员会目录学专委会委员、中国社会科学情报学会理事、重庆市图书馆学会常务理事、重庆市图书馆学会与高校图工委学术委员会顾问、重庆市图书资料专业高级职务评委、重庆市学术技术带头人、重庆市“322 重点人才工程”二层次人选、重庆市高校中青年骨干教师、《重庆图情研究》副主编等职，主持国家社会科学基金项目 2 项、省部级项目 6 项，出版《信息管理研究方法》《用户信息行为理论与方法探究》《网络用户信息行为研究》等多部专著教材，发表学术论文 100 多篇。

② 阿尔文·托夫勒（Alvin Toffler，1928—2016）是世界著名未来学家，也是当今最具影响力的社会思想家之一，曾任罗素·赛奇基金会特约研究员、康乃尔大学特聘教授、洛克菲勒兄弟基金会研究员、IBM 和 AT&T 等跨国企业顾问，出版有《未来的冲击》《第三次浪潮》《权力的转移》《财富的革命》等著作。

3. 1986—1990 年中国图书馆学发展轨迹的知识图谱

1986—1990 年我国图书馆学高频关键词演化示意图表明，在 1986—1990 年我国图书馆学研究的侧重点主要还是沿袭了前文讨论过的那些主题（例如，图书馆服务、编目、文献检索等）。此外，我国图书馆学研究人员还探讨了图书馆有偿服务、图书馆采购、开架借阅以及藏书建设等方面的主题。

图 5－20 至图 5－24 中分别显示的是我国图书馆学研究在 1986—1990 年的各年高频关键词战略示意图。

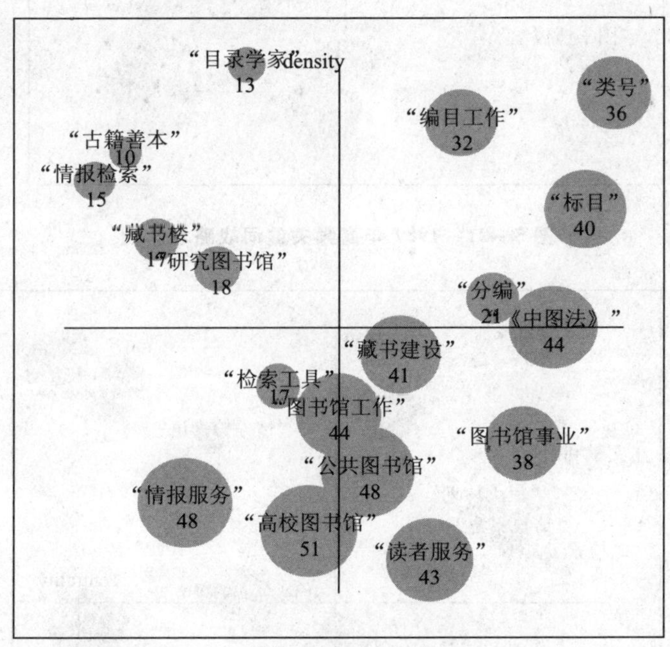

图 5－20　1986 年高频关键词战略示意图

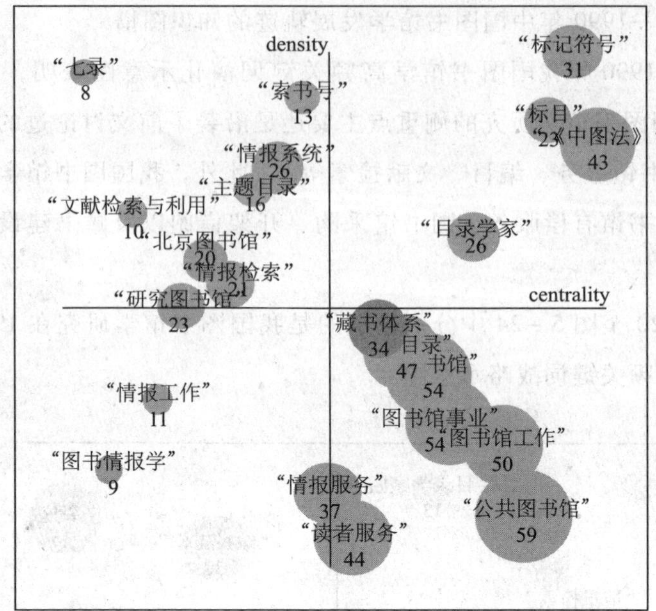

图 5-21　1987 年高频关键词战略示意图

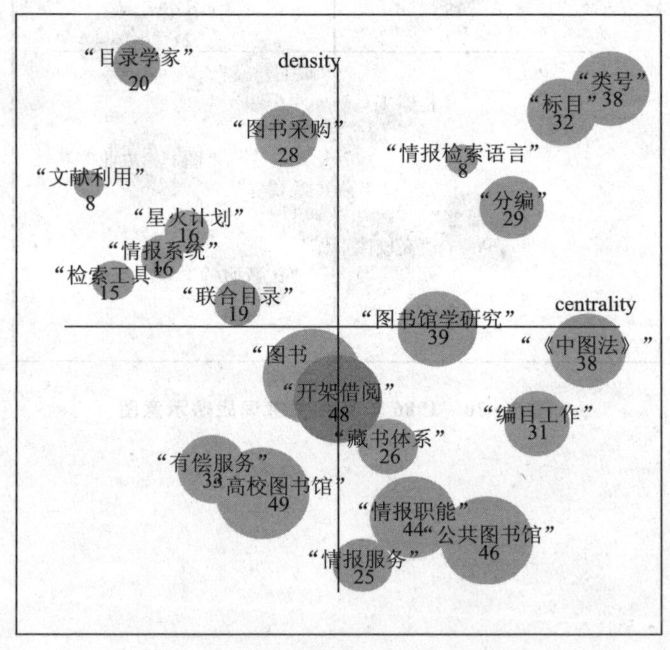

图 5-22　1988 年高频关键词战略示意图

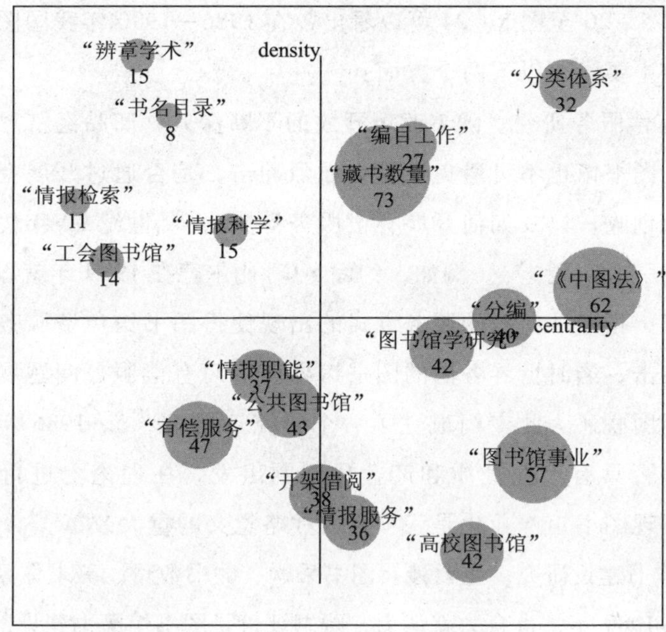

图 5－23　1989 年高频关键词战略示意图

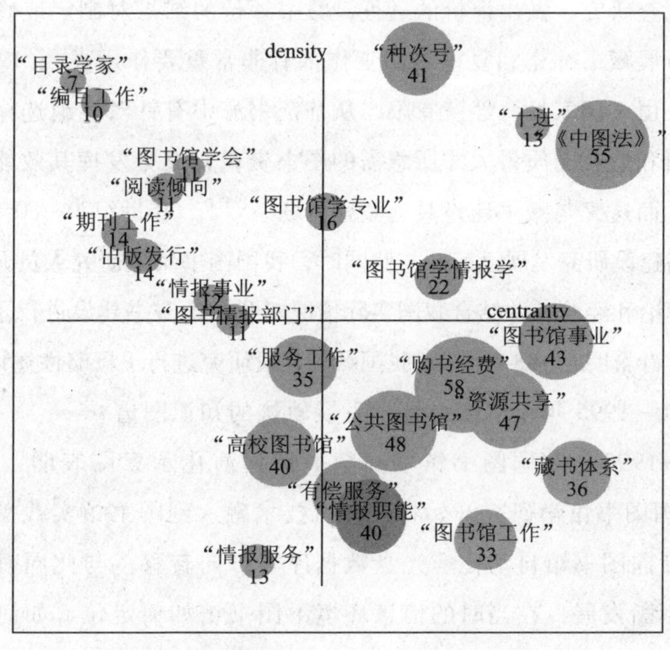

图 5－24　1990 年高频关键词战略示意图

结合图 5 – 20 至图 5 – 24 可以看出，在 1986—1990 年我国图书馆学研究的新方向主要涵盖以下两个方面：

（1）有偿服务研究。随着改革开放的不断深入，商品经济思潮席卷了中国大地，图书馆也不可避免地受到强烈冲击，是否通过开展有偿服务来实现图书馆创收，以及如何开展有偿服务等成为 20 世纪 90 年代图书馆界亟待解决的一大问题[184]。例如，约翰 · C. 比尔德在 1989 年就以公共图书馆为切入点，指出一些新的服务方式的出现使得图书馆免费服务原则受到相当大的冲击，当时世界各国的图书馆界就曾对有偿服务问题展开了广泛讨论，国际图联还为此专门成立了一个研究工作组[185]。1986 年，邵森万从图书馆是否具有产业性质和产业化问题出发，在理论上进行了相关探索，认为实现图书馆产业化是一项具有战略意义的重大改革[186]。

（2）藏书建设研究。主要涉及图书采购、藏书数量、藏书体系等方面的研究。早在 1989 年，肖自力就认为，藏书评价是图书馆藏书建设的基本内容之一，它是指图书馆对馆藏内容、利用情况、保管状况以及满足读者需求的水平进行调查研究、做出评价的过程，藏书评价的结果对制定或修改文献收集方针、开展藏书补充和复审剔除工作都有非常重要作用[187]；1990 年，于成梅认为，由于国家教育经费有限，从茫茫书海中有针对性地选择为高校的教学、科研和造就高质量人才所急需的图书资料并充分发挥其效能，就显得尤为重要，而这又与藏书建设具有紧密的联系[188]。20 世纪70—80年代，国外图书馆藏书建设研究发展迅速。与此同时，我国图书馆学研究人员开始借鉴国外的相关理论和经验，并结合我国实际情况对我国的藏书建设进行了有益的探索。例如，肖希明在 1987 年就对我国藏书建设研究进行了概略性述评[189]。

4. 1991—1995 年中国图书馆学发展轨迹的知识图谱

1991—1995 年我国图书馆学高频关键词演化示意图表明，在 1991—1995 年我国图书馆学研究开始将计算机技术融入到图书馆实践操作中，研究重点逐渐向图书馆自动化、光盘数据库等方向转移。与此同时，随着信息技术的不断发展，在当时的信息环境下图书馆如何定位、如何发挥图书馆在信息服务中的地位显得十分迫切。此外，以“定题服务”为代表的参考咨询服务也逐渐成为图书馆学研究的另一新方向。

图 5－25 至图 5－29 中分别显示的是我国图书馆学研究在 1991—1995 年的各年高频关键词战略示意图。

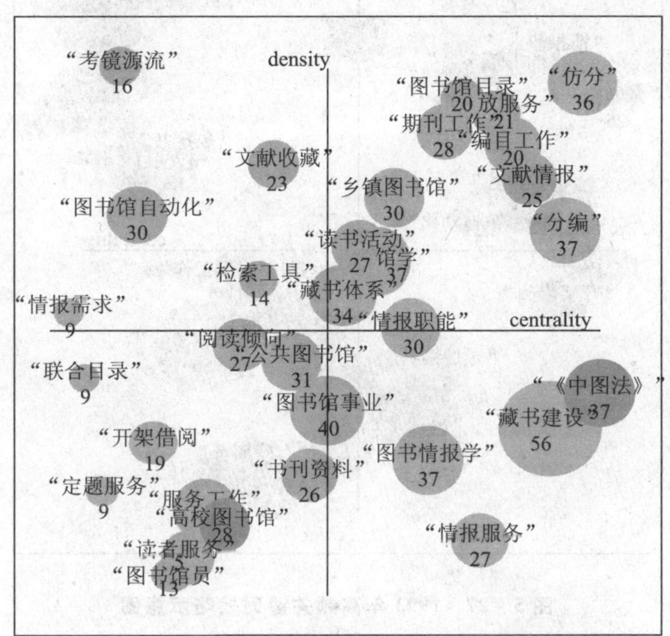

图 5－25　1991 年高频关键词战略示意图

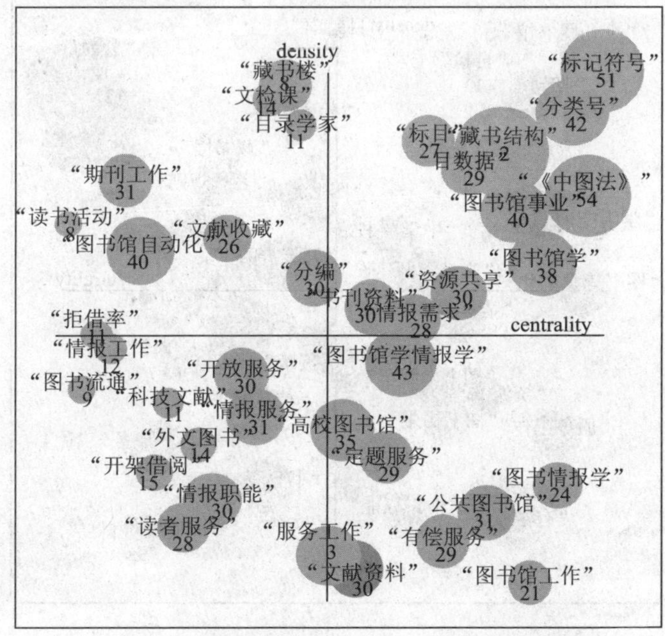

图 5－26　1992 年高频关键词战略示意图

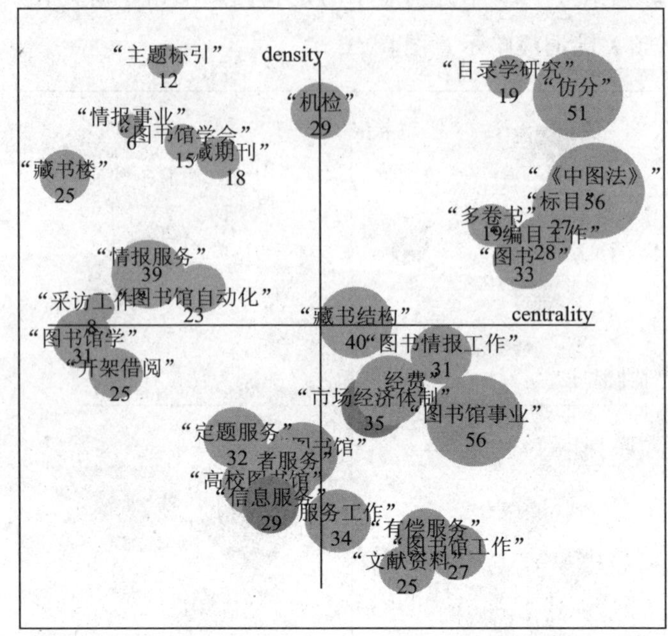

图 5－27　1993 年高频关键词战略示意图

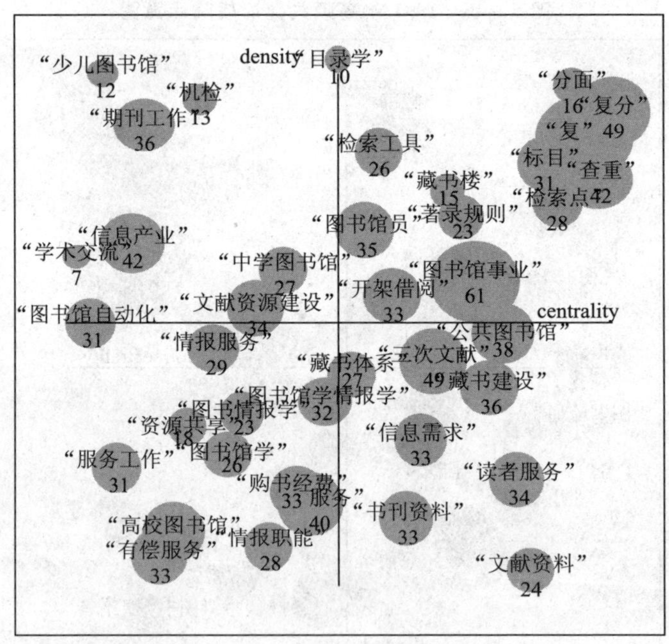

图 5－28　1994 年高频关键词战略示意图

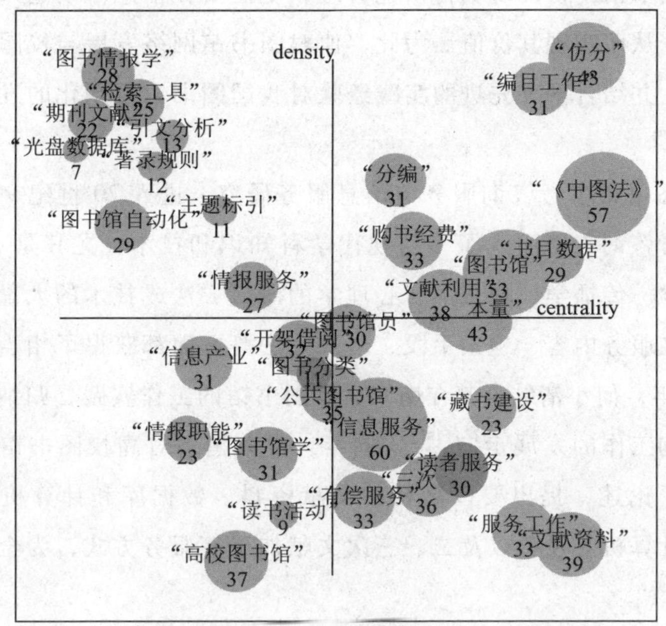

图 5－29　1995 年高频关键词战略示意图

结合图 5－25 至图 5－29 可以看出，在 1991—1995 年我国图书馆学研究的新方向主要涵盖以下四大方面：

(1) 图书馆自动化及其应用研究。1994 年，武汉大学的陈光祚①教授根据 OCLC 当时的发展趋势，包括以联机共享编目为出发点的图书馆自动化网络和图书馆自动化的重点从编目等技术服务转向加强参考检索功能这两个方面，对我国图书馆自动化发展战略提出了有价值的参考建议[190]。1995 年，马自卫②认为，在当时的时代背景下，我国图书馆面临四大方面

① 陈光祚（1935—）是我国著名图书馆学家、情报学家，曾任武汉大学图书馆学系教授、博士生导师、情报科学系首届系主任、图书馆学情报学研究所所长，出版《科技文献检索》《因特网信息资源深层开发与利用研究》等十多部著作，发表论文 100 多篇。

② 马自卫（1937—）曾任北京邮电大学图书馆馆长、研究员、硕士生导师、“中国高等教育文献服务保障体系（CALIS）专家核心组成员，长期致力于计算机网络与信息系统方面的研究与开发工作，积累了丰富的实际工作经验和深厚的理论基础知识，为计算机技术在图书情报工作中的应用做出了突出贡献，曾获得“全国科技信息系统优秀成果三等奖”“邮电部科技情报二等奖”“北京市科技进步二等奖”等多项奖励，并被授予“全国科技信息系统先进工作者称号”。他还曾兼任中国图书馆学会自动化分会副主任、全国邮电高校图书情报工作委员会主任兼秘书长、北京高校自动化研究会理事长、《大学图书馆学报》及《现代图书情报技术》编委等职务，发表论著数十篇。

的挑战，图书馆不仅要现实自动化管理，更需要让信息流动起来，使之被充分利用，从而实现其价值。为此，他对图书馆网络发展与校园网建设进行了论述，并结合国外先进的实践经验对我国图书馆自动化的发展提出了相关建议[191]。

（2）图书馆参考咨询服务与信息服务研究。进入20世纪90年代后，图书馆参考咨询工作引入了多门现代学科知识和技术，尤其是对情报学、计算机科学、传播学、教育学、心理学的研究方法或技术的大量运用，使参考咨询在服务内容、检索手段、形式方法等方面都获得了相当深入的发展。1995年，何小清结合其在南京大学图书馆的工作实践，归纳了信息时代参考咨询工作的发展走向[192]。同年，常大鹏也对高校图书馆信息服务工作进行了论述，提出要以高校的文献资料、数据库和计算机网络为中心，利用计算机等设备以及二、三次文献加工等服务方式，为全社会提供信息服务[193]。

（3）开放服务研究。开放服务[194]是现代图书馆的重要特征和标志，是指图书馆将有序化的知识、信息传播交流给每个公民的社会化服务活动。在我国改革开放和现代化建设进入到一个新的历史时期时，高校图书馆将面临新的经济、技术和社会环境，高校图书馆需要作出相应的应对措施，而开放服务则是作为高校图书馆改革的新趋势得到我国图书馆学界的极大重视[195]。

（4）图书馆与信息产业的结合研究。在信息产业中，图书馆既是信息事业又是信息企业，图书馆只有既发展信息事业又发展信息产业，才能够在市场经济中立足，并在信息产业内部资源重新配置中获得良性循环[196]。

5. 1996—2000年中国图书馆学发展轨迹的知识图谱

1996—2000年我国图书馆学高频关键词演化示意图表明，随着机读目录（MARC）和因特网（Internet）的普及以及数据库在图书馆的广泛应用，在1996—2000年我国图书馆学相关研究也紧跟时代步伐，向数字图书馆方向迈进。

图5-30至图5-34中分别显示的是我国图书馆学研究在1996—2000年的各年高频关键词战略示意图。

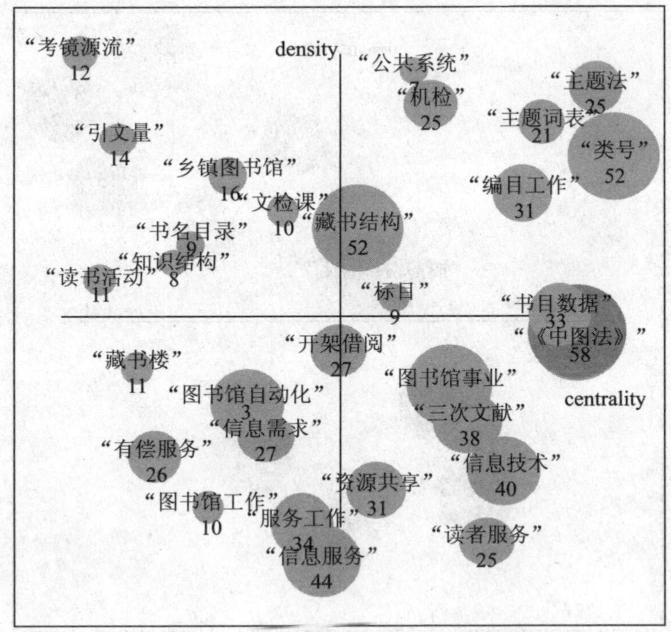

图 5-30　1996 年高频关键词战略示意图

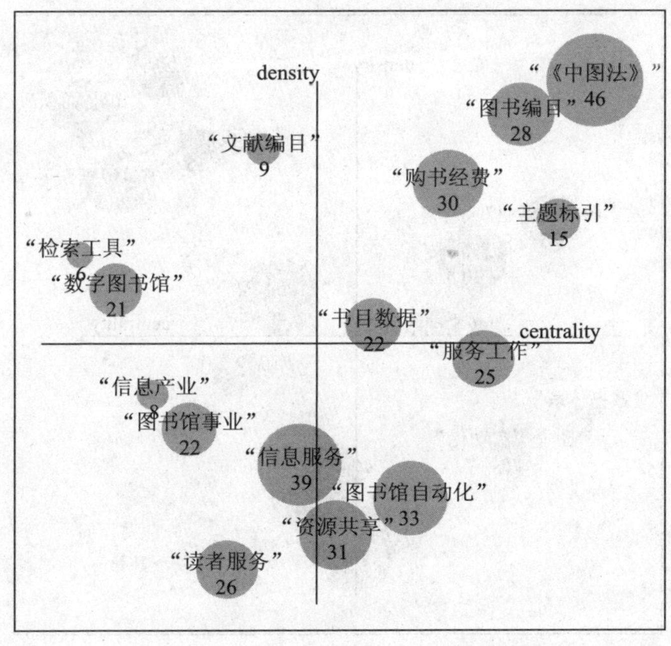

图 5-31　1997 年高频关键词战略示意图

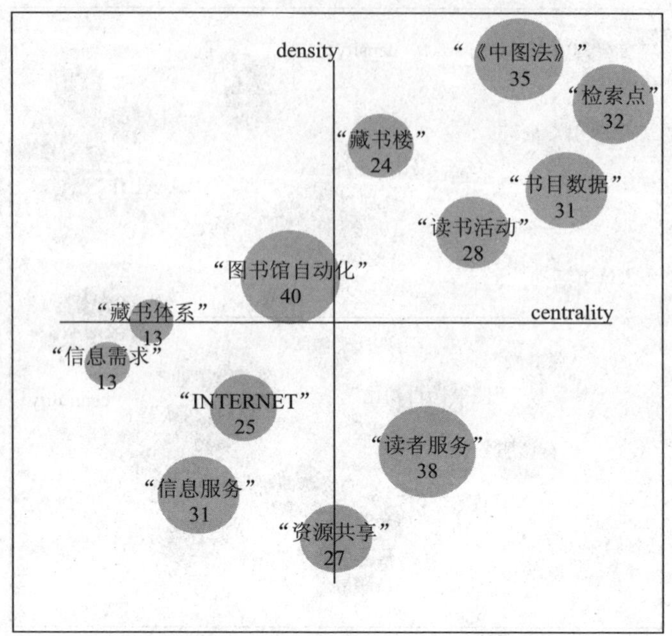

图 5－32　1998 年高频关键词战略示意图

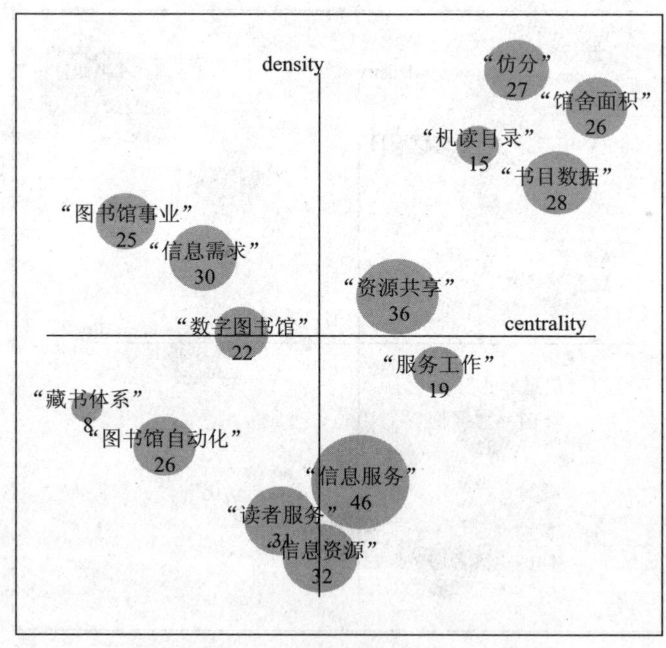

图 5－33　1999 年高频关键词战略示意图

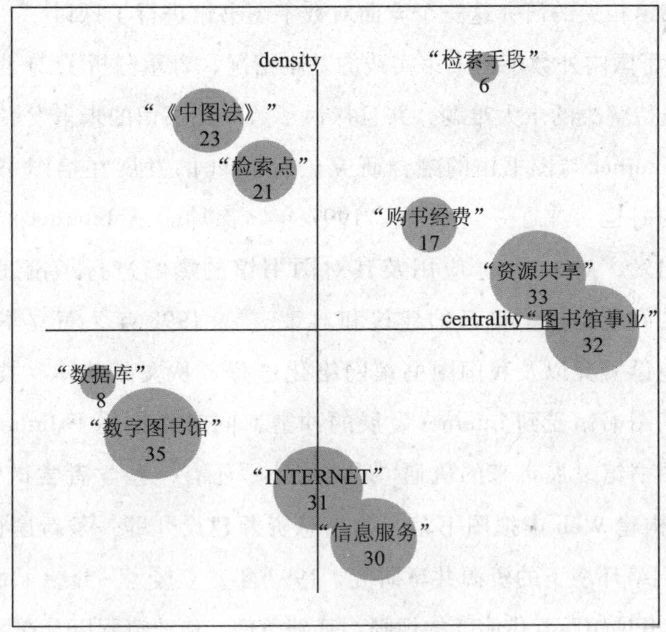

图 5-34　2000 年高频关键词战略示意图

结合图 5-30 至图 5-34 可知，在 1996—2000 年我国图书馆学研究的侧重点主要涵盖以下三大方面：

（1）数字图书馆研究。自 20 世纪 90 年代以来，数字图书馆理论与技术已成为图书馆学、情报学界的一个国际性热点话题。在此背景下，我国学者从理论和实践两个方面对数字图书馆进行了介绍和分析研究。1996 年，张晓娟①分析了数字图书馆的基本概念和含义，介绍了国外有关数字图书馆研究的现状及项目实施情况，并对我国数字图书馆建设提出了一些建议[197]；1998 年，汪冰②从数字图书馆的定义、数字图书馆对传统图书馆的影响以及

---

① 张晓娟（1964—）现为武汉大学信息管理学院教授、博士生导师、档案与政务信息系主任、武汉大学华侨联合会副主席，曾赴美国、加拿大学习，分别获得图书馆学情报学硕士和计算机科学硕士学位，并在北美大学及 IT 公司从事应用系统研发及管理工作数年，主持及参加 10 多项科研项目，发表论文数十篇。

② 汪冰（1969—）是中国科学院文献情报中心首位博士毕业生，1997 年在中国科学院文献情报中心获得博士学位，导师为孟广均研究员，参加过多项国家级和部委级科研项目，著有《电子图书馆理论与实践研究》等多部著作，参编多种工具书和会议文集，译著有《冷是行动》等 3 部，发表论文100 余篇。

与数字图书馆相关的研究这三个方面对数字图书馆进行了探讨[198]；2000 年，肖明①概述了国内外数字图书馆实践的基本情况，着重分析了 21 世纪初期数字图书馆亟待解决的十大难题，并且探讨了数字图书馆的未来发展方向[199]。

（2）Internet 与图书馆的融合研究。Internet 的发展在给图书馆事业带来机遇的同时也带来了一些挑战。1997 年，徐坤忠从 Internet 的简史、结构和现状出发，对 Internet 应用及其对图书馆的影响进行了论述，并对图书馆面临的问题给出了自己的建议和对策[200]。1998 年，黄立华介绍了我国互联网建设概况以及我国图书馆网络化进程，从文献载体、技术标准等角度讨论了图书馆受到 Internet 发展的冲击，同时还论述了 Internet 及其检索工具给图书馆发展带来的机遇[201]。此外，还有一些学者尝试利用 Internet 技术来构建 Web 虚拟图书馆，为信息资源建设开辟一条新途径[202]。

（3）网络环境下的资源共享研究。1997 年，姜爱蓉②介绍了香港地区的大学图书馆开展馆际互借服务的规则、基础条件、作业流程以及在网络环境下采用的新技术和新手段，为国内图书馆开展馆际互借服务提供了一些有价值的参考意见[203]。1999 年，刘省泉批判了当前网络环境下我国对图书馆文献信息建设与共享的意义和作用认识不足，意识与行动、局部与整体之间的矛盾没有得到解决等存在的问题，提出了加强我国文献信息资源建设与共享的举措[204]。

6. 2001 ~2005 年中国图书馆学发展轨迹的知识图谱

2001—2005 年我国图书馆学高频关键词演化示意图表明，在 2001—2005 年我国图书馆学研究开始向元数据、知识管理、信息素质、搜索引擎、文献计量学以及虚拟参考咨询等主题进行转移。

---

① 肖明（1969—）现为北京师范大学政府管理学院教授、博士生导师，研究方向为信息计量与评价、信息资源管理、语义网、计算机网络等，主持、参加各类项目 20 余项（其中，主持国家社会科学基金项目 3 项），发表各类论文 90 多篇，译文 70 多篇，主编、参编教材著作合计 20 余部（其中，主编国家十一五规划教材、北京市精品教材各一部，均为畅销教材），讲授《信息资源管理》《计算机网络》《网络信息计量与评价》等课程。

② 姜爱蓉（1955—）现为清华大学图书馆副馆长、研究馆员、清华大学数字图书馆研究所副所长，兼任中国图书馆学会数字图书馆建设与研究专业委员会委员、北京高教学会图书馆工作研究会理事长、北京高教学会图书馆工作研究会数字图书馆委员会主任、《现代图书情报技术》第七届编委、《数字图书馆论坛》第二届编委，主要研究领域包括数字图书馆、图书馆自动化系统、数字资源整合、元数据标准规范、数字资源建设，在国内外学术刊物和会议上发表论文 60 余篇。

图 5 -35 至图 5 -39 中分别显示的是我国图书馆学研究在 2001—2005 年的各年高频关键词战略示意图。

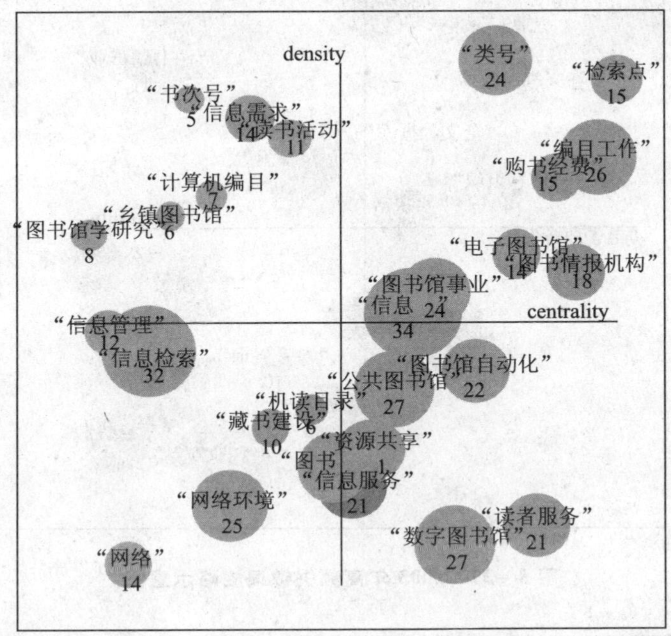

图 5 -35　2001 年高频关键词战略示意图

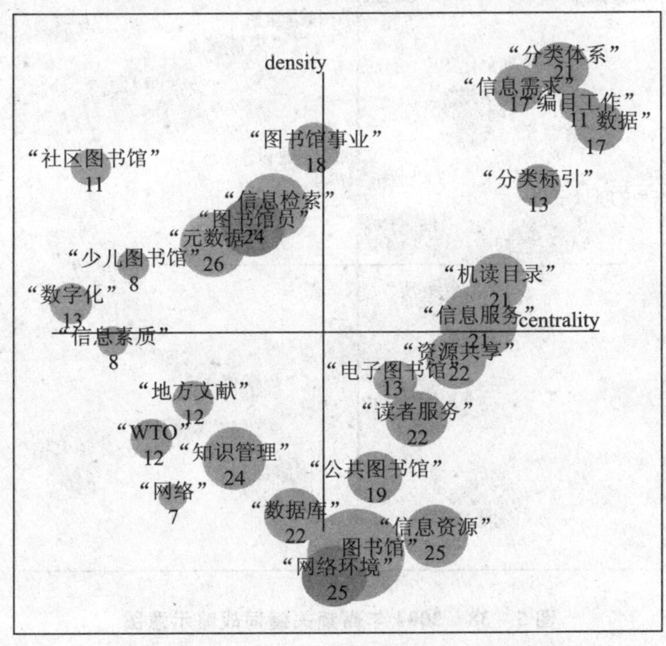

图 5 -36　2002 年高频关键词战略示意图

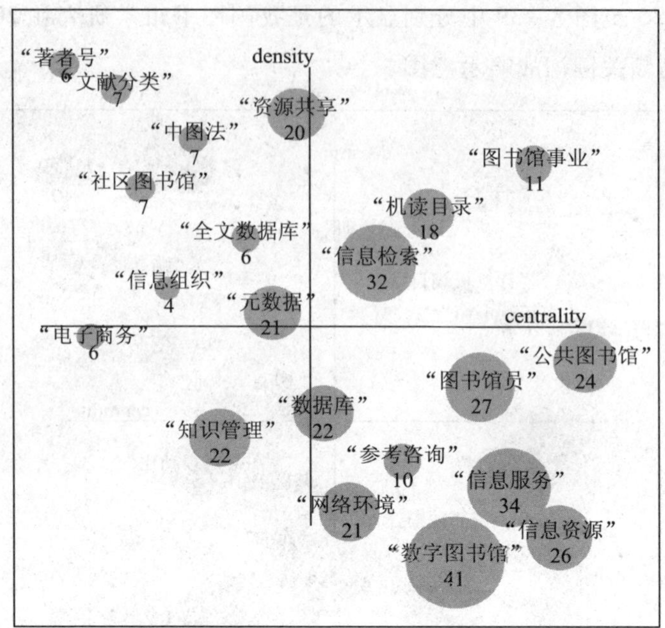

图 5－37　2003 年高频关键词战略示意图

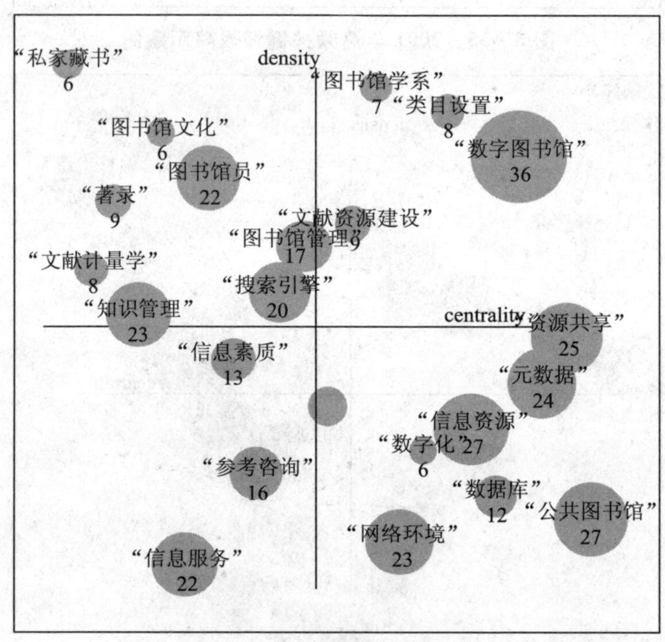

图 5－38　2004 年高频关键词战略示意图

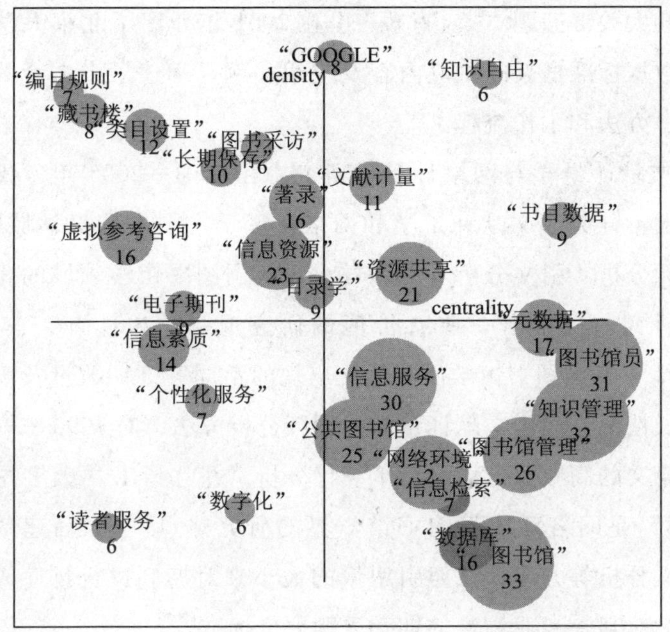

图 5－39　2005 年高频关键词战略示意图

结合图 5－35 至图 5－39 可知，在 2001—2005 年我国图书馆学研究热点主要包括以下五个方面：

（1）元数据研究。元数据的定义有多种表述方式，其中最常见的定义是：描述数据的数据，对数据及信息资源的描述性信息。2001 年，刘嘉①将网络环境下的元数据分为管理、描述、保存、技术、使用等多种类型，并且介绍了元数据在我国数字图书馆中的应用[205]；同年，冯项云通过对当时国际上流行的七种元数据标准（包括 CDWA，DC，FGDC，TEI，VRA，EAD，GILS）进行比较分析，总结出元数据标准在设计和实现过程

① 刘嘉（1970—）于 2000 年在北京大学获得博士学位，导师为周文骏教授，已经出版《元数据导论》《网络信息资源的组织》等著作。

中存在的几大关键问题[206]。肖珑①也在 2001 年介绍了北京大学数字图书馆中文元数据标准框架的主要内容及应用实例，阐述了中文元数据标准制定的原则、方法和工作流程[207]。

（2）文献计量学与网络计量学研究。在 2001—2005 年，我国图书情报领域学者十分关注文献计量学和网络计量学在图书情报领域中的应用，并通过词频分析、引文分析等多种方法对我国图书馆学领域的相关主题进行了分析研究，挖掘出一些有价值的研究成果。2004 年，李文兰根据 1993—2002 年我国图书馆学研究论文出现的不同关键词数量及篇均关键词个数的增长情况，运用文献计量学的词频分析方法，对 1993—2002 年图书馆学期刊论文的高频关键词进行了统计分析，并且指出“数字图书馆”和“资源共享”是网络环境下图书馆学界的研究热点[208]。马建华②在 2003 年利用引文分析等方法，按照引用量的大小来对期刊进行排序，图书馆则可以此作为对某一专业领域的期刊采购评价标准[209]。

（3）知识管理和知识服务研究。知识管理是对知识的显性、系统化的管理。从 1998 年开始，国内针对知识管理的相关研究不断升温。例如，盛小平在 2002 年从知识管理的基础理论研究、技术研究、措施研究和应用研究四个方面出发，综述了国内知识管理的研究进展[210]；吴慰慈教授也在 2002 年探讨了知识管理的特征以及从信息资源管理走向知识管理需要经历的过程[211]。此外，还有一些学者则从知识管理角度探讨了图书馆的服务方式，强调了图书馆知识管理的目标是实现知识服务，揭示了图书馆尝试知识管理和知识服务的重要性[212][213]。

① 肖珑（1964—）现为北京大学图书馆副馆长、研究馆员、北京大学图书馆工作委员会副主任、中国高校人文社会科学文献中心（CASHL）副主任、四川大学公共管理学院兼职教授、中国高等教育文献保障系统（CALIS）全国文理中心副主任、中国社会科学情报学会副理事长、全国信息与文献工作标准化技术委员会委员，以及《图书情报工作》《情报资料工作》《数字图书馆论坛》等期刊编委等，其主要研究领域包括数字资源建设、信息咨询与用户服务、数字图书馆标准规范、人文社会科学资源与信息服务、资源共建共享，已出版专著 6 部，发表中英文论文 60 余篇，代表作有《数字信息资源的检索与利用》《中文元数据概论与实例》等。

② 马建华（1964—）现任《科学观察》执行主编、中国科学院学术期刊审读专家、研究员、硕士生导师，主要从事科技期刊编辑出版和发展战略研究工作，发表学术论文十余篇，参加及主持多项国家级或院级研究项目。

（4）信息素质研究。绝大多数学者一般都会接受美国图书馆协会（ALA）① 在 1989 年提出的信息素质定义：具备信息素质的个人应该能够判断什么时候需要信息，并且能够查找、评价和有效地利用所需信息[214]。我国图书馆学领域学者在探讨信息素质时主要从国外和国内两个方面来进行研究。2002 年，王春生从信息素质的定义、特点、构成、培养、评价标准等方面对我国信息素质研究的情况进行了分析和总结[215]。2003 年，杨宇涵介绍了美国当代信息素质教育思潮，通过对信息素养和信息技术通晓两个方面的简要比较分析，提出了其对我国信息教学的借鉴意义[216]。

（5）搜索引擎研究。网络及信息技术的发展为图书馆数字化文献资源建设提供了前所未有的契机，通过 Web 网站提供功能强大、方便快捷的搜索引擎服务，使读者检索馆藏数字化信息资源，成为各馆数字化建设进程中首先需要解决的问题。2002 年，伍清霞从字段设置、检索功能、应用效率等方面对我国数字图书馆搜索引擎进行了比较分析和研究，并且对如何设计高效率的数字图书馆搜索引擎给出了相关建议[217]。同年，孙静宇介绍了吉林大学图书馆应用 TRS 全文检索系统的建站过程、使用经验以及建设成果[218]。

7. 2006～2010 年中国图书馆学发展轨迹的知识图谱

2006—2010 年我国图书馆学高频关键词演化示意图表明，在 2006—2010 年我国图书馆学研究热点开始向本体、Web 2.0 技术、图书馆 2.0、知识图谱、学科馆员以及信息共享空间（IC）等主题转移，信息技术及其衍生物的快速发展极大地丰富了我国图书馆学的研究内容，其中既包括理论介绍和探讨，也涵盖具体实践操作内容。

图 5－40 至图 5－44 中分别显示的是我国图书馆学研究在 2006—2010 年的各年高频关键词战略示意图。

① 美国图书馆协会（American Library Association，ALA）是美国图书馆界专业组织，也是世界上最大的图书馆协会之一，成立于 1876 年，总部设在芝加哥。其主要出版物有《美国图书馆》《ALA 年鉴》《ALA 世界图书馆和情报工作百科全书》《书目》《工具书指南》《大学和研究图书馆》《图书馆自动化杂志》《中小学校图书馆》《图书馆资源与技术工作》等，还出版有许多专著、小册子、书目、标准以及视听资料。

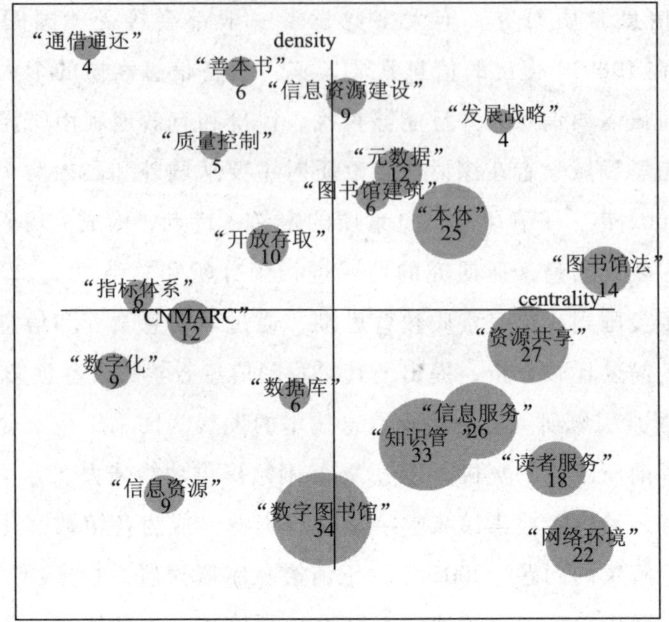

图 5-40　2006 年高频关键词战略示意图

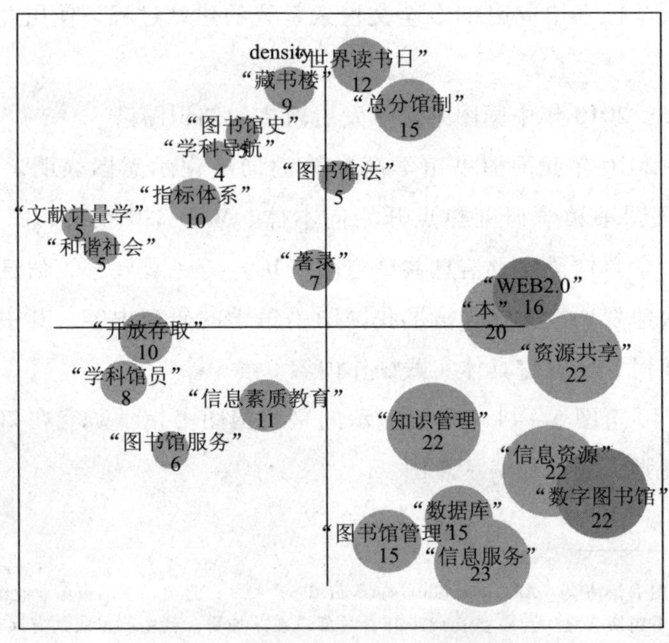

图 5-41　2007 年高频关键词战略示意图

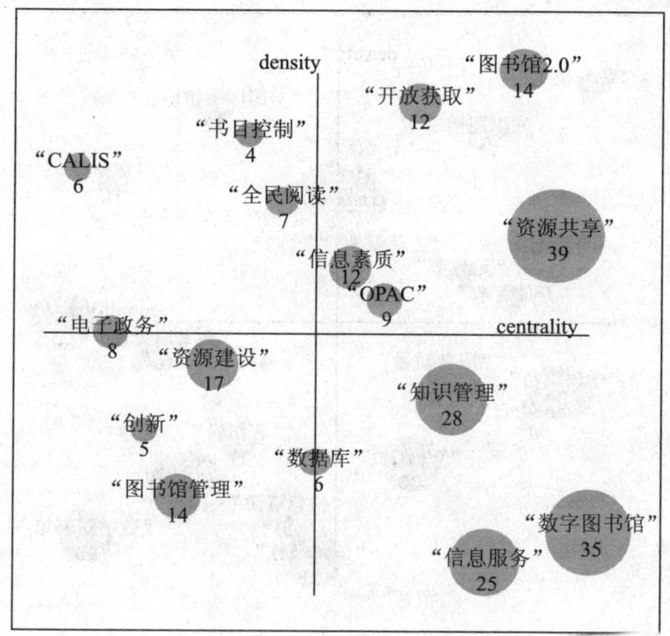

图 5－42　2008 年高频关键词战略示意图

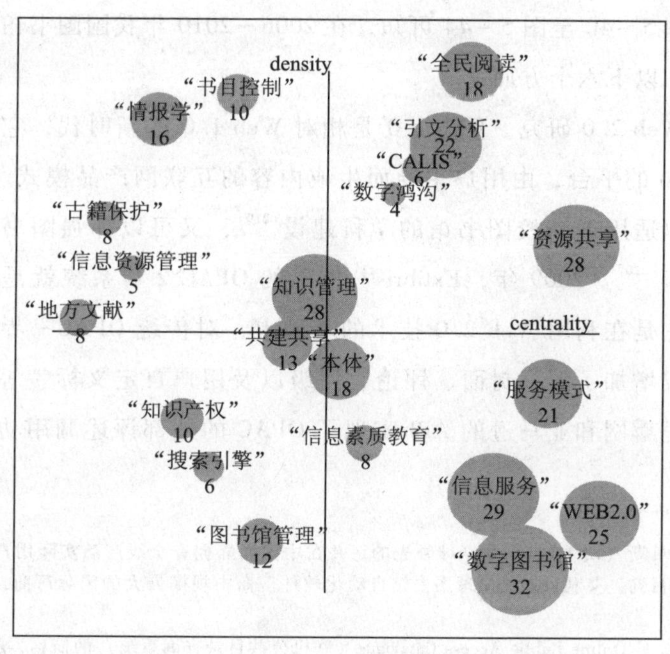

图 5－43　2009 年高频关键词战略示意图

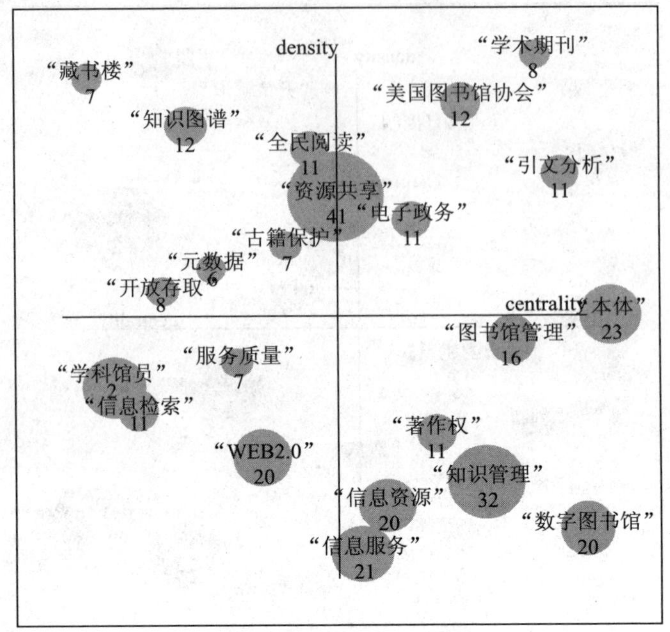

图 5-44　2010 年高频关键词战略示意图

结合图 5-40 至图 5-44 可知，在 2006—2010 年我国图书馆学研究热点主要包括以下六个方面：

(1) Web 2.0 研究。Web 2.0 是相对 Web 1.0 的新时代，它指的是一个利用 Web 的平台，由用户主导而生成内容的互联网产品模式。Web 2.0 技术既可以适用于高校图书馆的学科建设[219]，又可以加强图书馆自身的建设和完善[220]。2009 年，Exlibris① 推出的 OPAC 2.0 系统就是一个常见的例子，它是在利用 Web 2.0 技术的基础上，对传统 OPAC② 界面进行了改造，不仅增加了图书封面、评论、评级以及用户自定义标签等功能，而且还利用豆瓣网和亚马逊的 API 实现了 OPAC 的外部评述调用功能。还有

① 艾利贝斯（Ex Libris）是全球领先的、并在中国大陆拥有全线产品实际用户的图书馆软件国际厂商。目前，艾利贝斯是全球图书馆自动化软件厂商中规模最大的国际厂商，全球用户超过 5600 家。

② OPAC 是 Online Public Access Catalogue（联机公共目录查询系统）的简称，是指传统读者目录查询的自动化。它是一种通过网络查询馆藏信息资源的联机检索系统，用户可以不受空间地点的限制，查询各图书馆的 OPAC 资源。

一些学者从用户角度来分析研究 Web 2.0。例如，赵宇翔在 2009 年重点分析了在 Web 2.0 环境下影响用户生成内容的主要动因，并且构建了相应的整合模型和实证模型，且基于实证模型提出了14 种假设[221]。

（2）图书馆 2.0 研究。Web 2.0 是一种以用户为中心的网络技术与服务，图书馆 2.0 则是 Web 2.0 在图书馆方面的应用。2006 年，华东师范大学的范并思教授对国内外网络媒体有关 Web 2.0 和图书馆 2.0 进行调研以后，介绍了图书馆 2.0 的起源与发展，并且论述了包括博客、RSS、WIKI 等在内的图书馆 2.0 应用[222]。同年，上海图书馆的刘炜①研究馆员讨论了图书馆 2.0 与 Web 2.0 的不同之处，并在此基础上提出了图书馆 2.0 应用的五项原则[223]。2009 年，魏群义从理论研究和实践两个层面分析了国内外图书馆 2.0 的现状，认为图书馆 2.0 是一种以用户为中心、强调用户参与和协作的服务理念，提出了以用户为中心、强调用户参与、图书馆没有障碍、倡导个性化人性化知识服务、保持开放件等五项理念，并以用户、资源、管理、服务为要素构建了图书馆 2.0 的理论架构[224]。

（3）本体研究。随着互联网应用逐渐向智能化和自动化方向发展，本体作为概念模型和概念间关系的规范描述，被广泛应用于信息系统、下一代互联网语义 Web 以及数字图书馆等领域。它描述的是某一领域所涉及的概念、概念的含义以及概念之间的各种关系，具有良好的概念层次结构和推理规则。我国学者对于本体的研究投入了极大的热情，并从以下三个方面对本体进行了深层次的分析和研究，即国内外本体研究进展[225]、本体构建工具[226]和构建方法[227]、本体在数字图书馆等领域中的应用[228]。

（4）信息共享空间研究。信息共享空间（Information Commons，IC）是以培育读者信息素养，促进其学习、交流、协作、研究为目标的一种创新服务模式。2006 年，任树怀介绍了美国大学图书馆 IC 的实施情况，并以此来论述信息共享空间对我国大学图书馆服务创新的启示[229]。2008 年，

---

① 刘炜（1966—）现为上海图书馆副馆长、上海图书馆数字图书馆研究所所长，兼任中国图书馆学会第七届理事会理事、数字图书馆专业委员会副主任、上海图书馆学会秘书长、上海市情报学会信息技术专业委员会副主任、上海市计算机学会理事、国际图联信息技术分委会委员、都柏林核心元数据组织（DCMI）咨询委员会委员等职，有专著多部，发表论文数十篇。

他还对信息空间共享的理论模型构建和动力机制进行了深层次的分析研究[230]。2007年，施强从IC概念出发，认为信息共享空间的核心是通过整合、协调相关资源，为学习者、交流者、创作者、研究者在同一平台上获取信息资源和提高信息素养提供一种特定空间，并对IC的构成因素以及IC实施所需要的相关保障进行了论述[231]。

(5) 学科馆员研究。学科馆员是指图书馆中针对某一学科领域的用户提供专门服务的图书馆员。2008年，王晓力从五个方面对国外学科馆员的职责进行了介绍，并分享了他在新西兰奥克兰大学做学科馆员的经验[232]。2010年，杨广锋指出学科馆员服务先后经历了岗位型、数字图书馆型、交互型三种模式的演进，并且认为交互型模式是学科馆员服务的未来发展方向[233]。

(6) 知识图谱和可视化研究。进入2008年以后，知识图谱和可视化迅速成为我国图书馆学的研究热点之一。知识图谱是指显示知识发展进程与结构关系的一系列各种不同的图形，它采用可视化技术来描述知识资源及其载体，挖掘、分析、构建、绘制、显示知识及其相互联系。具体来说，知识图谱把应用数学、图形学、信息可视化技术、信息科学等学科的理论和方法与计量学引文分析、共现分析等方法相结合，利用可视化的图谱形象地展示了学科的核心结构、发展历史、前沿领域以及整体知识架构的多学科融合的一种研究方法[234]。大连理工大学的刘则渊、侯海燕、陈悦，以及武汉大学的邱均平、赵蓉英等人率先利用CiteSpace、Bibexcel等知识图谱可视化工具针对不同主题进行了研究，并且取得了丰富的研究成果。

8. 2011~2014年中国图书馆学发展轨迹的知识图谱

2011—2014年我国图书馆学高频关键词演化示意图表明，在2011—2014年我国图书馆学研究热点从本体、文献计量等主题逐渐向云计算、大数据、移动图书馆、社交网络在图书馆中的应用等主题转移。

图5-45至图5-48中分别显示的是我国图书馆学研究在2011—2014年的各年高频关键词战略示意图。

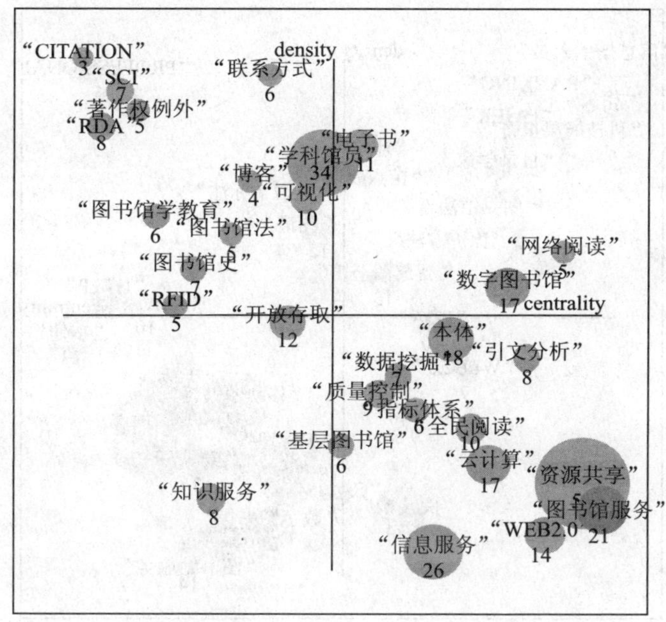

图 5－45　2011 年高频关键词战略示意图

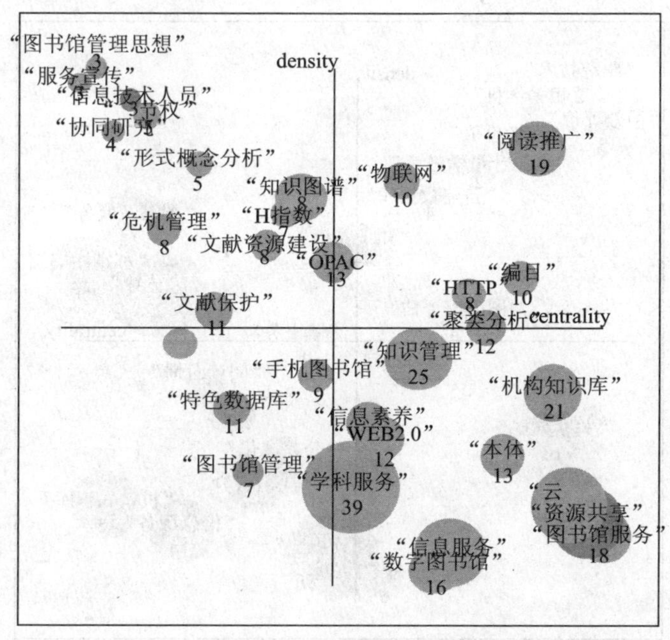

图 5－46　2012 年高频关键词战略示意图

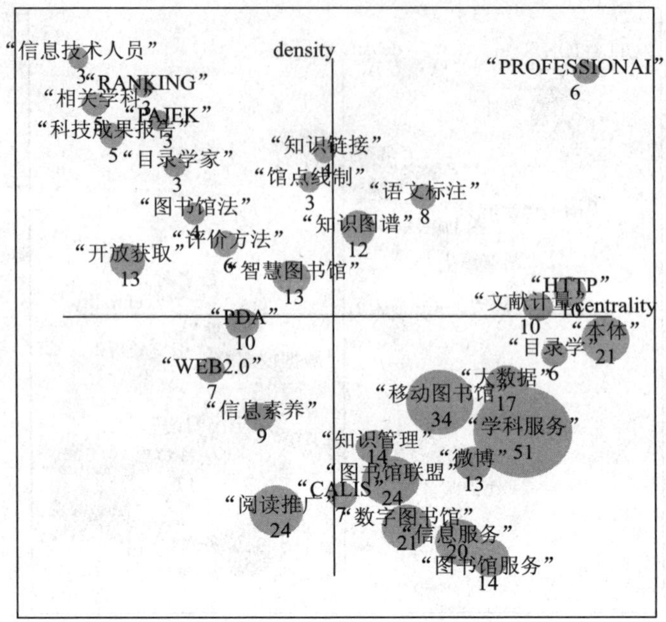

图 5-47　2013 年高频关键词战略示意图

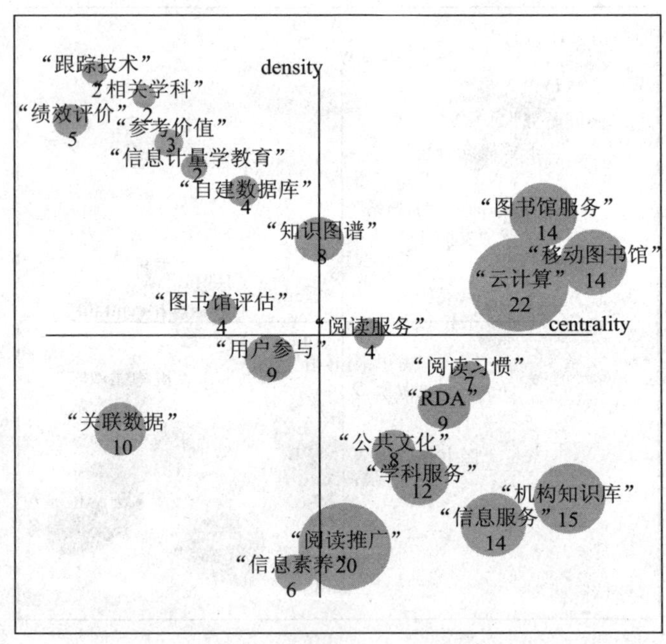

图 5-48　2014 年高频关键词战略示意图

结合图 5 -45 至图 5 -48 可知，在 2011—2014 年我国图书馆学研究热点主要集中在以下五个方面：

（1）云计算研究。云计算是指基于互联网的超级计算模式，即把存储于个人电脑、移动电话以及其他设备上的大量信息和处理器资源集中在一起协同工作。云计算作为新兴技术，其价值是通过应用来体现的。对于图书馆来说，其最终体现在图书馆服务上[235]。在新的技术环境下，数字图书馆可以借助云计算技术的云基础设施服务、SaaS 服务、云储存服务等来提升数字图书馆资源建设与服务的能力[236]。在应用实践方面，胡绍军在 2011 年以浙江省高校数字图书馆下沙分中心为例，通过引入云计算的理念，探讨了高校图书馆基于云架构的共建共享服务模式的实现[237]。此外，云计算虽然给图书馆带来了诸多便利，但也不可避免地存在着一些风险，需要给予足够的重视[238]。

（2）大数据研究。大数据（Big Data）作为时下最为火热的关键词频频出现在各种新闻报道中，政界、商界、学术界都对其怀有浓厚的兴趣，竞相投入到大数据研究的浪潮中。身处大数据时代，图书馆将在数据处理、服务等方面发生显著变化，从大量的馆藏与借阅数据中挖掘出有价值的信息，提供精确和个性化的信息服务[239]。与此同时，图书馆将在数据存储、数据挖掘、数据分析、隐私保护、专业人才培养等方面面临着巨大的挑战[240][241]。

（3）机构知识库研究。机构知识库是研究机构实施知识管理、机构有效管理知识资产的工具，也是机构知识能力建设的重要机制[242]。乔欢在 2011 年从机构知识库内容建设出发，对机构知识库内容建设过程中存在的内容数量和种类、全文获取率、内容的质量控制等问题进行了思考[243]。中国科学院国家科学图书馆原馆长张晓林教授等人则以知识成果权利关系和国家法律为依据，从机构知识库的内容保存与传播权利这两个方面论述了机构知识库的管理机制[244]。此外，张晓林还在 2014 年利用从知识内容形态到知识应用形态的场景谱系和从个人到机构的需求谱系组成的二维框架，综合分析了业界实践，得出机构知识库作为机构知识基础设施，将发展成为知识服务平台的结论[245]。

（4）移动图书馆研究。移动图书馆是图书馆在新技术环境下推出的一种新型服务手段，具有非常广阔的应用前景。姜颖在2011年就认为移动图书馆是图书馆发展的必然趋势，但由于我国的移动图书馆服务正处于发展初期，普及率和质量都相对较低，而美国在这一领域已经有比较成熟的实践经验，通过分析美国移动图书馆的现状，为我国移动图书馆发展提供参考和借鉴[246]。魏群义在2012年对国内外移动图书馆分别进行了理论综述和实践应用对比，并在此基础上探讨了我国移动图书馆的发展趋势[247]。

（5）SNS与图书馆的结合研究。社会性网络服务（Social Networking Services，SNS）是时下最为火热的互联网应用服务，其中最常用的有微博、微信两大平台。为了更好地满足读者需求，各类型图书馆在新的网络应用环境下积极参与其中，通过微博、微信等平台或渠道广泛听取读者意见，与读者进行深入互动[248]。例如，黄淑敏在2012年从微博发布数、关注数、原创率等角度对新浪微博认证的20个图书馆官方微博进行了实证研究，并且给出了我国图书馆微博发展策略的思考[248]。2013年，王保成分析了当前图书馆微信公众平台使用过程中存在的问题以及微信公众平台本身应用于图书馆服务过程中存在的不足，并据此提出了相关改进建议[249]。

9.1979—2014年中国图书馆学研究的演化特征

总体来说，1979—2014年我国图书馆学研究前期主要以理论研究为主，20世纪90年代末期开始转向实践应用，但理论研究和实践研究之间并没有决裂开来，而是彼此融合、相互交融，最终形成理论探讨、信息技术、用户服务等三大板块，如图5-49所示。具体内容概述如下：

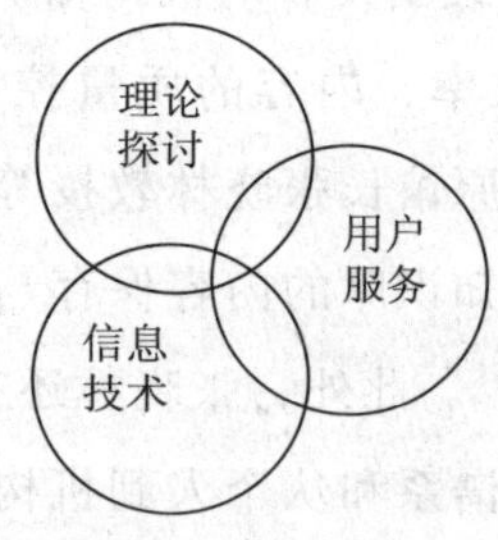

图5-49　我国图书馆学研究的三大板块

(1) 以理论探讨为基础。通过引入国外先进理念以及介绍国内学者的相关理论观点，在我国图书馆学领域进行充分讨论，并结合我国的实际情况来论证理论的可行性，以此来推动我国图书馆学理论研究的健康发展，为实践应用打下坚实基础。

(2) 以信息技术为手段。理论探讨为实践应用进行了可行性论证。我国图书馆学领域的学者十分重视信息技术的应用，国内外的优秀实践经验可以迅速传播开来，并且得到广泛论证。学者们探讨的重点包括信息技术给我国图书馆学发展带来的机遇、存在的不足以及在我国的实践应用中需要解决的问题等。

(3) 以服务用户为目的。理论研究和实践应用的最终目的是满足用户(读者)的需求。作为一种服务型机构，图书馆不仅需要提供借阅等传统服务功能，而且需要提供用户导向型服务功能。利用大数据和云计算技术挖掘出用户的潜在需求，以微信、微博、移动图书馆、传统纸媒等多个不同渠道来实现全媒体覆盖，最大可能地为读者提供个性化、精准化的服务。

5.3 本章小结

本章以 1979—2014 年 CNKI 中收录的 20 种期刊为数据源，从研究论文、研究学者、科研机构、核心期刊、基金项目、研究主题等多个角度展开论述，并利用 CiteSpace、SciMat、Rost CM 等工具软件对我国图书馆学研究的发展历程进行可视化展示。

从图书馆学高被引论文的角度来看，本研究既考虑到论文的总被引频次，同时为了避免发表时间对被引频次的干扰，对论文的年被引频次也进行了统计，从而发现我国图书馆学经典论著所涉及的主题主要集中在知识服务、图书馆管理与服务、学科馆员建设、信息共享空间探讨与建设、云计算与云服务、数字资源建设与整合等方面。我国图书馆学研究的核心作者主要有程焕文、范并思、张晓林等人，他们的研究工作可以看作是学术风向标，指引、深化并丰富着我国图书馆学研究内容，对我国图书馆学的发展产生了一定的影响。

从图书馆学研究作者角度来看，本研究既分析了高产作者，也统计分析了基于 H 指数的高影响力作者。通过对这两个方面进行对比分析，就可以对我国图书馆学研究的核心作者有更清晰的认识。张晓林、邱均平、范并思、蒋永福、程焕文等人既是高产作者，其 H 指数也较高，这说明他们不仅研究成果丰富，研究质量也很高，得到我国图书馆学领域其他研究人员的广泛认可。通过对这些高产和高影响力作者进行分析，一方面是对这些科研人员科研成果的肯定，另一方面也是为后续学者指明方向，便于他们能够更好地关注我国图书馆学领域的学术动态。

从图书馆学科研机构角度来看，我国从事图书馆学研究的科研机构中既有类似武汉大学、北京大学、南京大学这样的传统知名高等学府下属的相关院系和图书馆，也有像中国科学院文献情报中心、中国科学技术信息研究所那样的著名科研院所，还有像国家图书馆、上海图书馆、辽宁图书馆这样的公共图书馆。总之，目前我国图书馆学研究机构总体上呈现三足鼎立的状态。除武汉大学、南京大学等高校较早开设图书馆学、情报学专业以外，北京师范大学、安徽大学等后起之秀也在我国图书馆学研究拥有一定的影响力。在科研机构合作方面，我国目前在这方面的实践还很薄弱，更多的合作是在同一行政主体的内部机构之间展开，不同机构之间的横向交流较少，这在一定程度上会制约我国图书馆学研究的进一步发展。

从图书馆学基金项目角度来看，本研究主要选取国家自然科学基金和国家社会科学基金两大基金项目作为分析对象。考虑到图书馆学研究的学科属性，我国图书馆学领域的立项项目主要集中在国家社会科学基金上，立项的项目数量基本上呈逐年增长趋势，立项类型也呈现多样化的发展态势，项目承担单位分布在全国 31 个省份，立项项目的主题既注重理论知识探讨，也重视实际应用研究。随着科学技术的不断发展，学科交叉现象越来越多。在此背景下，国家自然科学基金的立项项目中也出现了图书馆学、情报学的相关研究名称，这些研究极大地丰富了我国图书馆学的研究内容。

从图书馆学核心期刊角度来看，本研究以中国学术期刊影响因子年报作为基础，选取中国社会科学引文索引（CSSCI）中收录的 12 种图书馆学核心期刊作为分析对象，对其基本信息、地域分布等进行了简要介绍，为相关学者进一步研究提供参考。

从图书馆学研究主题角度来看，我国图书馆学研究紧跟时代发展脉络，以图书馆学理论研究为基础，以其他学科的先进技术手段和先进理念作为支撑，研究主题呈现多样化趋势。特别值得一提的是，随着信息技术的发展，图书馆学研究越来越深入，也越来越细化，特别注重用户服务的相关研究。近年来，图书馆与类似云计算、大数据、微博、微信这样的新媒体的融合，大大拓宽了我国图书馆学的研究思路，对图书馆学的实践应用产生了积极影响，也让图书馆学相关研究在新的信息技术环境下能够大放异彩。

本研究的数据源来自中国知网（CNKI）。由于中文数据自身的局限性，获取的数据中没有参考文献这一款目，所以无法进行文献的共被引分析，导致本研究的分析维度不够完整。在数据的采集、预处理过程中，由于数据量巨大，难免会出现一些数据未清洗干净或是误处理等情况。此外，在进行数据分析时还存在分析不够深入等情况。所有这些不足之处，留待将来补正。

第6章

基于CSSCI数据库的国内情报学知识图谱实证研究

6.1 数据来源与数据分析

6.1.1 数据来源

本书研究将针对国内的引文数据进行我国情报学领域的知识图谱实证分析。笔者选择CSSCI收录的9种情报学核心期刊作为数据来源，以1998—2013年作为时间跨度，从CSSCI中检索并获取到的引文记录数如表6-1所示。

表6-1 国内9种情报学核心来源期刊数据源（1998—2013年）

起始年份	结束年份	期刊名称	记录数
1998	2013	情报科学	6025
1998	2013	情报理论与实践	3817
1998	2013	情报学报	2004
1998	2013	情报杂志	8377
1998	2013	情报资料工作	2373
1998	2013	图书情报工作	7704
1998	2013	图书情报知识	2297
1998	2013	图书与情报	2585
1998	2013	现代图书情报技术	3059

6.1.2 数据分析

在本研究中，笔者主要使用 CiteSpace[255][256] 软件来开展知识图谱研究。CiteSpace 是一款免费用来可视化和分析科技文献中新出现的趋势和变化的 Java 应用程序，支持一种独特类型的共引网络分析——渐进网络分析。它基于时间分片策略，合成定义在连续时间分片上的一系列单个网络快照。渐进网络分析尤其关注在随时间发展的网络演进中扮演关键性角色的节点，这些关键性节点就是知识转折点的候选节点。

由于本研究中所使用的 CiteSpace 软件的标准数据格式是 ISI 纯文本输出格式。因此，从 Web of Science 上获取的国外科学文献数据无须转换即可直接使用，但从 CSSCI 上获取的纯文本格式则需要进行格式转换。

ISI 纯文本输出格式的主要属性如表 6－2 所示，ISI 纯文本输出格式示例如图 6－1 所示。

表 6－2　ISI 纯文本输出格式的主要属性

属性	英文名称	中文名称	格式示例
PT	Publication Type	出版类型	J
AU	Author (s)	作者	侯剑华
TI	Article Title	论文标题	战略管理学前沿演进可视化研究
SO	Full Source Title	来源出版物全称	科学学研究
ID	KeyWords Plus	关键词	战略管理；可视化分析；CiteSpace；科学知识图谱
AB	Abstract	摘要	用 CiteSpace 对战略管理月刊数据进行分析……
C1	Research Address	研究人员地址	
CR	Cited References	参考文献	马费成，1992，情报科学
TC	Times Cited	总被引频次	23
PY	Publication Year	出版年份	2007
UT	ISI Unique Article Identifier	ISI 论文唯一识别符	
ER	End of Record	记录结束符	

```
PT J
AU Wang, H
   Wang, SH
TI Mining incomplete survey data through classification
SO KNOWLEDGE AND INFORMATION SYSTEMS
ID MULTIPLE IMPUTATION; FUZZY CLASSIFIER; MISSING DATA; SYSTEMS
AB Data mining with incomplete survey data is an immature subject area.
   Mining a database with incomplete data, the patterns of missing data as
   well as the potential implication of these missing data constitute
   valuable knowledge.
C1 [Wang, Shouhong] Univ Massachusetts Dartmouth, Dartmouth, MA 02747 USA.
   [Wang, Hai] St Marys Univ, Sobey Sch Business, Halifax, NS B3H 2W3, Canada.
CR AGGARWAL CC, 2001, P 7 ACM SIGKDD INT C, P227
   ARCHER NP, 1993, DECISION SCI, V24, P60
   DEMPSTER AP, 1997, J ROYAL STAT SOC B, V39, P1
   EFRON B, 1983, J AM STAT ASSOC, V78, P316
   FISHER RA, 1936, ANN EUGENIC 2, V7, P179
TC 0
PY 2010
UT ISI: 000280251200003
ER

PT J
AU 房宏君
   刘凤霞
TI 国际人力资源管理研究热点和前沿的可视化分析
SO 科技管理研究
ID 人力资源管理; 共现分析; 可视化分析
AB 根据 SSCI（社会科学引文索引）数据库提供的数据资料，依据科学计量学基本原理，运用
国际上流行的 CiteSpace 信息可视化软件绘制出知识图谱，对国际人力资源管理研究情况进行了
主题词共现及突现词探测分析，探讨国际人力资源管理的研究热点和前沿情况。
C1 [房宏君; 刘凤霞] 北京联合大学生物化学工程学院
CR 侯剑华, 2007, 科学学研究
   刘善仕, 2005, 外国经济与管理
   Chen C, 2005, Proceedings of the International Conference on Intelligent User Interfaces
TC 10
PY 2010
UT 1000 - 7695
ER
```

图 1　ISI 纯文本输出格式示例

尽管从 Web of Science 上获取的数据不需要进行格式转换，但其中仍然存在着一些“脏”数据。为了获得最好的分析效果，本研究中使用了笔

者自编的 LiterV 软件导入中文文献的纯文本数据，并进行数据预处理，最后导出成 ISI 纯文本输出格式，供 CiteSpace 分析使用。

6.2 国内情报学文献数据探索

在利用笔者自编的 LiterV 软件对中文引文数据进行预处理以后，笔者对国内情报学引文数据中的施引文献以及各个实体进行初步的数据探索。

6.2.1 施引文献数据探索

在国内 1998 年至 2013 年间 CSSCI 来源数据的 38241 条施引文献记录（如表 6－3 所示）中：①有 11042 位作者参与，共参与 27173 次，每位作者平均参与 2.46 次，每篇施引文献平均有 1.68 位作者参与；②作者分别来自 4089 个学术机构，共参与 19107 次，每个学术机构平均参与 4.67 次，每篇施引文献平均有 1.18 个学术机构参与；③分别来自 8 个学术期刊，平均每个学术期刊有 2022.38 篇施引文献；④出现 21838 个关键词，共出现 62343 次，每个关键词平均出现 2.85 次，每篇施引文献平均使用 3.85 个关键词；⑤引用 86748 条被引文献，共引用 114396 次，每条被引文献平均被引用 1.32 次，每篇施引文献平均引用 7.07 条被引文献。

表 6－3 施引文献和各实体的概要统计（1998—2013 年）

施引文献记录数（Records）：16180	作者	学术机构	来源出版物	关键词	被引参考文献
实体数（Counts）	11042	4089	8	21838	86748
出现频次（Occurrences）	27173	19107	16179	62343	114396
平均出现频次（Occurrences/Counts）	2.46	4.67	2022.38	2.85	1.32
平均引用频次（Occurrences/Records）	1.68	1.18	1	3.85	7.07

6.2.2 作者数据探索

情报学领域的著名学者同样也是情报学领域核心学术期刊的作者。在国内 1998 年至 2013 年 CSSCI 的来源数据中，一共有 11042 位作者（未考虑同名作者情况），共出现 27173 次，每位作者平均出现 2.46 次。

在 PHP 系统中使用 AnyChart 的 TreeMap 可视化视图，可以展示国内 1998—2013 年频次排名前 20 的作者概况。

从中分析可知，国内的邱均平教授、王知津教授、马海群①教授、毕强②教授、朱庆华③教授、靖继鹏④教授、张晓林教授、张玉峰⑤教授、苏

---

① 马海群（1964—）现为黑龙江大学信息管理学院教授、博士生导师，兼任国家社会科学基金评审组成员、教育部高等教育图书馆学学科教学指导委员会委员、全国图书馆情报与文献学科学技术名词审定委员会委员、中国社会科学信息学会常务理事、中国科技情报学会常务理事、中国索引学会常务理事、中国图书馆学会理事，主要从事图书馆学、情报学教学和研究工作，主持完成 10 多个科研项目，出版著作近 20 部（含合著），发表论文 330 余篇，代表性成果包括《信息法学》《信息资源管理政策法规》《面向数字图书馆的著作权制度创新》《数字信息资源的国家宏观规划与管理》《现代知识产权管理》《高校信息公开制度与评价研究》等。

② 毕强（1954—）现为吉林大学管理学院教授、博士生导师，其研究方向为信息资源管理、知识管理、电子政务、企业信息门户，其代表作主要有《网络信息资源开发与利用》《网络经济与企业管理》《信息检索》《超文本信息组织技术》等，发表论文多篇。

③ 朱庆华（1963—）现为南京大学信息管理学院教授、博士生导师、副院长，兼任国务院学位委员会学科评议组成员、中国科学技术情报学会理事、中国社会科学情报学会理事、中国信息经济学会理事、国际信息系统协会（AIS）会员、美国信息科学与技术学会（ASIST）会员、台湾东吴大学客座教授、加拿大萨斯喀彻温大学访问教授、新加坡南洋理工大学访问教授，以及《Aslib Journal of Information Management》《信息资源管理学报》等杂志编委，其研究领域为社会化媒体、互联网用户行为、信息政策与法规，发表论文 100 多篇，出版著作近十部，主持科研项目十多项。

④ 靖继鹏（1942—）现任吉林大学工商管理学院院长、吉林大学软科学开发研究院院长、吉林大学信息资源研究中心主任、教授、博士生导师、《情报科学》杂志社社长兼主编，其研究方向为情报科学理论与应用、信息经济理论与应用、宏观经济理论与决策研究，发表论著多篇，其代表作主要有《信息经济学》《应用信息经济学》《信息经济分析》《理论信息经济学》《信息社会学》《中国情报学》等。

⑤ 张玉峰（1946—）现为武汉大学信息管理学院教授、博士生导师，兼任武汉大学珞珈学院信息管理系主任，其研究方向为计算机信息系统工程、人工智能、知识管理、电子商务，发表论著多篇，其代表作主要有《智能情报系统》《决策支持系统》《智能信息系统》等。

新宁①教授、马费成教授、韩毅②教授、谢阳群③教授、冷伏海④教授、赖

① 苏新宁（1955—）现为南京大学信息管理学院教授、博士生导师、国务院政府特殊津贴享受者、南京大学信息管理系一级学科博士授予权学科带头人、一级学科博士后流动站学科带头人、国家重点学科——情报学学科带头人、南京大学中青年学术骨干，兼任南京大学信息技术开发研究所所长、武汉大学信息资源研究中心学术委员会委员、中国科学技术信息所博士后流动站专家委员会委员、中国图书馆学会标引与编目专业委员会委员、中国科技情报学会信息技术专业委员会委员、江苏省第六届情报学会副理事长、江苏省“十五”哲学社会科学专家库成员、中国人民大学等校兼职教授、《情报学报》等10余种学术期刊编委，出版著作20多部，在国内外专业期刊上发表论文100余篇，承担并完成各类课题30多项，特别是设计并研制了我国第一部社会科学引文索引《中文社会科学引文索引（CSSCI)》。

② 韩毅（1972—）现为西南大学计算机与信息科学学院信息管理系教授、硕士生导师，长期从事信息检索、科学计量学、系统工程、情报学理论与技术方法等领域的教学研究工作，主持国家社会科学基金和教育部人文社会科学项目各1项，参与国家社会科学基金项目3项以及其他省部级项目多项，获重庆市高等院校优秀教育科学成果奖1项，参编专著1部，发表论文60余篇。

③ 谢阳群（1962—）现为淮北师范大学副校长、教授，主要从事信息管理、科技管理、企业管理等方面的教学与研究工作，曾任安徽大学管理学院副院长兼管理科学与工程系主任、现代管理研究所所长、管理学院院长、宁波大学商学院一级教授、浙江省哲学社会科学规划“十五”学科组成员，发表学术论文80余篇，主持十多项科研项目，出版《信息资源管理》《微观信息管理》《信息法》等著作。

④ 冷伏海（1963—）现为中国科学院国家科学图书馆总馆教授、学位委员会副主席、情报研究部副主任，曾任黑龙江大学信息管理学院教授、院长兼党总支书记、黑龙江省省级重点学科情报学科带头人、国际信息与文献联合会个人会员、国家教育部图书馆学科教学指导委员会委员、中国图书馆学会编辑出版委员会委员及学术委员会教育与培训专业委员会委员、《中国图书馆学报》等杂志编委，其研究方向为竞争情报与高科技信息分析，主持完成科研项目十多项，发表论文60余篇，出版《文献信息管理》《市场信息学》《信息分析与预测》《社科信息检索》《应用信息管理技术》《市场信息资源与市场信息行为》《信息组织》《中小企业信息管理与咨询服务》等教材专著十多部。

茂生教授、周宁①教授、储节旺②教授、李纲③教授、孙建军教授、赵捧未④教授、胡昌平教授这20位作者在1998年至2013年发表论文的频次较高，引领着国内情报学领域研究，具体数据见表6－4。

表6－4　频次排名前20作者的各年频次数据（1998—2013年）

作者	频次	1998	1999	2000	2001	2002	2003	2004	2005	2006	2007	2008	2009	2010	2011	2012	2013
邱均平	229	5	4	14	17	13	10	11	25	11	16	19	9	16	30	12	16
王知津	138	4	2	3	4	5	9	9	8	10	7	11	17	16	18	9	6
马海群	131	4	6	6	8	7	6	10	3	14	8	9	8	15	10	10	7
毕强	125	1		4	3	6	6	5	9	10	10	11	12	16	9	15	7
朱庆华	125		1	2	6	1	9	7	3	11	10	9	13	6	15	15	16
靖继鹏	115	1	1	3	1	3	6	10	7	11	20	17	17	9	4	3	1
张晓林	110	4	3	5	15	12	14	7	7	6	7	9	6	2	5	6	2
张玉峰	109	1	1	3	1	5	9	7	6	4	9	7	8	15	12	9	11
苏新宁	90			3		5	5	6	16	12	6	2	5	10	6	5	9
马费成	89	1	5	1		7	7	6	4	2	5	10	7	8	13	10	3
韩毅	84				3	3	10	8	5	10	8	5	12	7	3	8	2

① 周宁（1945—）现为武汉大学信息管理学院电子商务系教授，兼任英国LISA国际编委，研究方向为信息组织与检索、电子商务系统、信息可视化与知识管理、数据库与多媒体技术，主持并完成了国家自然科学基金项目、教育部重大项目等多个项目，发表论文多篇，代表作主要有《信息可视化与知识检索》《信息组织》《信息资源数据库》等。

② 储节旺（1969—）现为安徽大学管理学院教授、硕士生导师，兼任安徽大学管理学院教授委员会副主任、安徽省高等学校学科带头人、安徽省学术及技术带头人后备人选、安徽大学图书馆馆长、《大学图书情报学刊》主编，其研究方向为知识管理、信息管理、教育管理、科技管理，主持或参加科研项目20多项，发表论文110余篇，出版专著3部，主编教材6部，参与出版著作1部。

③ 李纲（1966—）现为武汉大学信息管理学院教授、博士生导师、信息管理科学系主任，兼任中国电子商务研究与发展中心主任、中国竞争情报学会理事、湖北省信息学会常务理事、武汉市系统工程学会理事、国家自然科学基金通讯评审专家、武汉市制造业信息化专家组成员，主要研究领域包括信息经济、信息资源管理、网络传播与网络营销，曾主持和参与多项省部级以上科研项目，发表学术论文40余篇。

④ 赵捧未（1958—）现为西安电子科技大学经济管理学院院长、MBA教育中心主任、“管理科学与工程”学科带头人、教授、博士生导师，兼任教育部管理科学与工程类专业教学指导委员会委员、中国国防科技信息学会常务理事、中国自动化学会制造技术专业委员会常务委员，其主要研究方向为信息组织与检索、信息资源管理、数字图书馆，主讲《信息管理学》《信息存储与检索》《信息资源管理》《现代情报检索系统》《管理信息系统》等课程，主持陕西省、总装备部、总参谋部等各级课题多项，参与主持教育部哲学社会科学重大攻关项目，在图书情报领域发表学术论文70多篇。

续表

作者	频次	1998	1999	2000	2001	2002	2003	2004	2005	2006	2007	2008	2009	2010	2011	2012	2013
谢阳群	84	1			3	6	2	8	13	12	10	7	4		7	5	5
冷伏海	82	3	1	3	3	4	3			7	3	3	11	9	5	13	12
赖茂生	81	1		1	4	2	8	10	5	5	8	12	13	3	3	4	1
周宁	79		3	5	1	3	6	8	9	7	14	7	10	5	1		
储节旺	77		1	7	1	7	2	3	1	5	4	8	4	7	15	8	4
李纲	76	1	1	2		1	1	4	4	2	10	12	4	10	16	2	6
孙建军	75			7	2	1	3	3	4	3	7	5	4	5	15	11	4
赵捧未	75		2	3		1	2	4	11	7	12	4	10	6	5	3	5
胡昌平	72	1	1	1	5	1	4	1	2	9	6	22	6	5	1		7

6.2.3 学术机构数据探索

情报学领域学术期刊的作者遍布各大高校和研究机构。

在国内 1998—2013 年 CSSCI 的来源数据中，一共有 4089 个学术机构（未考虑学术机构的层级和附属关系），共出现 19107 次，每个学术机构平均出现 4.67 次。

在 PHP 系统中使用 AnyChart 的 TreeMap 可视化视图展示国内 1998—2013 年频次排名前 20 的学术机构情况。结果显示，国内的武汉大学信息管理学院、北京大学信息管理系、南京大学信息管理系、中国科学院文献情报中心、武汉大学信息资源研究中心、中国科学技术信息研究所、中山大学资讯管理系、清华大学图书馆、北京大学图书馆、中国科学院国家科学图书馆、华中师范大学信息管理系、浙江大学图书馆、南开大学商学院、北京师范大学管理学院、南开大学信息资源管理系、湘潭大学管理学院、吉林大学管理学院、武汉大学图书馆、南京理工大学经济管理学院、中国国防科技信息中心等 20 个学术机构在 1998—2013 年发表论文的频次较高，核心作者也来自这些学术机构，它们引领着国内情报学领域研究，如表 6－5 所示。

表 6－5　频次排名前 20 学术机构的各年频次数据（1998—2013 年）

学术机构	频次	1998	1999	2000	2001	2002	2003	2004	2005	2006	2007	2008	2009	2010	2011	2012	2013
武汉大学信息管理学院	1584	62	82	71	109	115	112	121	102	113	89	115	106	93	104	88	102
北京大学信息管理系	876	28	36	42	59	45	67	57	52	60	47	54	78	63	59	73	56
南京大学信息管理系	828	19	20	70	56	45	53	58	58	57	56	58	66	56	45	53	58
中国科学院文献情报中心	850	47	32	46	46	58	67	67	83	86	34	23	23	46	58	67	67
武汉大学信息资源研究中心	472				6	18	29	33	29	32	45	75	66	33	29	32	45
中国科学技术信息研究所	578	2		5	8	7	15	16	16	29	61	47	75	68	85	69	75
中山大学资讯管理系	412	8	10	7	11	19	24	39	38	36	34	26	23	24	39	38	36
清华大学图书馆	341	15	19	17	20	16	22	31	28	26	11	11	18	22	31	28	26
北京大学图书馆	283	14	13	21	14	9	21	21	23	17	13	26	9	21	21	23	17
中国科学院国家科学图书馆	512									12	41	59	80	79	92	80	69
华中师范大学信息管理系	262	3	5	9	24	20	18	17	6	16	16	22	27	24	20	18	17
浙江大学图书馆	263	7	13	15	21	35	21	21	15	10	5	5	3	35	21	21	15
南开大学商学院	202		1	5	3	8	19	11	20	14	21	28	8	19	11	20	14
北京师范大学管理学院	183	3	5	9	13	7	10	20	20	10	9	8	9	10	20	20	10

续表

学术机构	频次	1998	1999	2000	2001	2002	2003	2004	2005	2006	2007	2008	2009	2010	2011	2012	2013
南开大学信息资源管理系	310	12	15	7	2	2			1	4	11	8	47	52	49	38	62
湘潭大学管理学院	175			1	3	9	10	14	17	21	20	7	1	14	17	21	20
吉林大学管理学院	167				1	4	7	6	13	16	17	10	25	16	17	10	25
武汉大学图书馆	148	3	5	8	7	14	14	12	9	7	5	8	7	14	14	12	9
南京理工大学经济管理学院	156	1	2		4	9	4	11	16	8	23	10	10	11	16	8	23
中国国防科技信息中心	125	10	7	7	7	5	12	7	8	10	5	6	9	5	12	7	8

如果按频次来统计，则国内情报学领域排名前20的学术机构所占的比例较大，图书馆、科研院所所占的比例最大。这充分表明我国当前情报学研究尚处于发展阶段，需要集中科研力量，而国外发达国家的情报学研究则处于发达阶段，科研人员分布在全国各个大学中。

6.2.4 学术机构所在地理位置分布数据探索

在国内1998—2013年CSSCI的来源数据中，情报学领域的学术成果如果按城市来统计，则主要来自北京市、武汉市、南京市、上海市、天津市、杭州市、西安市、广州市、中山市、成都市、哈尔滨市、吉林市等城市。其中，北京市的学术成果主要出自北京大学、中国科学院、中国科学技术信息研究所、清华大学、北京师范大学、国家图书馆、中国国防科技信息中心等多所大学和研究机构，武汉市的学术成果主要出自武汉大学、华中师范大学，南京市的学术成果主要出自南京大学、南京理工大学，上海市的学术成果主要出自上海图书馆、华东师范大学，天津市的学术成果主要出自南开大学，浙江市的学术成果主要出自浙江大学，西安市的学术成果主要出自西安电子科技大学、西安交通大学，广州市的学术成果主要出自华南师范大学、中山大学，成都市的学术成果主要出自四川大学，哈尔冰市的学术成果主要出自黑龙江大学，吉林市的学术成果主要出自吉林大学。如果按所属省市自治区来进行统计的话，则学术成果主要来自北京、湖北、江苏、广东、浙江、湖南、河南、山东等东南部省市自治区，与按城市进行统计的结果基本一致。

此外，CSSCI 的数据源中还有少量国外机构参与，主要来自欧美的城市。

6.2.5 关键词数据探索

情报学领域的关键词能够反映出该领域的核心专业术语和研究热点。在我国 1998—2013 年 CSSCI 的来源数据中，共计有 21838 个关键词，共计出现 62343 次，每个关键词平均出现 2.85 次。

在 PHP 系统中使用 AnyChart 的 TreeMap 可视化视图，可以展示我国 1998—2013 年频次排名前 20 的关键词概况。我国的图书馆、数字图书馆、信息服务、高校图书馆、知识管理、信息检索、信息资源、图书馆学、情报学、竞争情报、网络环境、搜索引擎、因特网、资源共享、数据库、图书馆管理、元数据、本体、信息管理、图书馆事业等 20 个关键词在 1998—2013 年所发表的论文中出现的频次较高，反映出我国情报学研究涉及的核心专业术语和研究热点概况。具体数据请参见表 6-6。

表 6-6　频次排名前 20 关键词的各年频次数据（1998—2013 年）

关键词	频次	1998	1999	2000	2001	2002	2003	2004	2005	2006	2007	2008	2009	2010	2011	2012	2013
图书馆	2728	18	24	75	207	307	219	255	217	218	237	176	208	177	157	132	82
数字图书馆	2056	11	18	72	190	246	266	221	228	185	135	92	98	84	95	76	33
知识管理	1580		8	32	51	100	100	142	162	180	190	159	133	136	89	58	37
信息服务	1439	34	44	129	145	126	122	112	149	94	102	102	70	80	46	49	32
高校图书馆	1368	15	20	121	128	157	132	83	107	84	109	94	77	87	56	62	35
信息资源	1020	26	39	88	102	67	102	105	112	76	51	69	47	66	23	21	24

续表

关键词	频次	1998	1999	2000	2001	2002	2003	2004	2005	2006	2007	2008	2009	2010	2011	2012	2013
竞争情报	998	8	13	56	52	40	52	62	77	88	83	83	102	105	55	72	43
信息检索	930	18	17	83	70	67	82	125	99	74	77	64	45	34	27	36	9
情报学	771	10	18	33	42	40	49	52	80	43	74	71	80	40	57	46	30
网络环境	697	19	17	93	95	112	104	76	45	42	25	19	16	13	11	2	5
电子商务	656	1	3	24	69	81	61	53	72	55	43	55	37	49	27	18	7
搜索引擎	576	5	10	44	74	75	50	60	69	51	35	22	26	15	15	12	10
本体	541							11	28	79	68	65	79	75	59	46	29
信息技术	502	16	14	62	43	77	43	39	37	26	37	21	17	21	20	13	13
图书馆学	501	9	10	35	44	40	37	41	43	31	38	32	44	27	41	16	4
数据挖掘	495		1	5	6	21	36	50	79	44	52	47	41	41	30	28	13
数据库	491	19	18	43	71	83	65	61	33	24	16	8	11	10	12	11	5
电子政务	485				1	2	27	42	48	62	65	59	53	51	23	24	27
知识共享	459			1	2	4	4	14	33	26	47	58	47	74	65	48	30
信息管理	419	13	12	38	48	33	48	35	44	30	38	15	21	16	11	9	7

互联网、信息检索、数字图书馆、图书馆、情报学、信息服务、信息行为等都是国内的高频关键词；国内的本体关键词从 2004 年起频次开始出现并逐渐增高；国内的竞争情报、知识管理等关键词的出现频次也较高。但是，不能只关注排名前若干位的关键词，国内研究论文中的大部分关键词都具有较高的频次。只是相对来说，不同的关键词所代表的研究领域在不同研究阶段出现不同的频次。

6.3 国内情报学知识图谱分析

本节主要利用美国德雷赛尔大学陈超美教授开发的 CiteSpace 软件来对科学文献数据进行预处理，并绘制出科学知识图谱。

6.3.1 关键词共现网络科学知识图谱

关键词是文献内容的缩影和作者学术思想与学术观点的凝练。笔者将国内 1998—2013 年 CSSCI 的来源数据应用到 CiteSpace 中，选择关键词作为分析单元，设置阈值为每个时间切片的前 130 个高频关键词，选择出 502 个关键词节点以及 406 条节点连线，最终生成科学知识图谱。

根据可视化的科学知识图谱和关键词共现网络图中节点的中心度等指标，就可以发现国内情报学近十年的研究前沿主要集中在科学计量、信息检索、信息服务、图书馆事业、图书情报教育、竞争情报、信息资源管理等领域，表 6-7 中的关键词在关键词共现网络中起到了关键的中心连接作用，具有较高的中介中心性（Betweenness Centrality，BC）。

表 6-7　中心性前 40 名的关键词列表（1998—2013 年）

BC	关键词	BC	关键词	BC	关键词	BC	关键词
0.21	可持续发展	0.07	质量控制	0.05	文献计量学	0.04	继续教育
0.17	课程设置	0.07	情报分析	0.05	文献分类	0.04	企业管理
0.14	专业教育	0.06	知识组织	0.05	信息咨询	0.04	教学改革
0.13	企业竞争	0.06	文献标引	0.05	信息分析	0.04	科技信息
0.11	发展战略	0.06	机读目录	0.05	专门图书馆	0.04	中国图书馆事业
0.1	书目数据库	0.06	引文分析	0.04	人才培养	0.04	主题标引
0.09	图书情报学	0.06	文献编目	0.04	情报检索	0.04	图书馆员
0.08	竞争情报	0.06	科技期刊	0.04	全文检索	0.04	知识服务
0.08	信息商品	0.06	期刊评价	0.04	全文数据库	0.03	图书情报教育
0.07	信息需求	0.05	数据库建设	0.04	信息交流	0.03	学科馆员

6.3.2 作者合作网络科学知识图谱

作者之间合作发表论文是学术成果产生的一般模式，作者数据中隐藏着作者之间的合作模式。笔者将国内 1998—2013 年 CSSCI 的来源数据应用到 CiteSpace 中，选择作者作为分析单元，设置阈值为每个时间切片的前 130 位高频作者，选择出 886 个作者节点以及 702 条节点连线，最终生成科学知识图谱。

节点连线有一定的数量，形成了明显的国内作者合作网络，出现了中介中心性较高的作者，邱均平、张晓林等著名学者组成了庞大的学术合作团体。

从国内作者合作网络中可以对比看出，国内情报学形成了明显的作者合作网络，由于地域等因素的差异，国内拥有更好的合作机会和条件。

6.3.3 学术机构合作网络科学知识图谱

作者所属学术机构的数据中隐藏着区域之间的合作模式。笔者将国内1998—2013 年 CSSCI 的来源数据应用到 CiteSpace 中，选择学术机构作为分析单元，设置阈值为每个时间切片的前 130 个高频学术机构，选择出519 个学术机构节点以及 449 条节点连线，最终生成科学知识图谱。

虽然节点连线有一定的数量，但是仍没有形成明显的国内学术机构合作网络，没有出现中介中心性高的学术机构，仅仅在某些地区有一定的合作。高频学术机构列表如表 6－8 所示。

表 6－8　频次前 20 名的学术机构列表（1998—2013 年）

频次	BC	学术机构	频次	BC	学术机构
1803	0	武汉大学	173	0	北京师范大学
1040	0	中国科学院	163	0	南京理工大学
880	0	北京大学	155	0	湘潭大学
715	0	南京大学	153	0	郑州大学
348	0	中山大学	152	0	吉林大学
325	0	南开大学	151	0	黑龙江大学
292	0	浙江大学	148	0	华南师范大学
275	0	中国科学技术信息研究所	143	0	华东师范大学
252	0	清华大学	141	0	山西大学
210	0	华中师范大学	129	0	四川大学

6.3.4 国家（地区）合作网络科学知识图谱

和学术机构类似，作者所属国家（地区）的数据中也隐藏着国家（地区）之间的合作模式。笔者将国内1998—2013年CSSCI的来源数据应用到CiteSpace中，选择国家（地区）作为分析单元，设置阈值为每个时间切片的前130个高频城市，选择出186个城市节点以及271条节点连线，最终生成科学知识图谱。

虽然节点连线有一定的数量，但是仍没有形成明显的国内城市合作网络，没有出现中介中心性高的城市，仅仅在某些地区有少量的合作。高频城市列表如表6-9所示。

表6-9 频次前20名的城市列表（1998—2013年）

频次	BC	城市	频次	BC	城市	频次	BC	城市
2985	0	北京市	285	0	哈尔滨市	182	0	湘潭市
2149	0	武汉市	257	0	西安市	173	0	大连市
1280	0	南京市	255	0	郑州市	155	0	深圳市
748	0	上海市	216	0	广州市	132	0	太原市
517	0	天津市	214	0	成都市	119	0	兰州市
384	0	中山市	210	0	重庆市	118	0	合肥市
338	0	杭州市	199	0	吉林市			

6.3.5 作者共引网络科学知识图谱

作者共引频次越高，则作者学术相关性越强。笔者将国内1998—2013年CSSCI的来源数据应用到CiteSpace中，选择被引作者作为分析单元，设置阈值为每个时间切片的前80位高频被引作者，选择出362个被引作者节点以及4987条节点连线，最终生成科学知识图谱。

根据可视化的科学知识图谱和作者共引网络图中节点的中心度等指标，可以发现表6-10中的国内作者在作者共引网络中起到了关键的中心连接作用，具有较高的中介中心性。

表 6-10　中心性前 20 名的被引作者列表（1998—2013 年）

频次	BC	被引作者	频次	BC	被引作者
198	0.13	蒋永福	150	0.07	王崇德①
336	0.12	吴慰慈	34	0.07	刘柏嵩②
447	0.11	马费成	59	0.06	倪波③
201	0.1	王知津	143	0.06	张琪玉④
60	0.1	刘嘉	49	0.06	党跃武⑤
58	0.09	刘炜	41	0.06	刘洪波⑥

① 王崇德（1938—1998）是我国著名情报学家、教育家，曾任核工业部第二设计院技术员、吉林白城市化工厂生产科长、白城市科研所所长、桂林市科技情报研究所所长、南开大学分校及天津师范大学信息产业学系系主任、教授、硕士生导师，他是我国最早从事科技情报学理论与方法、情报计量学的教学与研究工作者之一，承担并完成各级科研项目十余项，出版《情报科学原理》等专著十余部，发表学术论文 200 余篇。

② 刘柏嵩（1971—）现任宁波大学图书馆党组书记、网络中心主任、信息办主任、研究馆员、硕士生导师，兼任浙江省图书馆学会数字化分委会副主任、宁波市计算机学会常务理事、宁波市计算机网络安全协会常务理事、浙江省高校数字图书馆项目技术组组长，主持或参加各级科研课题多项，近年来在核心刊物上发表论文 30 余篇，多篇被《人大复印资料》全文转载和 EI 收录。

③ 倪波（1936—2017）曾为南京大学信息管理学院教授、情报学专业博士生导师，并兼任中国科学院、北京大学、武汉大学、湘潭大学、山西大学、中山大学、郑州大学、河北大学、华中师范大学、苏州大学等院校名誉教授或兼职教授，还曾兼任中国情报学会常务理事、美国情报学会（ASIS）会员、农业出版社特约编审、政协江苏省委常委、原国务院学位委员会学科评议组第一召集人、国家信息资源管理南京研究基地顾问等，主编、参编《信息传播原理》等著作数十部，发表学术论文 300 余篇。

④ 张琪玉（1930—）是我国著名图书馆学家，曾任中国图书馆学会理事、上海市图书馆学会副理事长、中国索引学会副理事长、武汉大学图书情报学院教授、图书馆学情报学研究所所长、《图书情报知识》主编、空军政治学院图书档案系主任等职。他主要从事信息语言学研究，对信息语言学理论建设有一定贡献，主编、参编《情报语言学基础》《张琪玉情报语言学文集》等著作 20 多部，发表情报语言学论文、译文约 170 篇。

⑤ 党跃武（1967—）现为四川大学档案馆馆长兼校史办公室主任、公共管理学院教授、硕士生导师，兼任教育部高等学校图书馆学学科教学指导委员会委员、四川省图书馆学会图书馆学教育与培训委员会主任、四川省社会科学信息学会副秘书长、四川省科学技术与学术带头人后备人选，发表论文近 100 篇，主编、参编出版《信息管理导论》等教材、专著和论文集十部。

⑥ 刘洪波（1966—）是我国当代著名杂文家、评论家，1985 年毕业于武汉大学图书馆学系，被分配至湖北沙市图书馆工作三年，后请调至兰州大学图书情报学系任教五年，1993 年至今供职于《长江日报》评论部，现为《长江日报》评论部主任、FM365 网站签约评论员。从 1992 年起，他开始从事社会评论与杂文写作，出版《文化的见鬼》《高雅的落俗》《苍蝇的光荣》《读出滑稽》《淳朴的异议》《牛头对马嘴》等作品，主编《中国杂文精选》《百年百篇经典杂文（1901～2000）》等书籍。

续表

频次	BC	被引作者	频次	BC	被引作者
30	0.08	华薇娜①	57	0.06	杨宗英②
36	0.08	刘军③	23	0.06	布鲁克斯（Brookes B. C.）
87	0.07	盛小平	55	0.05	李景④
81	0.07	叶鹰	119	0.05	卢泰宏⑤

6.3.6 文献共引网络科学知识图谱

文献共引分析一般被人们期待着要比作者共引分析能够揭示出更多的详细模式，因为文献共引分析中的被引参考文献要比作者共引分析中的作者携带着更丰富的信息。文献共引网络中的聚类本质上应该比作者共引网络中的聚类相对更容易识别，且能够更清楚地加以解释。

笔者将国内 1998—2013 年 CSSCI 的来源数据应用到 CiteSpace 中，选择被引文献作为分析单元，设置阈值为每个时间切片的前 80 条高频被引文献，选择出 697 个被引文献节点以及 1941 条节点连线，最终生成科学知识图谱。

---

① 华薇娜（1955—）现为南京大学信息管理学院教授、博士生导师、中国索引学会理事，其研究方向为信息收集与分析、社会科学研究评价、图书馆学信息学比较、英国图书馆史等，其代表作主要有《文献检索与利用研究》《网络学术信息资源检索与利用》《信息检索“教”与“学”》等，发表论著多篇。

② 杨宗英（1940—）现为上海交通大学图书馆副馆长、研究馆员、硕士生导师，兼任中国 HP 计算机用户学会副理事长、上海图书馆学会理事兼副秘书长、厦门大学等三校兼职教授、《大学图书馆学报》等三种杂志编委，其研究方向为信息管理自动化、数字图书馆，主要著作有《图书馆自动化新论》《图书馆与当代资讯科技》《图书馆自动化系统》等，发表论文 60 多篇，主持图书馆计算机管理、数字图书馆等方面的多个研究项目。

③ 刘军（1970—）是国内较早从事社会网络研究的学者之一，现为哈尔滨工程大学人文社会科学院社会学系主任、教授、博士生导师，兼任中国社会学会理事，其研究方向为社会网络分析、社会学方法论，发表论文数十篇，代表作有《社会网络分析导论》等。

④ 李景（1973—）现为中国农业科学院农业信息研究所副研究馆员，兼任《图书情报工作》杂志社特约审稿人，其研究领域为本体技术与知识表示，主持或参加各类课题 20 多项，发表论文 70 余篇，出版《领域本体的构建方法与应用研究》《农业本体论研究与应用》等著作 6 部。

⑤ 卢泰宏（1945—）现为中山大学教授、博士生导师，兼任中国营销研究中心主任、中国国家自然科学基金管理学科评审组成员，出版著作数十部，发表论文 100 余篇，其代表作主要有《营销管理》《国家信息政策》《信息文化导论》《信息资源管理》《信息分析方法》《战略品牌管理》等。

根据可视化的科学知识图谱和文献共引网络图中节点的中心度等指标，可以发现国内情报学近十年的知识基础主要由信息资源管理、图书馆学理论、情报学理论、信息检索、数字图书馆（信息组织、元数据）、语义网（本体）、科学计量（科学评价）等 7 大研究领域构成，情报学理论在整个网络中起着桥梁的作用。表 6－11 中的被引文献在文献共引网络中起到了关键的中心连接作用，具有较高的中介中心性。

表 6－11　中心性前 20 名的被引文献列表（1998—2013 年）

被引文献	被引期刊/出版社	被引作者	年份	BC	频次
现代图书馆学理论	北京图书馆出版社	徐引篪①	1999	0.21	82
文献计量学	科学技术文献出版社	邱均平	1988	0.16	66
走向知识服务：寻找新世纪图书情报工作的生长点	中国图书馆学报	张晓林	2000	0.11	71

① 徐引篪（1943—）曾任中国科学院国家科学图书馆馆长、研究馆员、博士生导师，兼任国务院第五届学位委员会学科评议组成员、中国图书馆学会第五届理事会副理事长、《图书情报工作》杂志编辑委员会主任等职，她是我国著名图书馆学家，出版《现代图书馆学理论》《国外图书馆学情报学研究进展》《图书情报事业的未来》等著作十多部，发表文章数十篇。

续表

被引文献	被引期刊/出版社	被引作者	年份	BC	频次
现代情报学理论	武汉大学出版社	严怡民①	1996	0.1	70
Informetric analyses on the world wide web: Methodological approaches to " webometrics"	Journal of Documentation	Almind Tomas C.	1997	0.09	9
文献交流引论	书目文献出版社	周文骏②	1986	0.09	19
信息资源管理导论	科学出版社	孟广均③	1998	0.09	68
试论虚拟图书馆与传统图书馆的关系	图书情报工作	刘兹恒④	1997	0.08	18

---

① 严怡民（1929—）是我国著名情报学家，曾任武汉大学图书情报学院教授、博士生导师、图书情报学院副院长、科技情报培训中心主任，兼任中国科学技术情报学会常务理事、湖北省科技情报学会理事长、湖北省科学技术协会委员、《情报理论与实践》杂志顾问、《情报业务研究》编委会副主任、《情报科学》编委会委员、南京华东工学院兼职教授，主要著作有《情报学概论》《情报学基础》《情报系统管理》《情报学研究导论》等。

② 周文骏（1928—）是我国著名图书馆学家，1953年毕业于北京大学图书馆学专修科，历任北京大学图书馆学系讲师、副教授、教授、图书馆学系主任、图书馆学博士生导师，兼任北京大学校务委员会委员、《北京大学学报》（哲社版）编委、全国哲学社会科学规划领导小组图书馆情报与文献学规划评审组副组长、亚太地区社科情报网络中国顾问小组成员、北京市社会科学信息学会副会长、中国图书馆学会编辑出版工作委员会主任、中国科学技术信息学会理事等职。他长期从事图书馆学、信息学基础理论的教学与研究，主持科研课题多项，发表学术论文、译文等100余篇，主要著作有《图书馆工作概要》《文献交流引论》等。

③ 孟广均（1934—）曾任中国科学院图书馆（现中国科学院文献情报中心）研究员、博士生导师、《图书情报工作》主编，兼任国务院学位委员会图书馆学情报学科评议组成员、全国哲学社会科学规划领导小组图书馆情报与文献学科规划评审小组成员、国际图书馆协会与机构联合会图书馆杂志主编圆桌会议常委、美国全国科学促进协会会员、《中国大百科全书·图书馆学情报学档案学》卷图书馆学编委、中国科学院科技情报研究会理事、中国未来研究会理事，还曾被中国科技大学、北京大学、武汉大学、中国科学技术大学、南京大学、山西大学、郑州大学等高校聘为兼职教授，主要著作有《图书情报工作概论》《图书馆学引论》《信息资源管理》等十多种，发表论文100余篇。

④ 刘兹恒（1955—），管理学博士，现为北京大学信息管理系教授、博士生导师，主要研究兴趣聚焦在图书馆学基础理论、图书馆信息资源建设、图书馆管理等领域，发表学术论文100余篇，著有《信息媒体及其采集》《图书馆非书资料采访工作手册》等著作，兼任中国图书馆学会理事、中国图书馆学会编译出版委员会副主任、中国图书馆学会图书馆学理论专业委员会主任、教育部高等学校图书馆学学科教学指导委员会副主任兼秘书长、中国高校人文社会科学文献中心专家委员会委员，以及西南大学、华南师范大学、重庆师范大学等高校客座教授。

续表

被引文献	被引期刊/出版社	被引作者	年份	BC	频次
面向电子信息资源的信息服务业及其技术发展动向	情报学报	曾民族①	1996	0.07	14
回顾过去，展望未来开拓前进：建设面向21世纪的图书馆学科体系	中国图书馆学报	吴慰慈	1998	0.07	4
As we may think	Atlantic Monthly	万尼瓦尔·布什②	1945	0.07	12
文献计量学基础	北京大学出版社	丁学东③	1993	0.07	30
图书馆学概论	北京图书馆出版社	吴慰慈	1985	0.06	30
Calculation of web impact factors	Journal of Documentation	彼得·英格沃森④	1998	0.06	23
从情报组织到知识组织	情报学报	王知津	1998	0.06	29

① 曾民族（1934—）曾任北京文献服务处总工程师、研究员，兼任中国国防科技信息中心高级顾问、中国科技情报学会常务理事兼计算机情报管理委员会主任委员、清华大学全国学术期刊光盘中心学术委员会副主任，以及北京大学、武汉大学、上海交通大学等高校兼职教授等职。他长期致力于情报方法和科技情报自动化的研究和实践，重要的科研实践和贡献包括开拓科技情报标引语言新方向并领导编制新一代标引语言的《国防科技主题词典》、穿孔卡机械检索实验、计算机情报检索研究、领导建立中国第一个联机情报检索系统等，两次获得国家科技进步二等奖，三次获得国家科委和国防科工委部门科技情报成果奖，是中国科技情报自动化领域主要开拓者和学术带头人，发表论著和译著上百种，并有多篇论文在国外刊物和国际会议上发表。

② 万尼瓦尔·布什（Vannevar Bush，1890—1974）是二战时期美国最伟大的科学家和工程师之一。他曾经创立美国科学研究局（Office of Scientific Research and Development，OSRD），对美国取得二战胜利起到关键性作用，当时几乎所有军事研究计划都出自于万尼瓦尔的领导，其中包括著名的"曼哈顿计划"。同时，他还是模拟计算机的开创者，信息论之父香农是他的学生。1945年，他在其发表的论文《诚如所思》（As We May Think）中提出了微缩摄影技术和麦克斯储存器（memex）的概念，开创了数字计算机和搜索引擎时代。正是因其在信息技术领域多方面的贡献和超人远见，万尼瓦尔·布什获得了"信息时代的教父"美誉。

③ 丁学东，曾为北京大学信息管理系教师，著有《文献计量学》等论著。

④ 彼得·英格沃森（Peter Ingwersen，1947—）是丹麦哥本哈根大学（University of Copenhagen）皇家图书情报学院教授，主要研究兴趣包括通信与媒体、定量社会研究、社会科学计算、人文与艺术、网络科学、科学计量学、网络计量学等，曾担任多个欧洲 ESPRIT 项目的专家顾问及多个国际学术会议的组委会主席，是 JASIST 等多家世界著名杂志的编委，曾获 ASIST 杰出教师奖、科学计量学杂志与国际科学计量学与信息计量学学会颁发的普赖斯奖、汤姆森年度杰出人员奖、美国信息科学与技术学会年度研究奖等荣誉。

续表

被引文献	被引期刊/出版社	被引作者	年份	BC	频次
我国情报学期刊引文调查与分析	中国图书馆学报	丘峰①	1992	0.06	7
关于学科建设和名称设置之我见	图书情报工作	孟广均	1996	0.06	11
企业竞争情报系统	华夏出版社	包昌火②	2002	0.06	35
信息组织	高等教育出版社	戴维民③	2004	0.06	10
网络信息计量学及其应用研究	情报理论与实践	邱均平	2001	0.06	23

从国内文献共引网络中可以看出，国内情报学的知识基础由多个领域构成，各领域之间没有很好地有机结合起来。此外，国内情报学的经典科学文献中除了包括一些经典期刊论文外，一些书籍在共引网络中起到了关键性的作用。这表明，情报学这一交叉学科，在国内偏向社会科学性质。

6.3.7 期刊共引网络科学知识图谱

期刊是论文的载体，通过期刊共引分析，同样可以得知期刊的学术相关性，同时还能够了解情报学领域知识基础的主要来源期刊。笔者将国内1998—2013年CSSCI的来源数据应用到CiteSpace中，选择被引期刊作为

① 丘峰（1936—2011）曾任《中国图书馆学报》副主编、中国国家图书馆研究馆员，原名丘金华，笔名卢山、东江，著有《情报检索与主题词表》《情报检索语言理论与实践》《文摘工作概论》等，参编《航空科技资料主题表》《汉语主题词表》《国防科学技术叙词表》等，译有《情报检索词汇规范化》等。

② 包昌火（1935—）是我国著名情报学家，1963年从北京大学化学系毕业后到中国兵器工业情报研究所工作至退休。其代表作主要有《情报研究方法论》等。他先后获得过国家级、部委级科技进步奖十多项，享受国务院特殊津贴，还被授予中国竞争情报研究会杰出贡献奖、美国竞争情报从业者协会终身成就奖等荣誉。

③ 戴维民（1962—）曾任解放军南京政治学院副院长兼上海分院院长、教授、博士生导师，兼任中国图书馆学会常务理事、中国索引学会常务理事、教育部高等教育档案学教育指导委员会副主任委员、全军政治工作信息化研发中心主任、上海市图书馆学会副理事长等职，享受国务院政府特殊津贴专家，其主要研究兴趣为信息传播、信息组织、信息资源管理，完成国家级、军队级等各类课题十多项，出版《信息组织》等著作20余部，发表论文180多篇。

分析单元，设置阈值为每个时间切片的前 80 个高频被引期刊，选择出 234 个被引期刊节点以及 6194 条节点连线，最终生成科学知识图谱。

根据可视化的科学知识图谱和期刊共引网络图中节点的中心度等指标，可以发现国内情报学近十年的知识基础主要由国内情报学、国外情报学、国内计算机科学、国外信息管理和知识管理等 4 个领域的来源期刊构成，且这 4 个领域的来源期刊在共引网络中形成了明显的 4 个聚类，这说明作为国内情报学知识基础的这 4 类期刊来源期刊之间的学术相关性有一定的差距。表 6－12 中的期刊在期刊共引网络中起到了关键的中心连接作用，具有较高的中介中心性。

表 6－12　中心性前 20 名的被引期刊列表（1998—2013 年）

频次	BC	被引期刊	频次	BC	被引期刊
231	0.42	Journal of Documentation	91	0.1	计算机工程与设计
99	0.38	情报学刊	86	0.09	College & Research Libraries
80	0.25	Journal of American Society for Information Science	67	0.08	Information Technology and Libraries
2633	0.2	图书情报工作	1459	0.07	现代图书情报技术
365	0.13	计算机工程与应用	869	0.07	图书馆
1374	0.11	情报科学	567	0.06	图书与情报
39	0.11	International Journal of Human－Computer Studies	850	0.06	图书馆论坛
164	0.11	Communications of the ACM	238	0.06	计算机世界
37	0.11	Library Management	42	0.06	Information & Management
44	0.1	Journal of Knowledge Management	68	0.05	计算机系统应用

国内情报学还处在发展阶段，需要吸收国际上领先的情报学理论以及更广泛的信息管理、知识管理领域的知识。此外，面对计算机技术的飞速发展，再加上国内情报学偏向社会科学的性质。因此，国内情报学还需要借助国内计算机领域的方法和技术来将理论付诸于实践。

6.4 本章小结

笔者运用科学计量学中的共现分析和科学知识图谱等理论与方法，进行国内情报学的科学计量学研究，绘制出我国近年来的情报学科学知识图谱，并用可视化的方法勾勒出明晰的情报学结构和动态。

笔者通过研究得到以下初步结论：①国内情报学出现了明显的作者合作网络，邱均平、张晓林等著名学者组成了庞大的学术合作团体。从整体上看，国内情报学研究人员主要还是在自己所在的学术机构里展开研究，没有形成机构合作网络和国家（地区）合作网络。②国内情报学的经典科学文献除了包括一些经典期刊论文以外，一些书籍在共引网络中起到了关键作用，情报学这一交叉学科在国内偏向社会科学性质。③国内情报学近年来的研究领域主要由信息资源管理、图书馆学理论、情报学理论、信息检索、数字图书馆、语义网、科学计量等7个阵营构成，其中的情报学理论在整个引文网络中起着桥梁的作用，其知识基础主要来自国内情报学、国外情报学、国内计算机科学、国外信息管理和知识管理等4类来源期刊。④国内在扎根于情报学基础研究的同时，还紧跟国际前沿的科学计量、竞争情报、信息服务等热点领域。同时，信息检索仍然是国内的研究前沿。⑤国内情报学还处在发展阶段，需要吸收国际上领先的情报学理论以及更广泛的信息管理、知识管理领域的知识。此外，面对计算机技术的飞速发展，再加上国内情报学偏向社会科学性质，因此国内情报学还需要借助国内计算机领域的方法和技术来将理论付诸于实践。⑥国内情报学的知识基础由多个小领域构成，与国外相比各领域之间没有很好地有机结合，国内情报学仍需努力发展和融合，使国内情报科学发展成为一门成熟的学科。

可以预见的是，随着情报学学者对自身领域认知的不断加深和科学计量水平的不断进步，这些研究领域将成为情报学领域需要解决的重要问题，为人们获取信息提供更多的便利，并为其他学科提供探索自身学科的结构和动态的科学计量方法。

第7章

基于网络科学的国内图书馆学情报学知识图谱实证研究

7.1 数据来源与数据处理

7.1.1 数据来源

由于许多文献数据库都将管理学纳入其收录范围，但不同数据库的侧重点各不一样，所以它们最终遴选出来的管理学期刊也不尽相同。目前，我国学术文献数据库主要有以下五种，包括中国期刊全文数据库（CNKI）①、中

① 中国期刊全文数据库（China National Knowledge Infrastructure，CNKI）是目前世界上最大的连续动态更新的中国期刊全文数据库，收录国内8200多种重要期刊，以学术、技术、政策指导、高等科普及教育类为主，同时收录部分基础教育、大众科普、大众文化和文艺作品类刊物，内容覆盖自然科学、工程技术、农业、哲学、医学、人文社会科学等多个领域，全文文献总量高达2200多万篇。CNKI分为十大专辑，即理工A、理工B、理工C、农业、医药卫生、文史哲、政治军事与法律、教育与社会科学综合、电子技术与信息科学、经济与管理。十专辑下又细分为168个专题和近3600个子栏目。

国社会科学引文数据库（CSSCI）①、中国科学引文数据库（CSCD）②、中国科技论文与引文分析数据库（CSTPCD）③、中文科技期刊数据库（引文版）（CCD）④。

与其他文献数据库相比较而言，中国期刊全文数据库 CNKI 具有一些明显优势：①数据丰富。与 CSSCI 收录核心期刊相比较，CNKI 收录的期

① 中文社会科学引文索引（Chinese Social Sciences Citation Index，CSSCI）是由南京大学中国社会科学研究评价中心开发研制的引文数据库，用来检索中文人文社会科学领域的论文收录和被引用情况。CSSCI 遵循文献计量学规律，采取定量与定性相结合的方法从全国 2700 余种中文人文社会科学学术性期刊中精选出学术性强、编辑规范的期刊作为来源期刊。目前收录包括法学、管理学、经济学、历史学、政治学等在内的 25 大类的 500 多种学术期刊，来源文献 100 余万篇，引文文献 600 余万篇。利用 CSSCI 可以检索到所有 CSSCI 来源刊及 2015 年以来 CSSCI 扩展版来源期刊文献的收录和被引情况。

② 中国科学引文数据库（Chinese Science Citation Database，CSCD）创建于 1989 年，收录我国数学、物理、化学、天文学、地学、生物学、农林科学、医药卫生、工程技术和环境科学等领域出版的中英文科技核心期刊和优秀期刊千余种。目前，CSCD 已积累从 1989 年到现在的论文记录 4618383 条，引文记录 56410142 条。中国科学引文数据库内容丰富、结构科学、数据准确。该系统除具备一般的检索功能以外，还提供新型的索引关系——引文索引。用户可以利用该功能迅速从数百万条引文中查询到某篇科技文献被引用的详细情况，还可以从一篇早期的重要文献或著者姓名入手，检索到一批近期发表的相关文献，对交叉学科和新学科的发展研究具有十分重要的参考价值。中国科学引文数据库还提供数据链接机制，支持用户获取全文。中国科学引文数据库具有建库历史最为悠久、专业性强、数据准确规范、检索方式多样、完整、方便等特点，自提供使用以来，深受用户好评，被誉为“中国的 SCI”。

③ 中国科技论文与引文数据库（Chinese Science and Technology Paper and Citation Database，CSTPCD）是中国科学技术信息研究所（ISTIC）受国家科技部委托创建的一个具有特殊功能的数据库，核心库收录 1200 多种期刊，并从 1987 年开始对我国科技人员在国内外表论文数量和被引用情况进行统计分析，受到社会各界的普遍重视和广泛好评。中国科技论文统计源期刊是 CSTPCD 的数据来源。CSTPCD 通过中国科技期刊综合指标评价体系对期刊学术质量进行考核，每年对收录期刊的范围进行调整。CSTPCD 为科技管理部门、高等院校、科研机构、期刊编辑部和科研工作者提供科技论文的收录引证数据和期刊评估指标数据。

④《中文科技期刊数据库》是我国最大的数字期刊数据库，该库受到国内图书情报界的广泛关注和普遍赞誉，目前已拥有包括港澳台地区在内 6000 余家大型机构用户，是我国数字图书馆建设的核心资源之一，也是高校图书馆文献保障系统的重要组成部分，还是科研工作者进行科技查证和科技查新的必备数据库。《中文科技期刊数据库（引文版）》（Chinese Citation database，CCD）是维普公司在 2010 年推出的期刊资源整合服务平台的重要组成部分，是目前国内规模最大的文摘和引文索引型数据库。该产品采用科学计量学中的引文分析方法，对文献之间的引证关系进行深度数据挖掘，除提供基本的引文检索功能以外，还提供基于作者、机构、期刊的引用统计分析功能，可广泛用于课题调研、科技查新、项目评估、成果申报、人才选拔、科研管理、期刊投稿等用途。《中文科技期刊数据库（引文版）》收录文摘覆盖 8000 多种中文科技期刊，引文数据加工可以追溯至 2000 年，是全新的引文索引型数据库，能帮助用户实现强大的引文分析功能，并采用数据链接机制实现同维普资讯系列产品的功能对接定位，从而提高科学研究的效率。

刊数据要更全面一些；②数据库数据规范。CNKI 文献提供了对标题、作者、关键词、摘要、全文等完整数据项检索；③功能设计完整。其文献搜索功能还提供了多种智能排序算法。期望被引排序通过分析文献过去被引用的情况，预测未来可能受到关注的程度。CNKI 文献搜索提供的知识聚类功能也是一般搜索引擎所没有的。④检索方便。检索结果根据文献的被引频次进行排序。当然，需要指出的是，CNKI 在引文数据方面的信息并不完整，由于本研究主要致力于学科结构、学科热点、学术群体等知识图谱的构建和解读，故暂未考虑针对引文数据方面的需求。

综合考虑上述各种因素，本研究中最终选择 CNKI 的中国学术期刊网络出版总库的学术论文题录作为来源数据库，时间跨度上选择了 1979 年至 2012 年长达 34 年的时间。

7.1.2 数据获取

本研究的数据获取思路概述如下：①分析 CNKI 中国学术期刊网络出版总库的数据导出格式，针对不同知识图谱采取不同的数据提取方法；②将返回结果统一转换为自定义的数据库格式；③存储到数据库中。按此思路，笔者首先对 CNKI 的各种类型题录数据格式进行细致分析，总结各个数据源的题录格式（例如，题名、作者、期刊名、机构、出版年、摘要、关键词等信息），这些构成了文献数据的基本物理结构，如表 7－1 所示。

表 7－1 CNKI 中国学术期刊网络出版总库的数据导出格式对应与比较

笔者自定义的题录格式	CNKI E－Learning 格式	Refworks 格式	EndNote 格式	NoteExpress 格式
篇名（Title）	Title	T1	%T	{Title}
作者（Author）	Author	A1	%A	{Author}
机构（Organ）	Organ	AD	%+	{Author Address}
关键词（Keyword）	Keyword	K1	%K	{Keywords}
摘要（Summary）	Summary	AB	%X	{Abstract}
被引频次（Cited）	—	—	—	—
下载频次（Download）	—	—	—	—
发表时间（Time）	PubTime	—	—	—
发表年份（Year）	Year	YR	%D	{Year}

续表

笔者自定义的题录格式	CNKI E－Learning 格式	Refworks 格式	EndNote 格式	NoteExpress 格式
文献类型（Type）	SrcDatabase	RT	%0	{Reference Type}
来源（Source）	Source	JF	%J	{Journal}
期数（Period）	Period	IS	%N	{Issue}
页码（Page）	Page	OP	%P	{Pages}
页数（PageCount）	PageCount	—	—	—

在学科领域的选择方面，本研究在 CNKI 各数据库的文献分类目录中选择"图书情报与数字图书馆"学科领域，时间跨度为 1979—2012 年的全部期刊文献数据。在实际数据检索和提取过程中对每年的文献分别进行检索和获取，这样可以提升处理速度和检索结果的精确度。同时，后期分析也可以很容易获取图书馆学情报学学科变迁演进的重要时间节点和演进模式。当然，这些数据来源于不同的数据库，其数据格式不尽相同，所以在对数据统计和分析之前，必须对其进行规范化和标准化的预处理，然后统一保存到自定义的数据库中。

在 CNKIK 中经过多个数据库的数据检索、数据合并处理以后，截至 2012 年 10 月最终获得了图书馆学情报学领域期刊论文题录信息共计 314448 条，过滤掉会议通知、会议报导、征稿简则、年度索引等非正式论文，最终得到情报学领域学术性期刊论文共计 294696 篇。不同时间的学术论文题录数量和期刊数量的分布概况如图 7－1 所示。

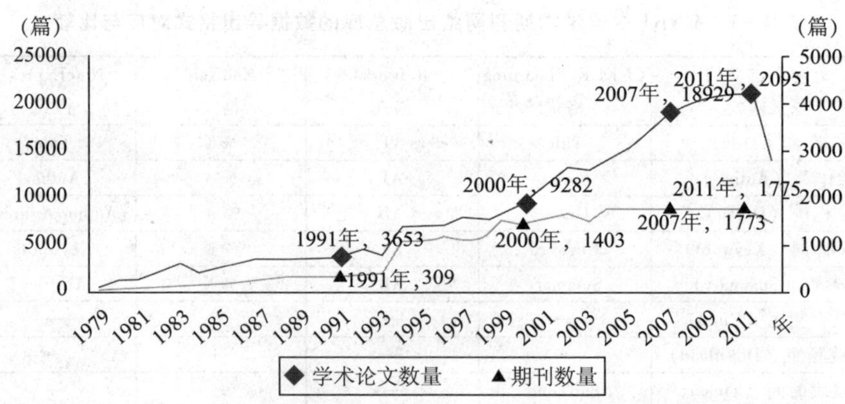

图 7－1　1979—2012 年图书馆学情报学各年学术文献数量及期刊数量分布示意图

7.1.3 数据处理

由于各数据库存储信息的差异性较大以及文献题录各字段信息描述的限制性较低，需要对获取的数据进行规范化和标准化处理。此外，为了便于对图书馆学情报学科变迁演进的重要时间节点和演进模式进行研究，需要对整体数据按照年份进行分段存储。因此，本研究对数据进行了如下处理。

1. 期刊名称归一化

由于机构改革等历史原因，部分期刊在不同时间所用的名称不同，这就需要根据期刊的曾用名信息对数据库中的期刊数据进行归一化，统一替换为目前的期刊名称。例如，《情报科学》曾用名为《国外情报科学》。又如，《现代图书情报技术》曾用名为《计算机与图书馆》，如表 7-2 所示。

表 7-2 期刊曾用名称及其承办单位（部分）

期刊名称	曾用名	承办单位
中国图书馆学报	图书馆学通信；图书馆	中国图书馆学会；国家图书馆
情报科学	国外情报科学	中国科学技术情报学会；吉林大学
现代图书情报技术	计算机与图书馆	中国科学院文献情报中心
图书馆建设	黑龙江图书馆	黑龙江省图书馆；黑龙江省图书馆学会
国家图书馆学刊	北京图书馆馆刊	国家图书馆
图书馆论坛	广东图书馆学刊	广东省中山图书馆
图书馆	湘图通讯	湖南图书馆
图书馆理论与实践	宁夏图书馆通信	宁夏图书馆学会；宁夏图书馆
江西图书馆学刊	新世纪图书；赣图通信	江西省图书馆学会；江西省图书馆
农业图书情报学刊	农业图书馆	中国农业科学院农业信息研究所
山东图书馆学刊	山东图书馆季刊	山东省图书馆学会；山东省图书馆
河南图书馆学刊	河南图书馆季刊	河南省图书馆学会；河南省图书馆
河北科技图苑	河北图苑	河北省高等学校图书情报工作委员会
公共图书馆	深图通信	深圳图书馆；深圳图书馆学情报学会

2. 作者与机构名称归一化

由于不同作者可能会出现重名现象，故本研究主要针对作者所属的科研机构来判断作者的身份。但仍然会出现以下两种情况：一是同一作者的科研机构表述方式多种多样，需要对机构进行归一处理。本研究中利用CNKI科研机构编号字段，对机构进行归一化处理，如表7－3所示；二是同一作者由于学习或者工作环境的变迁，可能会出现在不同研究机构发表论文的情况，由于该情况出现概率较小，故本研究在数据整理过程中仅对高产作者所处的机构进行核实和验证，其余均视为不同机构的作者，如表7－4所示。

表7－3　部分科研机构名称及其归一化处理（部分）

科研机构名称	归一化后的机构名称	所在省市
武汉大学信息资源研究中心	武汉大学	湖北省武汉市
武汉大学法学院图书馆	武汉大学	湖北省武汉市
武汉大学信息管理学院	武汉大学	湖北省武汉市
武汉大学中国科学评价研究中心	武汉大学	湖北省武汉市
武汉大学图书馆	武汉大学	湖北省武汉市
武汉大学政治与公共管理学院	武汉大学	湖北省武汉市
国家图书馆	中国国家图书馆	北京市
国家图书馆古籍保护中心	中国国家图书馆	北京市
国家图书馆善本部	中国国家图书馆	北京市
中国国家图书馆文化教育部	中国国家图书馆	北京市
南京大学信息管理系	南京大学	江苏省南京市
南京大学信息管理学院	南京大学	江苏省南京市
吉林大学中心图书馆	吉林大学	吉林省吉林市
吉林大学图书馆	吉林大学	吉林省吉林市
吉林大学南湖校区图书馆	吉林大学	吉林省吉林市

表 7-4　作者同名人工干预处理方案（部分）

作者	作者单位	归一后的作者单位名称
邱均平	武汉大学中国科学评价研究中心 武汉大学信息管理学院 武汉大学图书情报学院 南京理工大学经济管理学院	武汉大学 南京理工大学
卞丽［1］	华东师范大学	华东师范大学
卞丽［2］	徐州师范大学图书馆 徐州师范大学 徐州 徐州师范大学图书馆 馆员 徐州师范大学图书馆信息技术部	徐州师范大学
王敏［1］	郑州大学信息管理系 郑州大学信息管理系 河南郑州	郑州大学
王敏［2］	黑龙江省图书馆集资外借部 馆长 黑龙江省图书馆	黑龙江省图书馆
王敏［3］	中国矿业大学图书馆 徐州中国矿业大学图书馆 中国矿业大学图书馆 江苏徐州	中国矿业大学

3. 文献主题词的提取与处理

在主题词共现网络中，一个节点对应一个主题词。但是，关键在于如何判定一篇论文应该归类于哪个学科领域。科学合理地对论文进行归类，是实现对某学科领域研究热点和发展趋势进行分析和监测的前提。只有这样，才能客观、科学地对其进行纵向和横向的综合分析。词语是文献计量学和科学计量学研究中的一个重要研究指标。如何从学术论文中提取词语是科学计量研究中必须首要解决的问题。一般来说，主要有两种方法：①提取学术期刊论文、会议论文或者研究报告中的题目、关键词或者主题词以及摘要；②从学术论文中提取出某些目标词汇或者短语。关键词是文章标题的一项重要补充，是学术期刊刊载的论文中不可或缺的重要组成部分。它作为文章的主题词，最能说明全文研究的主题以及中心内容。通常情况下，关键词是从文章标题、摘要或者全文中直接摘录而来的，最能体现研究的本质，是自然语言词汇规范化处理后的精华。以关键词作为文献收录和检索的共同标识，读者就可以借助于它实现对全文要旨的把握，可谓是“字字珠玑”。通过对关键词频次的考察，可以洞悉该概念在国内的受关注程度。如果某关键词在一些年份呈现递增上升趋势，就可以认为该关键词代表着当前的研究热点。因此，对关键词进行统计分析，可以实现对学科结构的探析以及研究热点的挖掘。

在本研究中，为了赋予文献更多的主题信息，笔者采用了基于图书馆学情报学关键词库的中文切词方法。具体思路是：①提取全部文献的关键词构建基础词库，并按照一定频次赋予其出现概率权值；②利用中国科学院计算技术研究所的汉语词法分析系统 ICTCLAS[372] 对文献篇名和摘要进行切词，根据关键词库及其权值从篇名和摘要中提取出相关的主题词；③构建每篇文献与主题词的关联，并赋予文献与主题词之间的关联强度。

对于每篇文献，其每个关键词的相关性权值均为 1，从篇名中提取出的主题词相关性权值为 0.7，从摘要中提取出的主题词相关性权值为 0.3，如图 7－2 所示。如果同一篇文献出现多个主题词，则其权值不能叠加，这种处理方式能够很好地解决共词矩阵稀疏问题。

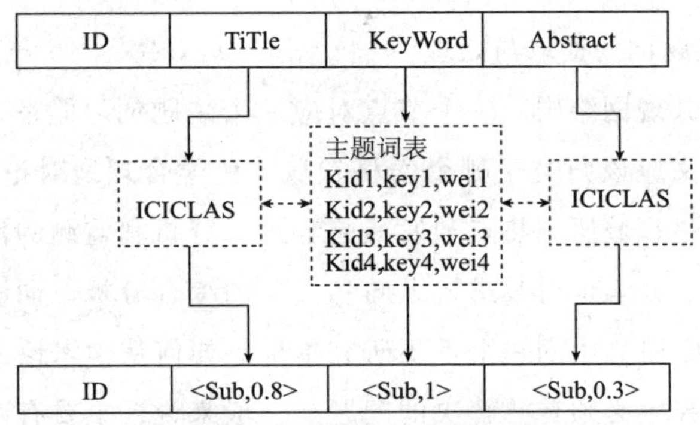

图 7－2　文献主题词的提取与处理流程示意图

当然，在对论文的关键词构建主题词全集时，首先需要按照关键词出现的频次由高到低进行降序排列，然后从词频列表中删除一些没有特殊意义的单词（例如，一些形容词、虚词、介词、连词等），同时还要删除那些在科学研究中没有代表性、被普遍应用的单词（例如，研究、分析等）。在本研究中，将词根相同的单词以及含义相似的单词归并同类项，作为一个词汇进行处理（例如，将“WWW”“Web”“互联网”“因特网”都作为“WWW”来进行统计，将“Research and Development”“Research & Development”“R&D”都作为“研究开发”来进行统计，将“ontology”和“本体”都作为“本体”来进行统计等）。

4. 我国图书馆学情报学发展时段的划分

武汉大学的邱均平教授根据关键词统计，将改革开放以来我国图书馆学情报学发展大致划分为三个阶段[373]，本研究结合邱均平教授的分析结果以及图 7-1 中每年论文期刊数量变化趋势，将我国图书馆学情报学发展划分成以下四个时段。

①第一时段（1979—1991 年）：复苏与发展阶段。经历了“文化大革命”的破坏和影响，我国迎来了改革开放的春天。1978 年，中国科学技术情报学会成立。1980 年，《图书情报工作》《图书与情报》《情报科学》《现代图书情报技术》等期刊的陆续出版[373]，使我国图书馆学情报学研究正式复苏起来。

②第二时段（1992—2000 年）：发展转折阶段。随着我国改革开放的深入，信息社会化和社会信息化、经济信息化和信息经济化进程的加快，以及现代通信与网络技术的发展，图书馆学情报学处于变化与调整期。由于专业名称的变化与学科定位的模糊，我国图书馆学情报学理论研究受到了较大影响，《情报学刊》《情报业务研究》等相继停刊以及相关期刊转向。但是，与此同时又有其他一些期刊被相继创办。因此，我国图书馆学情报学领域的期刊和论文均呈现了增长趋势。

③第三时段（2001—2006 年）：快速发展阶段。进入 21 世纪，随着中国经济和社会进入到新的发展时期，我国图书馆学情报学也迎来了快速发展时期[373]。期刊数据的增长趋势已逐渐缓慢，但论文数据却呈现了大幅突增之势，主要原因是数字图书馆、信息检索、网络计量学等新研究方向有了快速发展，以及跨学科跨领域的交叉研究不断兴起。

④第四时段（2007—2012 年）：稳步发展阶段。自 2007 年以后，我国图书馆学情报学逐渐步入到稳定发展时期，期刊数量已无明显增长趋势，论文增长量约为 400 篇[373]。因此，我国图书馆学情报学已开始进入稳步发展阶段。

本研究通过对上述四个阶段的文献题录数据来构建我国图书馆学情报学领域知识图谱，探究我国图书馆学情报学的研究动态、学术群体和学科结构，发现该研究领域的核心文献和权威专家，为我国图书馆学情报学的发展方向及政策制定等提供参考。

7.2 国内图书馆学情报学学科给养知识图谱分析

自武昌文华图书馆学专科学校①（简称文华图专）于1920年3月创办以来，我国图书馆学情报学教育和研究已有接近一个世纪的历史。但是，由于20世纪60—70年代国内处于十年动乱，图书馆学情报学研究曾一度遭到破坏，基本上处于停滞期。因此，我国图书馆学情报学教育和研究的真正大发展时期应该从文革之后的改革开放开始算起。

纵览改革开放后我国图书馆学情报学的发展，其本土化进程离不开一大批热衷教育和科研的有识之士对事业孜孜追求。师资力量雄厚、研究成果丰富的科研机构都是图书馆学情报学科演进与发展的动力来源与基础条件，它们是我国图书馆学情报学发展的巨大驱动力，也是支撑我国图书馆学情报学在未来国际舞台上大放异彩的“软实力”。一个学科的发展离不

① 文华图书馆学专科学校（Boone Library School）最早是指由美国韦棣华女士和沈祖荣于1920年3月创办的文华大学图书科（简称“文华图专”），仿美国纽约州立图书馆学校办学制度，收大学毕业和肄业两年以上学生学习图书馆学专业，学制三年，分自费生与免费生两种。由此开创了中国近现代图书馆学、档案学教育的先河。1925年，文华大学改称华中大学。1927年，华中大学暂时停办，图书科单独成校，韦棣华任校长。1929年8月，经湖北省政府教育厅及国民政府教育部批准立案，成立私立武昌文华图书馆学专科学校。1931年5月，韦棣华逝世，由沈祖荣任校长，经费来自中美庚款补助和公私赞助，学制为两年。1938年因抗日战争迁至四川璧山。1940年开始招收高中毕业生入校，开办两年制的档案管理科。1946年迁回武昌。1947年改为三年制，设图书馆学专科及档案管理科。1953年并入武汉大学，成为武汉大学图书馆学专修科。文华图专的毕业生大都成为推动中国近代图书馆事业发展的重要成员，进而成为奠定当今海峡两岸图书馆事业发展的基石。其培养的档案管理人才多数成为当时各档案管理部门的中坚力量，在档案管理界成为号称“文华集团”的精英群体。此外，文华图专设置了较为完备的课程体系，培养出的一批近代著名档案学者撰写了数部至今仍在中国档案学界有重要影响的档案学著作，均具有较大的学术及实用价值。文华图专开设了中西合璧式的专业课程，并聘请专职外教，成功地借鉴了欧美的档案学专业教育经验，丰富了教学内容，同时还收藏有大量外国档案管理方面的书刊。

开庞大的研究队伍，尤其是充满竞争力的优秀研究团队。“十二五”已经渐远，“十三五”正向我们款款走近。“十三五”是我国学科各领域深化改革的时期，同时也是学科建设实现攻坚与突破的时期。不可否认的是，这段时期也正是我国图书馆学情报学人才队伍建设、研究机构转型的良好机遇期。只有抓好人才建设和机构建设，才能够从全局上把握我国图书馆学情报学的发展战略，进而主动去适应新时期国情实际与学科内在发展的需要，更加奋进地推进我国图书馆学情报学的发展，并且不断地取得进展和突破。

为了更好地探索和摸清我国图书馆学情报学的研究队伍，笔者在本章中定义了“学科给养”的概念，即代表某一学科的研究硬件（研究机构、教育机构、基金资助等要素）和软件（科研学者、教师队伍等要素）供给情况的总称。受 CNKI 等数据库中题录信息的限制，本研究中简化了“学科给养”的指标，仅从科研学者和研究机构两个维度去看待我国图书馆学情报学研究。本章主要借助于网络科学中评价节点重要性的一些关键指标以及科学计量学中的 H 指数等指标，并且通过对不同时段的图书馆学情报学领域的研究者和研究机构进行统计分析，在演变过程中寻找我国图书馆学情报学研究者的分布和发展规律，并尝试确定我国图书馆学情报学领域的权威作者。

7.2.1 学科给养知识图谱的构建

分析学科给养可以通过构建频次分布知识图谱来实现，其构建主要包括以下三个步骤：①分析单元的界定；②指标的选择与计算；③学科给养知识图谱可视化。

一、分析单元的界定

通过对 294696 篇文献数据进行详细统计，笔者发现 1979—2012 年共计有 133251 位科研学者、18691 个研究机构在图书馆学情报学领域发表过至少一篇学术论文。这说明最近 30 多年，我国图书馆学情报学界积累了一支庞大的科研队伍，这对我国图书馆学情报学的发展有着不容忽视的影响力。

图 7－3 中给出的是 1979—2012 年我国图书馆学情报学领域科研学者的期刊论文总体发表情况统计结果。其中，横坐标代表一个学者的发文能力，纵坐标代表不同发文量对应的学者人数。从图 7－3 中可以看出，在我国图书馆学情报学领域，90.38% 的作者期刊发文量都在 8 篇以内，这 90.38% 的作者发文总量仅占图书馆学情报学领域全部论文的 53.44%，而剩余近 10% 的高产作者掌握了另一半数量的论文。极少数作者发表了大量的期刊论文。特别需要指出的是，尽管发表论文量在 40 篇以上的作者仅占作者总数的 0.56%，但他们却发表了近 10% 的论文。其中，发文量最多的前三位作者分别是王知津、于鸣镝、邱均平，他们的发文量均在 200 篇以上。

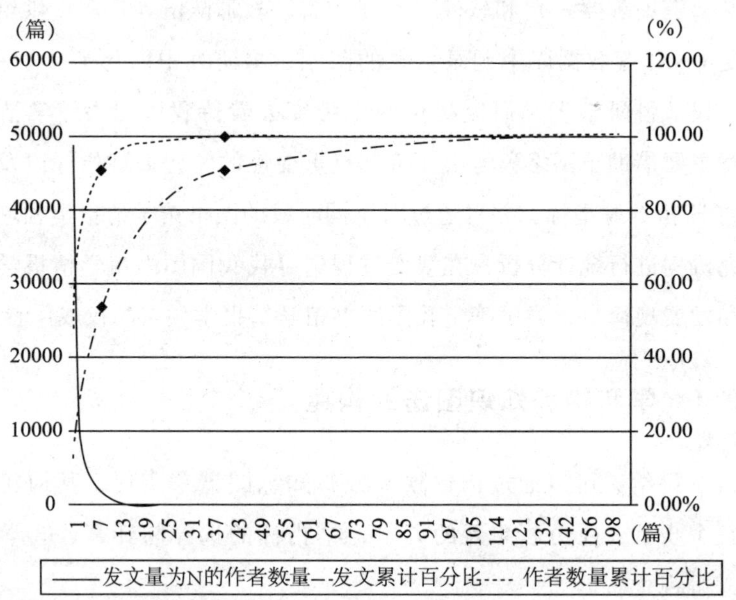

7－3　1979—2012 年我国图书馆学情报学科研学者发文量情况统计

图 7－4 中给出的是 1979—2012 年我国图书馆学情报学的科研机构期刊论文发表情况统计结果。图 7－4 中的横坐标代表一个机构的发文能力，纵坐标代表不同发文量对应的机构数量。

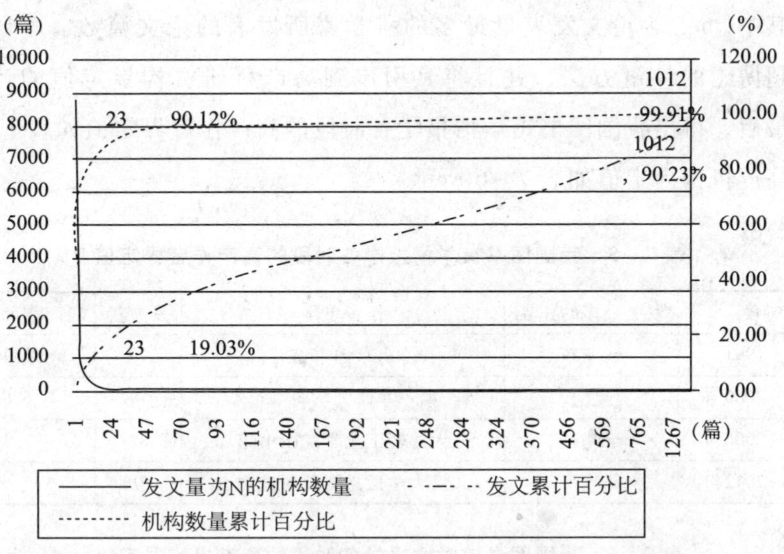

图 7-4　1979—2012 年我国图书馆学情报学科研机构发文量情况统计

从图 7-4 中可以看出，在我国图书馆学情报学领域，90.12% 的机构发文量都在 23 篇以内，这 90.12% 的机构发文总量仅占图书馆学情报学领域全部论文的 19.03%，而剩余近 10% 的高产机构发表了剩余近 81% 的论文。极少数机构发表了大量的期刊论文，发表论文在 1012 篇以上的机构仅占机构总数的 0.1%，但却发表了近 10% 的论文。其中发文量最多的前三位机构分别为武汉大学、北京大学、南京大学，其发文量均在 2000 篇以上。

通过数据统计不难发现，在我国图书馆学情报学领域这个庞大的学术队伍当中，大部分学者或者机构对于图书馆学情报学的贡献度其实非常小，甚至可以忽略不计。如果将全部作者都通过知识图谱可视化，可能会对学术群体本身的研究造成干扰和影响。因此，需要首先界定图书馆学情报学领域的高产科研学者和高产科研机构。对于高产作者的界定，湖南大学的何超在其博士论文中深入分析和验证了洛特卡定律，并且假设个体发表论文篇数超过 m 的科研学者总体所撰写的论文篇数正好是所有论文的总篇数的 50%，则该 m 值即为高产作者的界定值如式 7-1 所示[374]。

$$m = 0.749 \times \sqrt{n_{max}} \tag{7-1}$$

其中，n_{max}为论文发表量最多的科学家所发表的论文篇数。本研究参考何超博士的计量方法，并且将其引申到高产科研机构界定值的计算上来。最后，得出我国图书馆学情报学各时段的高产作者界定值如表 7 - 5 所示，高产机构界定值如表 7 - 6 所示。

表 7 - 5　我国图书馆学情报学各时段的高产作者界定值

时段	发文最多的作者	作者单位	发文量	高产作者界定值
1979—1991 年	钱亚新	南京图书馆	73	6.40
1992—2000 年	夏旭	第一军医大学图书馆	79	6.66
2001—2006 年	于鸣镝	大连轻工业学院图书馆	82	6.78
2007—2012 年	邱均平	武汉大学信息资源研究中心	105	7.67

表 7 - 6　我国图书馆学情报学各时段的高产机构界定值

时段	发文最多的机构	机构所在地区	发文量	高产机构界定值
1979—1991 年	中国科学院	北京	438	15.68
1992—2000 年	武汉大学	湖北武汉	994	23.61
2001—2006 年	武汉大学	湖北武汉	1703	30.91
2007—2012 年	武汉大学	湖北武汉	1696	30.85

需要补充说明的是，单靠发文量是无法准确衡量学者和机构的科研水平，因为不同的论文所代表的质量和学术水平是不一样的。很可能会存在某些发文量较少的作者，但由于其发表的论文级别较高，说明其科研水平高于发文量大于他的其他作者。因此，本章中高产作者界定仅仅是为了过滤掉部分非图书馆学情报学领域的学者或机构，使后续分析更加简单化，并非试图通过发文量来对科研学者和机构进行科研能力上的统计分析。

二、指标的选择与计算

本章的任务之一是为了更好地摸清我国图书馆学情报学领域的研究队伍概况。因此，凡是能够体现学者或机构的科研水平和能力的指标均可作为本章的研究指标。一个学者或机构的科研能力可以从其论文输出能力、学术贡献程度、信息交流情况等三个方面来进行衡量。

1. 论文输出能力

正如前文中所介绍的那样，由于不同论文所代表的质量和学术水平是不一样的，故单靠发文量是无法准确衡量学者和机构的科研能力。但是，通过科学家输出的论文情况来衡量一个科学家的贡献力，无疑是有一定道理的。在没有找到其他更合适的指标情况下，本研究将利用发文量这个指标来构建论文输出能力，即一个作者或机构的论文输出能力等于其在某一时期内所发表论文数量的总和。

2. 学术贡献程度

论文输出情况仅能够反映一个作者或机构的科研生产能力，但不一定意味着其学术贡献度高。一个作者或机构的学术贡献程度应取决于该作者所发表的论文成果被其他人学习吸收或知识转化的情况。本研究中以论文下载频次来代表论文被其他人学习吸收的程度，以论文被引频次来代表被其他人知识转化的程度，并且在指标计算过程中还参考了文献计量学常用的 H 指数和 G 指数这两种计算方法。

H 指数的计算基于其研究者的论文数量及其论文被引用的次数。赫希[375]认为：一个人在其所有学术文章中有 N 篇论文分别被引用了至少 N 次，则其 H 指数就是 N。例如，在美国耶鲁大学免疫学家理查德·弗来沃(Richard Flavell) 发表的 900 篇文章中，有 107 篇被引用了 107 次以上，所以他的 H 指数就是 107。可以按照以下方法来确定某位研究人员的 H 指数：①将其发表的所有论文按被引次数从高到低排序；②从前往后查找排序后的列表，直到某篇论文的序号大于该论文被引次数，所得序号减 1 即为 H 指数。

G 指数[376]是 H 指数的衍生指数，由埃格赫（Egghe）首先提出，主要是为了弥补 H 指数不能够很好地反映高被引论文的缺陷而提出来的。G 指数通常定义为：论文按被引次数排序后相对排前的累积被引至少 g^2次的最大论文序次 g，亦即第（g+1）序次论文对应的累积引文数将小于 $(g+1)^2$。从该定义可以看出，g≥h，而按被引量排序靠前的文章的被引次数越多，G 指数越大。

因此，本研究中对作者或机构的学术贡献程度的计算方式分别为基于被引频次计算作者或机构的 H 指数和 G 指数，以及基于下载频次计算作者或机构的 H’指数和 G’指数。其中，H’指数的计算方法为：①将其发表的所有论文按下载次数从高到低排序；②从前往后查找排序后的列表，直到某篇论文的序号大于该论文被下载次数，所得序号减 1 即为 H’指数。G’指数的计算方法为：①将其发表的所有论文按下载次数从高到低排序；②从前往后查找排序后的列表，直到某篇论文的序号的平方大于该序号之前论文累计下载次数，所得序号减 1 即为 G’指数。

3. 信息交流情况

如果说学术贡献程度反映了一个作者或机构的信息传递程度，那么信息交流情况则反映了一个作者或机构的信息共享情况。本研究中主要借助科学家或科学机构的合作网络中的度值、聚集系数、介数中心性等指标来衡量该作者或机构在整个科研合作网络中的信息交流情况。

节点度值描述的是网络中与该结点直接相连的边的数目。在合作者网络中，每个作者的度数代表了与其有合作关系的人数，度数越大的作者在网络中掌握的信息量越多；聚集系数用来描述网络中顶点的聚集情况，即网络有多紧密。在合作者网络中的聚集性反映网络中与一个作者合作的另两个作者也有可能彼此合作的概率。聚集系数大的网络，说明科学家之间合作频繁，学术交流活跃；介数中心性是一个全局几何量，它指的是网络中通过某结点的最短路径数目占网络中总最短路径数目的比例。在科研合作网络中，介数反映了在一个领域内某位作者控制整个网络中信息交流的能力，全部顶点的介数分布反映的是科学家影响力的层次。

三、学科给养知识图谱可视化

在学科给养知识图谱可视化过程中，笔者主要利用了 Excel 软件和 R 语言的绘图功能。R 语言提供了非常多样化的绘图功能，并且能够支持数据处理和矩阵运算，其图形工具可对数据直接进行分析和展示。表 7－7 中给出的是本章所用到的 R 语言部分绘图函数。

表 7-7 R 语言中部分高级绘图函数及功能说明

函数	功能说明
plot（x）	以 x 的元素值为纵坐标、以序号为横坐标绘图
plot（x，y）	x（在 x-轴上）与 y（在 y-轴上）的二元作图
dotchart（x）	如果 x 是数据框，作 Cleveland 点图（逐行逐列累加图）
plot. ts（x）	如果 x 是类" ts" 的对象，作 x 的时间序列曲线，x 可以是多元的，但是序列必须有相同的频率和时间
hist（x）	x 的频率直方图
barplot（x）	x 的值的条形图

7.2.2 学科给养知识图谱的解读

一、科研作者分析

1. 论文输出能力分析

表 7-8 中给出的是各时段图书馆学情报学科研作者论文输出能力排名概况。从中可以看出，我国图书馆学情报学最近 30 多年的主要学者的变化情况。正是类似于鸣镝等众多老一辈学者们对科研工作的不断追求，成就了我国图书馆学情报学的快速发展。目前，我国已经涌现出一大批优秀的青年学者在为图书情报事业继续奋斗，正是这些学者们的代代学术传承和不断奋斗，才使得我国图书馆学情报学不断走向成熟。

表 7-8 我国各时段图书馆学情报学科研作者论文输出能力排名（前 20 名）

排名	1979—1991 年		1992—2000 年		2001—2006 年		2007—2012 年	
1	钱亚新	73	夏旭	79	于鸣镝	82	邱均平	105
2	于鸣镝	62	于鸣镝	78	王知津	76	王知津	96
3	林申清	59	文榕生	68	张晓林	72	袁红军	84
4	白国应	56	白国应	64	范文田	72	柯平	78
5	项弋平	54	张琪玉	63	王世伟	68	肖希明	60
6	戴文葆	53	于新国	63	邱均平	63	侯汉清	51
7	王崇德	53	倪波	51	白国应	61	黄国彬	49
8	鲁海	50	霍国庆	50	袁红军	59	蒋永福	49

续表

排名	1979—1991 年		1992—2000 年		2001—2006 年		2007—2012 年	
9	李锡初	50	黄宗忠	49	蒋永福	59	刘兹恒	47
10	曹之	44	王世伟	49	包和平	57	李书宁	47
11	江乃武	44	秦珂	47	文榕生	57	郑建明	46
12	肖东发	41	何荣利	46	于新国	56	傅荣贤	46
13	王惠翔	40	柯平	44	施振宏	53	张文德	46
14	张欣毅	38	王松林	44	邓福泉	46	毕强	45
15	陈志宏	38	杨杞	42	柯平	45	张志强	42
16	侯汉清	37	汪冰	40	盛小平	44	范并思	42
17	黄明	37	方平	40	秦珂	44	司莉	41
18	金恩晖	37	王纯	39	张琪玉	43	张丽萍	41
19	程焕文	35	张晓林	38	王纯	42	杨颖	41
20	鲍振西	35	曹之	38	侯汉清	42	何琳	40

2. 学术贡献程度分析

表 7 -9 至表 7 -12 中给出的分别是利用被引频次和下载频次计算得到的各时段内我国图书馆学情报学领域的科研作者 H 指数与 G 指数排名。

从表 7 -9 可以看出，1979—1991 年对我国图书馆学情报学领域学术贡献最高、最受业界学者认可的学者主要有：南开大学分校情报科学系的王崇德、武汉大学图书馆学系的程焕文、武汉大学图书情报学院的黄宗忠等。其中，王崇德在 1981 年发表的《我国科技期刊文献的引文分析》一文目前被引频次高达 36 次，下载频次为 71 次；王崇德在 1985 年发表的《情报学研究方法概论》一文目前被引频次为 10 次，下载频次高达 193 次。这些学者在我国图书馆学情报学起步阶段所发表的论文无疑对当时图书馆学情报学的发展起到奠基作用。

表 7 -9　1979—1991 年我国图书馆学情报学科研作者 H 指数与 G 指数排名（前 20 名）

排名＼指标	被引频次				下载频次			
	H 指数		G 指数		H’指数		G’指数	
1	王崇德	8	王崇德	13	程焕文	35	王崇德	45
2	肖自力	8	肖自力	12	曹之	33	曹之	44

续表

指标 排名	被引频次				下载频次			
	H 指数		G 指数		H' 指数		G' 指数	
3	程焕文	7	程焕文	10	肖东发	30	肖东发	42
4	黄宗忠	7	黄宗忠	10	王崇德	29	钱亚新	37
5	于鸣镝	5	侯汉清	9	王重民	27	程焕文	35
6	肖东发	5	范并思	8	钱亚新	25	林申清	34
7	侯汉清	5	蒋永福	8	戴文葆	25	戴文葆	32
8	吴慰慈	5	于鸣镝	7	吴慰慈	22	吴慰慈	30
9	彭斐章	5	彭斐章	7	黄宗忠	20	王重民	29
10	范并思	5	张琪玉	7	邱均平	20	肖自力	29
11	张琪玉	5	乔好勤	7	林申清	19	鲁海	28
12	邱均平	5	吴慰慈	6	鲁海	19	张欣毅	28
13	林申清	4	邱均平	6	王义耀	19	黄宗忠	27
14	江乃武	4	林申清	6	肖自力	18	柯平	26
15	戴维民	4	江乃武	6	柯平	18	侯汉清	26
16	乔好勤	4	严怡民	6	张欣毅	18	王义耀	25
17	柯平	4	霍国庆	6	范并思	17	范并思	25
18	严怡民	4	王秀成	6	来新夏	17	戴维民	25
19	霍国庆	4	刘迅	6	杨威理	17	张树华	25
20	黄俊贵	4	肖东发	5	戴维民	16	刘迅	25

从表 7－10 可以看出，1992—2000 年间对我国图书馆学情报学领域学术贡献最高、最受业界学者认可的学者主要有：武汉大学图书情报学院的黄宗忠、中国科学院文献情报中心的霍国庆、四川大学信息管理系的张晓林、北京大学信息管理系的吴慰慈等。其中，张晓林在 2000 年发表的《走向知识服务：寻找新世纪图书情报工作的生长点》一文目前被引频次高达 868 次，下载频次高达 1673 次；霍国庆在 2000 年发表的《我国信息资源共享的战略分析》一文目前被引频次高达 158 次，下载频次高达 411 次。这些学者在我国图书馆学情报学的发展转折时期所发表的论文无疑对当时图书馆学情报学的健康发展起到一定的保障作用。

表 7－10　1992—2000 年我国图书馆学情报学科研作者 H 指数与 G 指数排名（前 20 名）

指标 排名	被引频次				下载频次			
	H 指数		G 指数		H' 指数		G' 指数	
1	黄宗忠	20	张晓林	38	程焕文	46	吴慰慈	69
2	霍国庆	20	黄宗忠	36	曹之	46	黄宗忠	68
3	吴慰慈	18	吴慰慈	34	邱均平	43	曹之	67
4	黄俊贵	16	霍国庆	33	王崇德	42	王崇德	66
5	邱均平	15	邱均平	30	张琪玉	40	霍国庆	60
6	张晓林	14	黄俊贵	27	吴慰慈	38	张琪玉	59
7	肖希明	13	肖希明	27	黄宗忠	37	柯平	57
8	王崇德	12	程亚男	26	张晓林	35	程焕文	54
9	王知津	12	王知津	25	霍国庆	35	王知津	54
10	蒋永福	12	杨宗英	25	柯平	35	张晓林	53
11	于鸣镝	11	蒋永福	23	肖东发	34	肖东发	53
12	王世伟	11	刘兹恒	23	王知津	31	邱均平	51
13	杨宗英	11	王世伟	22	范并思	31	范并思	48
14	范并思	10	王崇德	21	肖希明	29	黄俊贵	47
15	张琪玉	10	马海群	21	傅荣贤	29	倪波	45
16	文榕生	10	汪冰	20	倪波	28	来新夏	44
17	肖自力	9	初景利	18	白国应	28	裴成发	44
18	程焕文	9	王子舟	18	来新夏	28	王世伟	44
19	彭斐章	9	程焕文	17	于鸣镝	27	汪冰	44
20	严怡民	9	彭斐章	17	张树华	27	彭斐章	43

从表 7－11 可以看出，2001—2006 年对我国图书馆学情报学领域学术贡献最高、最受业界学者认可的学者主要有：黑龙江大学信息资源管理研究中心的蒋永福、四川大学信息管理系的张晓林、武汉大学信息资源研究中心的邱均平、南开大学信息资源管理系的王知津等。其中，张晓林在 2001 年发表的《数字化参考咨询服务》一文目前被引频次高达 234 次，下载频次高达 423 次；蒋永福在 2003 年发表的《图书馆服务五原则》一文目前被引频次高达 164 次，下载频次高达 400 次；邱均平在 2004 年发表的《关于内容分析法的研究》一文目前被引频次高达 129 次，下载频次高达

2273 次。这些学者在我国图书馆学情报学的快速发展时期所发表的论文无疑对当时图书馆学情报学的发展起到了关键的推动作用。

表 7－11　2001—2006 年我国图书馆学情报学科研作者 H 指数与 G 指数排名（前 20 名）

指标/排名	被引频次				下载频次			
	H 指数		G 指数		H' 指数		G' 指数	
1	蒋永福	36	张晓林	62	张晓林	80	王知津	130
2	张晓林	33	蒋永福	53	邱均平	79	张晓林	125
3	邱均平	28	邱均平	47	程焕文	78	柯平	115
4	黄宗忠	25	范并思	45	王知津	75	邱均平	114
5	肖希明	25	黄宗忠	44	蒋永福	68	吴慰慈	104
6	吴慰慈	24	吴慰慈	43	王世伟	58	王世伟	99
7	黄俊贵	24	黄俊贵	40	柯平	58	黄宗忠	97
8	王世伟	23	王世伟	40	吴慰慈	57	程焕文	94
9	王子舟	23	肖希明	39	张琪玉	57	蒋永福	93
10	刘兹恒	22	程亚男	38	曹之	55	侯汉清	91
11	柯平	21	王子舟	35	王子舟	54	张琪玉	85
12	霍国庆	21	刘兹恒	35	范并思	49	范并思	85
13	王知津	20	盛小平	35	肖希明	48	黄俊贵	85
14	盛小平	20	程焕文	35	刘兹恒	48	曹之	83
15	黄晓斌	20	初景利	35	黄晓斌	48	张静	80
16	程焕文	19	柯平	33	侯汉清	48	吴建中	79
17	范并思	19	霍国庆	33	初景利	47	秦珂	77
18	杨宗英	19	王知津	33	于鸣镝	46	王纯	73
19	初景利	18	吴建中	33	黄宗忠	45	刘兹恒	72
20	马海群	18	杨宗英	31	马海群	45	包和平	72

从表 7－12 可以看出，2007—2012 年对我国图书馆学情报学领域学术贡献最高、最受业界学者认可的学者主要有：武汉大学信息资源研究中心的邱均平、华东师范大学信息学系的范并思、南开大学信息资源管理系的王知津、南开大学信息资源管理系的柯平等。其中，邱均平在 2008 年发表的《一种新的科学计量指标——H 指数及其应用述评》一文目前被引频次为 52 次，下载频次高达 793 次；范并思在 2009 年发表的《云计算给图书馆管理带来挑战》一文

目前被引频次高达 166 次，下载频次高达 2796 次；王知津在 2009 年发表的《论信息服务十大走向》一文目前被引频次为 52 次，下载频次高达 1484 次。这些学者在我国图书馆学情报学的稳定发展时期所发表的论文无疑对目前图书馆学情报学的稳定发展及前沿热点的出现起到了关键作用。

表 7－12　2007—2012 年我国图书馆学情报学科研作者 H 指数与 G 指数排名（前 20 名）

指标／排名	被引频次				下载频次			
	H 指数		G 指数		H’指数		G’指数	
1	蒋永福	36	张晓林	63	邱均平	152	邱均平	219
2	张晓林	33	蒋永福	54	王知津	122	王知津	196
3	邱均平	29	范并思	51	柯平	111	柯平	193
4	黄宗忠	26	邱均平	49	蒋永福	101	张晓林	153
5	范并思	26	黄宗忠	46	张晓林	100	蒋永福	142
6	肖希明	26	吴慰慈	43	肖希明	91	侯汉清	138
7	吴慰慈	25	初景利	42	程焕文	90	张静	132
8	王世伟	25	肖希明	41	王子舟	82	范并思	127
9	王子舟	25	黄俊贵	41	侯汉清	81	王世伟	127
10	黄俊贵	24	王世伟	40	张静	80	吴慰慈	125
11	柯平	23	程亚男	39	刘兹恒	79	肖希明	124
12	王知津	22	王子舟	38	袁红军	77	袁红军	124
13	初景利	22	刘兹恒	37	范并思	73	刘兹恒	120
14	刘兹恒	22	程焕文	36	王世伟	73	程焕文	119
15	程焕文	21	盛小平	36	吴慰慈	72	黄宗忠	119
16	霍国庆	21	柯平	35	初景利	68	王军	113
17	盛小平	21	王知津	34	黄晓斌	68	张敏	110
18	黄晓斌	21	吴建中	34	孙坦	68	刘颖	109
19	杨宗英	19	霍国庆	33	马海群	67	刘磊	108
20	程亚男	19	杨宗英	31	李静	65	李莉	107

3. 信息交流情况分析

信息交流情况反映了一个作者或机构的信息共享情况。通过构建各时段科学家合作网络并分析其度值、聚集系数、介数中心性等指标，可以衡量不同作者在整个科研合作网络中的信息交流情况。

(1) 度值。表 7 - 13 中列出了我国各个时段图书馆学情报学科研合作者网络中度值较高的一些作者概况。例如，武汉大学信息管理学院的肖希明教授曾在 2007—2012 年期间与黄如花等 17 位学者进行过合作；原中国科学院图书馆馆长张晓林教授曾在 2001—2006 年与李桂华①、党跃武等 17 位学者进行过合作。这些学者控制着网络中大部分的信息量，若将他们从科研合作网络中移除，将会严重影响我国图书馆学情报学的科研产量和学术进展。

表 7 - 13 我国各时段图书馆学情报学合作者网络节点度值排名（前 20 名）

排名	1979—1991 年		1992—2000 年		2001—2006 年		2007—2012 年	
1	单波	11	夏旭	14	张晓林	17	肖希明	17
2	金恩晖	10	孟广均	9	杜云祥	14	孙坦	17
3	卢绍君	8	倪波	8	盛小平	13	初景利	15
4	葛冠雄	8	邱均平	8	卢小宾	13	张智雄	12
5	李修宇	8	李健康	8	毛军	12	张晓林	11
6	张维华	8	彭斐章	8	李广建	11	张志强	10
7	降绍瑞	8	霍国庆	7	郝俊勤	11	牛晓芳	10
8	林申清	7	方平	7	韩继章	11	罗晓梅	10
9	肖自力	7	张勇	7	涂湘波	11	刘桂玲	10
10	王正兴	7	韩继章	7	柯平	10	黄晓鹂	10
11	路林	7	周文骏	7	宛玲	10	郝俊勤	10
12	贺修铭	7	顾萍	7	郑章飞	10	杨志刚	9
13	钱亚新	6	秦惠基	6	王桂枝	10	王天津	9
14	王惠翔	6	张建国	6	邱均平	9	潘云涛	9
15	张欣毅	6	张怀涛	6	初景利	9	李树民	9
16	侯汉清	6	邹华享	6	刘兹恒	9	祝忠明	8
17	彭斐章	6	沈小丁	6	姜爱蓉	9	杨春华	8
18	夏国栋	6	常书智	6	高凡	9	吴振新	8
19	王丽云	6	熊钟琪	6	刘炜	9	王青春	8
20	陈英	6	于鸣镝	5	张春红	9	邱均平	8

(2) 聚集系数。表 7 - 14 中列出了我国各时段图书馆学情报学领域合作

① 李桂华（1972—）现为四川大学公共管理学院信息资源管理系副教授、硕士生导师，主要从事信息服务与信息用户领域研究，主持或参加各级课题多项，发表学术论文数十篇，参编著作 5 部。

者网络中聚集系数较高的一些作者概况。聚集系数反映了网络中与一个作者合作的其他作者也有可能彼此合作的可能。例如，《安徽农业科学》编辑部的朱安曾在2007—2012年与另外四名同事房威、李杨、张志转、朱永密切合作发表了大量论文；华北煤炭医学院图书馆的廉立军曾在2007—2012年与叶素萍等人密切合作发表了近20篇论文。这些学者对于科研合作网络的紧密联系有着举足轻重的作用，若将他们从网络中移除，将会严重影响科研合作的密切联系，网络将趋于不稳定状态。

表7-14　我国各时段图书馆学情报学领域合作者网络聚集系数排名（前20名）

排名	1979—1991年		1992—2000年		2001—2006年		2007—2012年	
1	王正兴	0.71429	陈鸣凤	0.9	孙玮	0.833333	朱安	0.9
2	张维华	0.71429	刘俊英	0.833333	陈建青	0.8	廉立军	0.866667
3	夏洪川	0.66667	张勇	0.714286	雷春炳	0.8	杨平	0.8
4	徐光复	0.66667	韩继章	0.714286	范并思	0.75	吕蕴红	0.8
5	王丽娟	0.66667	于双成	0.666667	肖希明	0.75	秦荣环	0.8
6	石广济	0.66667	李运景	0.666667	叶鹰	0.75	杨应全	0.8
7	王重民	0.6	莫梅琦	0.666667	刘俊英	0.666667	张畔枫	0.8
8	卢绍君	0.53571	胡翠琴	0.666667	武旭	0.666667	吴晓英	0.8
9	降绍瑞	0.53571	颜世刚	0.666667	韩毅	0.666667	陈娟	0.733333
10	钱亚新	0.5	刘春延	0.666667	黄筱玲	0.666667	李超平	0.733333
11	王科正	0.4	杜静芝	0.666667	卢青	0.666667	王青春	0.714286
12	程磊	0.33333	方国辉	0.6	李健康	0.666667	周娟	0.714286
13	廖子良	0.33333	秦铁辉	0.6	戎文慧	0.666667	庞楠	0.714286
14	丘峰	0.33333	武旭	0.5	邹志仁	0.666667	张建平	0.7
15	柳成栋	0.33333	马费成	0.5	滕颖	0.666667	范明泉	0.7
16	黄俊贵	0.33333	李娜	0.5	吴开华	0.666667	王天津	0.694444
17	邱均平	0.33333	谢阳群	0.5	梁花侠	0.666667	张志转	0.666667
18	刘经宇	0.33333	李后卿	0.5	邓小昭	0.666667	朱永和	0.666667
19	朱家桢	0.33333	卢青	0.5	徐引篪	0.6	吴卫华	0.666667
20	宓浩	0.33333	陈桂章	0.5	杨春华	0.6	叶鹰	0.666667

（3）介数中心性。表7-15中列出了我国各时段图书馆学情报学领域合作者网络中介数中心性较高的一些作者概况。介数反映了在一个领域内

某位作者控制整个网络中信息交流的能力。例如，原中国科学院国家科学图书馆副馆长孙坦①教授在 2007—2012 年曾分别与张晓林、张智雄②、黄国彬③等学者合作，成为这些学者进行学术交流的桥梁；张晓林曾在 2001—2006 年分别与四川大学信息管理系和中国科学院文献情报中心的多位学者进行过合作，故四川大学与中国科学院文献情报中心的合作非常紧密。科研合作网络中介数较高的学者们控制着网络中大部分信息的交流，若将他们从网络中移除，将会严重影响网络中的信息交流与传输。

表 7－15　我国各时段图书馆学情报学领域合作者网络介数中心性排名（前 20 名）

排名	1979—1991 年		1992—2000 年		2001—2006 年		2007—2012 年	
1	李修宇	0.002507	李莹	0.001115	张晓林	0.001405	孙坦	0.001632
2	王丽云	0.001863	周文骏	0.001072	柯平	0.00126	肖希明	0.001322
3	赵立珠	0.001732	刘学和	0.001047	卢小宾	0.001228	张晓林	0.000841
4	马维颐	0.001406	秦铁辉	0.001009	李武	0.001113	初景利	0.000759
5	林申清	0.001369	张晶	0.001007	郝俊勤	0.000975	方曙	0.000752
6	葛冠雄	0.00087	高磊	0.001004	刘兹恒	0.00088	张志强	0.000721
7	邹本栋	0.000835	缪家鼎	0.000836	王敏	0.000858	叶继元	0.000669
8	肖自力	0.000633	吴蓓珠	0.000821	李刚	0.000851	黄如花	0.000652
9	程磊	0.000587	竺海康	0.000806	韩继章	0.00085	李书宁	0.00065
10	侯汉清	0.000567	赵美娣	0.000805	张春红	0.000843	李晓辉	0.000611

① 孙坦（1970—）现为中国农业科学院农业信息研究所所长，曾任中国科学院国家科学图书馆副馆长，兼任国际图书馆协会与机构联合会馆藏获取与开发专业委员会委员、中国图书馆学会常务理事、《图书馆建设》编委等职，其研究方向为文献资源建设、数字图书馆建设，曾主持及参加各级课题十多项，发表学术论文 80 多篇，参编、主编专著 5 部。

② 张智雄（1971—）现为中国科学院武汉文献情报中心主任、中国科学院国家科学图书馆研究馆员、博士生导师，兼任国际图书馆协会与机构联合会（IFLA）科学和技术图书馆委员会常务委员、中国图书馆学会数字图书馆研究与建设专业委员会副主任委员、中国科学技术情报学会知识组织专业委员会副主任委员、中国科学技术情报学会信息技术专业委员会委员、全国信息与文献标准化技术委员会技术互操作分委员会委员、中国科学院研究生院教授、国家科技图书文献中心（NSTL）网络工作组副组长，以及《现代图书情报技术》《数字图书馆论坛》编委，其研究领域主要集中在网络科技信息监测、知识技术、文本挖掘、信息抽取、可视化分析、数字长期保存技术等方面，发表 100 多篇研究论文，译著 3 部，主持及参加国家、省部级项目 20 余项。

③ 黄国彬（1979—）现为北京师范大学政府管理学院副教授、硕士生导师，兼任中国图书馆学会编译委员会委员，其研究方向为信息资源管理，承担各类课题 8 项，参加 30 多项课题研究，发表论文 100 多篇，独立、参与撰写 6 部专著、教材。

续表

排名	1979—1991 年		1992—2000 年		2001—2006 年		2007—2012 年	
11	刘经宇	0.00053	田平	0.000735	王知津	0.000806	潘云涛	0.0006
12	罗友松	0.000507	夏旭	0.000714	范并思	0.000794	黄晓鹂	0.000585
13	夏国栋	0.000443	倪波	0.000683	毛军	0.000787	邱均平	0.000583
14	王盛茂	0.000404	杨晓骏	0.000655	张桂玲	0.00073	王丽娜	0.000574
15	李广建	0.000404	周庆山	0.000453	张玲	0.000691	张智雄	0.000533
16	张树华	0.00031	孟广均	0.000422	文丽	0.000688	王慧	0.00053
17	庄子逸	0.00031	夏勇	0.000358	盛小平	0.000661	王知津	0.000528
18	杨学梅	0.000307	柯平	0.00031	王宁	0.00066	杨志刚	0.000487
19	张欣毅	0.000268	吴建中	0.000303	刘颖	0.00064	张成昱	0.000478
20	刘学和	0.000209	吴平	0.000296	冯泽伦	0.000632	吴振新	0.000474

二、科研机构分析

1. 论文输出能力分析

表 7－16 中给出的是各个时段我国图书馆学情报学科研机构论文输出能力排名变化概况。从表 7－16 中可以看出，我国图书馆学情报学领域科研机构可以细分成三种类型，即高校研究机构、科研院所研究机构、社会图书馆研究机构。

高等院校的科研实力是评价某一国家从事基础科学研究以及在高精尖科技领域进行原始创新研究能力的关键参照指标。它在科学研究领域占据着重要的比重，决定着未来国家是否能够在全球竞争激烈的科技浪潮中勇立潮头。经过笔者统计，前 20 个顶尖科研机构中高校研究机构占了 16 个（80%），前 50 个顶尖科研机构中高校科研机构占了 41 个（82%）。由此可见，高校科研机构在我国图书馆学情报学领域中所占的重要位置。从这些高校科研机构来看，我国“985 工程”重点建设大学在图书馆学情报学的科研实力优势最为明显，位居前 16 位的高校均是我国“985”工程重点建设大学。所有上榜高产院校都享有一定的知名度，尤其是前三名的武汉大学、北京大学和南京大学，它们不仅成立了独立的信息管理学院（或者信息管理系），而且都还拥有实力超群的科研团体。

经过笔者统计，社会图书馆研究机构在我国图书馆学情报学领域也占据着非常重要的位置。在前 50 个顶尖科研机构中，社会图书馆研究机构占了 6 个（12%）。前三名分别是上海图书馆、中国国家图书馆、广东省立中山图书馆，它们都是拥有很大影响力的社会图书馆研究机构。

此外，在图书情报领域发表文献的科研院所研究机构共计有 139 个。其中，在前 50 个顶尖科研机构中，主要有中国科学院文献情报中心（即中国科学院国家科学图书馆）和中国科学技术信息研究所等 2 个（占 6%）。尤其值得一提的是，中国科学院文献情报中心的排名仅次于武汉大学、北京大学和南京大学，位列第 4 名，说明科研院所研究机构在我国图书馆学情报学领域具有独特的研究优势。

表 7-16　我国各时段图书馆学情报学科研机构论文输出能力排名（前 20 名）

排名	1979—1991 年		1992—2000 年		2001—2006 年		2007—2012 年	
1	中国科学院	438	武汉大学	994	武汉大学	1703	武汉大学	1696
2	武汉大学	420	中国科学院	779	中国科学院	840	中国科学院	1195
3	北京大学	257	北京大学	612	北京大学	840	南京大学	1160
4	中山大学	157	南京大学	427	南京大学	652	北京大学	975
5	华东师范大学	146	南开大学	359	中山大学	641	中山大学	810
6	上海图书馆	139	北京图书馆	344	浙江大学	591	郑州大学	660
7	黑龙江省图书馆	128	中山大学	316	南开大学	499	南开大学	641
8	南京大学	111	浙江大学	298	河北师范大学	481	吉林大学	541
9	南京图书馆	110	上海图书馆	278	四川大学	405	华南师范大学	530
10	辽宁省图书馆	100	山西大学	243	山东大学	401	北京师范大学	511
11	山西大学	99	南京图书馆	240	郑州大学	377	山东大学	487
12	北京图书馆	91	安徽大学	223	华南师范大学	374	华中师范大学	487
13	黑龙江大学	90	清华大学	223	上海图书馆	371	四川大学	449
14	东北师范大学	88	辽宁省图书馆	209	湘潭大学	360	福建师范大学	446
15	江西省图书馆	82	天津图书馆	209	吉林大学	359	安徽大学	444
16	吉林省图书馆	80	河北大学	189	临沂师范学院	357	河北大学	441
17	哈尔滨市图书馆	78	华东师范大学	181	北京师范大学	344	河南大学	425
18	哈尔滨工业大学	57	汕头大学	179	中南大学	337	黑龙江大学	391

续表

排名	1979—1991 年		1992—2000 年		2001—2006 年		2007—2012 年	
19	中国医学科学院	57	湖南医科大学	177	河南大学	336	南京图书馆	386
20	太原工业大学	54	武汉大学	994	集美大学	332	曲阜师范大学	365

2. 学术贡献程度分析

由于1979—1991年的机构数据记录不全，故无法进行深入分析。表7－17至表7－19中给出的是利用被引频次和下载频次计算得到的1992—2012年各个时段内我国图书馆学情报学领域的科研机构H指数与G指数排名情况。

从这些表中可以看出，1992—2012年我国图书馆学情报学的科研机构核心贡献力排名变化不大，武汉大学和北京大学一直处于前两位，排名比较靠前的还有南京大学、南开大学、中山大学、中国科学院文献情报中心等。

表7－17　1992—2000年我国图书馆学情报学科研机构H指数与G指数排名（前20名）

指标 排名	被引频次				下载频次			
	H指数		G指数		H’指数		G’指数	
1	武汉大学	34	武汉大学	53	武汉大学	99	武汉大学	160
2	北京大学	32	北京大学	49	北京大学	87	北京大学	140
3	中国科学院	22	南京大学	41	南京大学	67	南京大学	116
4	南京大学	22	四川大学	39	中国科学院	58	中国科学院	100
5	中山大学	21	中国科学院	33	南开大学	53	中国科学院文献情报中心	93
6	中国科学院文献情报中心	20	中国科学院文献情报中心	32	浙江大学	53	四川大学	86
7	南开大学	17	上海图书馆	32	中国科学院文献情报中心	52	南开大学	84
8	清华大学	16	中山大学	30	中山大学	52	中山大学	84
9	浙江大学	16	南开大学	27	四川大学	47	浙江大学	83
10	上海图书馆	15	清华大学	27	清华大学	46	清华大学	78
11	四川大学	15	上海交通大学	25	上海图书馆	40	上海图书馆	63

续表

指标 / 排名	被引频次				下载频次			
	H 指数		G 指数		H' 指数		G' 指数	
12	湖南图书馆	13	浙江大学	24	郑州大学	36	河北大学	58
13	上海交通大学	13	湖南图书馆	24	中国社会科学院	35	华中师范大学	55
14	暨南大学	13	山西大学	21	华中师范大学	35	山西大学	54
15	山西大学	12	中国社会科学院	20	上海交通大学	31	郑州大学	52
16	华东师范大学	11	暨南大学	19	北京师范大学	31	华东师范大学	52
17	黑龙江大学	11	黑龙江大学	19	河北大学	31	湖南医科大学	50
18	东北师范大学	11	北京师范大学	19	华东师范大学	30	中国社会科学院	49
19	湘潭大学	11	中国人民大学	19	天津大学	30	东北师范大学	48
20	北京师范大学	11	郑州大学	19	山西大学	29	黑龙江大学	46

表 7-18　2001—2006 年我国图书馆学情报学科研机构 H 指数与 G 指数排名（前 20 名）

指标 / 排名	被引频次				下载频次			
	H 指数		G 指数		H' 指数		G' 指数	
1	武汉大学	56	武汉大学	80	武汉大学	260	武汉大学	366
2	北京大学	50	北京大学	67	北京大学	220	北京大学	314
3	中国科学院	47	中国科学院	61	中国科学院	196	中国科学院	296
4	中国科学院文献情报中心	43	中国科学院文献情报中心	59	中山大学	187	中山大学	281
5	中山大学	42	中山大学	59	南京大学	184	中国科学院文献情报中心	269
6	上海图书馆	36	上海图书馆	58	中国科学院文献情报中心	179	南京大学	260
7	南京大学	34	南京大学	52	南开大学	159	南开大学	232
8	清华大学	34	华东师范大学	52	浙江大学	141	清华大学	219
9	南开大学	32	四川大学	49	北京师范大学	141	浙江大学	213
10	浙江大学	30	清华大学	47	清华大学	134	北京师范大学	201
11	黑龙江大学	29	南开大学	47	郑州大学	129	华东师范大学	194
12	上海交通大学	29	黑龙江大学	44	湘潭大学	123	郑州大学	193
13	华东师范大学	27	浙江大学	42	华南师范大学	123	黑龙江大学	186

续表

排名＼指标	被引频次				下载频次			
	H 指数		G 指数		H' 指数		G' 指数	
14	湘潭大学	27	上海交通大学	41	四川大学	121	四川大学	182
15	郑州大学	25	中国人民大学	41	东北师范大学	112	上海图书馆	181
16	北京师范大学	25	湘潭大学	40	上海图书馆	111	湘潭大学	176
17	中国人民大学	25	郑州大学	40	黑龙江大学	111	华南师范大学	175
18	四川大学	23	北京师范大学	38	吉林大学	108	上海交通大学	168
19	湖南图书馆	22	湖南图书馆	33	上海交通大学	107	东北师范大学	166
20	华南师范大学	22	河北大学	30	河北大学	106	吉林大学	165

表 7－19　2007—2012 年我国图书馆学情报学科研机构 H 指数与 G 指数排名（前 20 名）

排名＼指标	被引频次				下载频次			
	H 指数		G 指数		H' 指数		G' 指数	
1	武汉大学	57	武汉大学	81	武汉大学	363	武汉大学	504
2	北京大学	52	北京大学	69	北京大学	310	中国科学院	441
3	中国科学院	48	中国科学院	65	中国科学院	305	北京大学	428
4	中国科学院文献情报中心	43	中山大学	61	南京大学	261	南京大学	370
5	中山大学	42	上海图书馆	60	中山大学	258	中山大学	364
6	清华大学	37	中国科学院文献情报中心	59	南开大学	245	南开大学	351
7	上海图书馆	36	华东师范大学	58	中国科学院文献情报中心	211	中国科学院文献情报中心	305
8	南京大学	36	南京大学	56	华南师范大学	197	华东师范大学	296
9	南开大学	36	清华大学	50	浙江大学	187	清华大学	291
10	华东师范大学	32	南开大学	50	北京师范大学	186	华南师范大学	281
11	浙江大学	31	四川大学	49	清华大学	182	浙江大学	277
12	黑龙江大学	30	黑龙江大学	45	吉林大学	182	北京师范大学	272
13	上海交通大学	30	浙江大学	43	湘潭大学	175	吉林大学	268
14	湘潭大学	29	上海交通大学	43	郑州大学	174	黑龙江大学	266
15	北京师范大学	26	中国人民大学	42	华中师范大学	174	华中师范大学	253
16	中国人民大学	26	湘潭大学	41	黑龙江大学	173	湘潭大学	249
17	郑州大学	25	北京师范大学	40	华东师范大学	168	郑州大学	249

续表

排名＼指标	被引频次				下载频次			
	H 指数		G 指数		H’ 指数		G’ 指数	
18	四川大学	24	郑州大学	40	四川大学	168	上海交通大学	249
19	山东大学	23	上海大学	34	南京农业大学	158	南京农业大学	244
20	湖南图书馆	57	湖南图书馆	33	东北师范大学	155	四川大学	243

3. 信息交流情况分析

（1）度值。表 7－20 中列出了我国各时段图书馆学情报学科研机构合作网络中度值较高的一些机构（例如，北京大学、武汉大学、南京大学等）。这些机构控制着网络中大部分的信息量，若将它们从科研合作网络中移除，将会严重影响我国图书馆学情报学的科研产量和学术进展。

表 7－20 我国各时段图书馆学情报学科研机构合作网络节点度值排名（前 20 名）

排名	1979—1991 年		1992—2000 年		2001—2006 年		2007—2012 年	
1	北京大学	9	武汉大学	26	武汉大学	89	武汉大学	144
2	上海图书馆	7	北京大学	22	南京大学	48	南京大学	88
3	复旦大学	6	中国科学院文献情报中心	18	北京大学	43	北京大学	71
4	中国图书馆学会	6	南京大学	10	中国科学院文献情报中心	35	中国科学院国家科学图书馆	68
5	武汉大学	5	黑龙江大学	10	浙江大学	30	南开大学	61
6	北京图书馆	5	河北师范大学	9	东北师范大学	29	吉林大学	60
7	南京农业大学	5	郑州大学	8	四川大学	26	中山大学	51
8	华东师范大学	4	吉林工业大学	8	吉林大学	26	中国科学技术信息研究所	47
9	上海大学	4	南开大学	7	南开大学	25	浙江大学	46
10	上海师范大学	4	中山大学	7	中山大学	23	中国科学院研究生院	42
11	杭州大学	4	白求恩医科大学	7	北京师范大学	23	四川大学	41
12	南京大学	3	中国图书馆学会	7	清华大学	21	华南师范大学	39
13	东北师范大学	3	浙江大学	6	华南师范大学	18	河北大学	39

续表

排名	1979—1991 年		1992—2000 年		2001—2006 年		2007—2012 年	
14	浙江大学	3	河北大学	6	华东师范大学	18	中国人民大学	38
15	青岛建筑工程学院	3	东北师范大学	6	黑龙江大学	18	北京师范大学	37
16	苏州市图书馆	3	复旦大学	6	西安交通大学	17	东北师范大学	37
17	南京图书馆	2	北京师范大学	6	山东大学	16	中国科学院文献情报中心	37
18	吉林省图书馆	2	哈尔滨工业大学	6	中南大学	16	电子科技大学	35
19	南开大学	2	山西大学	5	河北大学	16	南京农业大学	35
20	河北大学	2	清华大学	5	复旦大学	16	西南大学	32

（2）聚集系数。表 7－21 中列出了我国各时段图书馆学情报学领域科研机构合作网络聚集系数较高的一些机构（例如，上海图书馆、华中农业大学、天津理工大学等）。这些机构对于科研合作网络的紧密联系有着举足轻重的作用，若从网络中将它们移除，将会严重影响科研合作的密切联系，使网络趋于不稳定状态。

表 7－21　我国各时段图书馆学情报学领域科研机构合作网络聚集系数排名（前 20 名）

排名	1979—1991 年		1992—2000 年		2001—2006 年		2007—2012 年	
1	上海图书馆	0.4286	华中农业大学	0.8333	长春工程学院	0.8333	天津理工大学	0.8333
2	复旦大学	0.4000	河海大学	0.6667	中国计量学院	0.7000	中国科学院国家科学图书馆武汉分馆	0.7333
3	南京大学	0.3333	华中师范大学	0.5000	天津图书馆	0.6667	浙江万里学院	0.7000
4	东北师范大学	0.3333	湖北省图书馆	0.5000	浙江财经学院	0.6667	佳木斯大学	0.6667
5	浙江大学	0.3333	湘潭大学	0.5000	南通大学	0.6667	浙江图书馆	0.6667
6	杭州大学	0.3333	河北科技大学	0.5000	内江师范学院	0.6667	保定学院	0.6667
7	南京农业大学	0.3000	江汉大学	0.5000	湖北民族学院	0.6667	黑龙江科技学院	0.6667
8	北京图书馆	0.2000	北京师范大学	0.4667	杭州商学院	0.6667	嘉兴学院	0.6667
9	中国图书馆学会	0.1333	中国图书馆学会	0.4286	黑龙江工程学院	0.6667	南京晓庄学院	0.6667
10	北京大学	0.0833	上海图书馆	0.3333	长春师范学院	0.6667	广州图书馆	0.6667

续表

排名	1979—1991 年		1992—2000 年		2001—2006 年		2007—2012 年	
11	武汉大学	0.0000	南京图书馆	0.3333	郑州航空工业管理学院	0.6667	三峡大学	0.6667
12	南开大学	0.0000	湖南图书馆	0.3333	北京联合大学	0.6667	湖北省图书馆	0.6667
13	河北大学	0.0000	南京理工大学	0.3333	中国协和医科大学	0.6667	黄淮学院	0.6667
14	中国农业科学院	0.0000	兰州大学	0.3333	中国人民大学	0.6000	许昌学院	0.6667
15	清华大学	0.0000	杭州大学	0.3333	西安电子科技大学	0.6000	西华大学	0.6667
16	西北大学	0.0000	西安交通大学	0.3333	中国医学科学院	0.5556	太原师范学院	0.6667
17	中国人民大学	0.0000	山西省图书馆	0.3333	中国农业科学院农业信息研究所	0.5556	黑龙江中医药大学	0.6667
18	中山大学	0.0000	中国医学科学院	0.3333	深圳图书馆	0.5357	白城师范学院	0.6667
19	黑龙江省图书馆	0.0000	西安石油学院	0.3333	广东省立中山图书馆	0.5000	湖北第二师范学院	0.6667
20	辽宁省图书馆	0.0000	河北理工学院	0.3333	湖南理工学院	0.5000	阜阳师范学院	0.6667

（3）介数中心性。表 7－22 中列出了我国各时段图书馆学情报学领域科研机构合作网络中介数中心性较高的一些机构（例如，北京大学、武汉大学、南京大学等）。它们控制着网络中大部分信息的交流，若将它们从网络中移除，将会严重影响网络中的信息交流与传输。

表 7－22　我国各时段图书馆学情报学领域科研机构合作网络介数中心性排名（前 20 名）

排名	1979—1991 年		1992—2000 年		2001—2006 年		2007—2012 年	
1	北京大学	0.0554	武汉大学	0.1362	武汉大学	0.2727	武汉大学	0.2144
2	中国图书馆学会	0.0394	北京大学	0.1140	南京大学	0.0933	南京大学	0.1043
3	武汉大学	0.0369	中国科学院文献情报中心	0.1118	北京大学	0.0849	吉林大学	0.0775
4	北京图书馆	0.0359	黑龙江大学	0.0624	四川大学	0.0599	南开大学	0.0675

续表

排名	1979—1991 年		1992—2000 年		2001—2006 年		2007—2012 年	
5	东北师范大学	0.0325	南京大学	0.0435	中国科学院文献情报中心	0.0578	北京大学	0.0629
6	南京农业大学	0.0228	浙江大学	0.0386	东北师范大学	0.0480	中国科学院国家科学图书馆	0.0576
7	清华大学	0.0181	复旦大学	0.0386	浙江大学	0.0408	中山大学	0.0454
8	杭州大学	0.0177	南开大学	0.0372	中山大学	0.0378	四川大学	0.0368
9	复旦大学	0.0174	河北师范大学	0.0330	中南大学	0.0375	浙江大学	0.0348
10	中国人民大学	0.0171	山西大学	0.0315	北京师范大学	0.0366	北京师范大学	0.0321
11	中国农业科学院	0.0167	郑州大学	0.0299	南开大学	0.0364	中国科学技术信息研究所	0.0319
12	上海图书馆	0.0081	吉林工业大学	0.0274	吉林大学	0.0335	东北师范大学	0.0313
13	南京大学	0.0063	天津图书馆	0.0250	黑龙江大学	0.0303	华中师范大学	0.0290
14	浙江大学	0.0063	白求恩医科大学	0.0207	郑州大学	0.0284	河北大学	0.0287
15	南开大学	0.0015	洛阳工学院	0.0188	西安交通大学	0.0268	华南师范大学	0.0283
16	西北大学	0.0014	辽宁师范大学	0.0165	山西大学	0.0230	西南大学	0.0282
17	河北大学	0.0002	东北师范大学	0.0162	河北大学	0.0218	电子科技大学	0.0274
18	中山大学	0.0000	南昌大学	0.0156	兰州大学	0.0208	西北大学	0.0213
19	华东师范大学	0.0000	山东省图书馆	0.0156	清华大学	0.0206	中国人民大学	0.0210
20	黑龙江省图书馆	0.0000	燕山大学	0.0155	山东大学	0.0205	郑州大学	0.0202

7.3 国内图书馆学情报学科研合作知识图谱分析

作为一门多学科知识交叉共生的学科门类，图书馆学情报学领域体现出更加显著的科研合作现象。随着全球一体化和经济全球化进程的推进，图书馆学情报学研究工作的难度和复杂度逐渐增加。一门基础学科、单个专业人员已经难以满足图书馆学情报学理论和方法技术研究的需要，这不仅是图书馆学情报学研究模式在新时期的特点，在其他科学研究领域中也是普遍存在的。

科研合作近年来逐渐成为研究的热点。目前，科学研究领域用于科研合作分析的方法有很多，社会网络分析则是其中一种非常常见的分析方法。图书馆学情报学科研合作网络和其他网络一样，也是具有着简单构造和复杂特性的一种复杂网络。复杂网络与系统科学理论及方法在解决许多现实问题中体现出越来越多的优势。例如，病毒疾病复杂网络分析、反恐网络分析、通信网络分析等等。科研合作网络中也体现出一系列由于网络规模增加、节点联系增多而导致的复杂网络现象，这些现象与效应是科研合作网络内在规律在宏观层次上的体现，只有对这些现象进行基于复杂网络理论的分析，才能够更深刻地揭示和把握我国图书馆学情报学科研合作的隐藏规律与现实问题。

本节通过分析 1979—2012 年不同时段的科研作者合作关系，构建我国图书馆学情报学科学研究的科研合作者网络。在科研合作网络中，网络节点代表作者，边代表作者存在共同发表论文的关系。在此基础上，本节将运用网络科学的理论分析方法来对合作网络的静态指标和动态演化过程进行分析，尝试揭示我国图书馆学情报学合作网络的特性与发展模式。

7.3.1 科研合作知识图谱的构建

分析科研合作网络可以通过构建主体关联知识图谱来实现，主要包括以下三个构建步骤：①节点与边的确定及赋权；②定义网络生成规则；③知识图谱可视化。

一、节点与边的确定及赋权

1. 节点的确定及赋权

在科研合作网络中，一个节点对应一位作者或者机构。本研究以作者名及其归一化后的机构名称作为基本分析单元，并以高产作者临界值作为数据提取的阈值，提取我国图书馆学情报学的高产作者作为合作网络的节点。

对于节点的赋权问题，网络科学中通常用节点的度值来代表节点的权值，但在科研合作网络中存在以下情况：①一些与他人合作的作者，他自己也独立完成过一些论文，这些信息也反映了作者在网络中的重要性；②通常情况下，第一作者在一篇论文中贡献度相对较大，第一作者的节点权值应赋予较高的权值。

基于上述考虑，将节点的权值拆分为独著权值和合著权值。其中，独著是指作者独自完成一篇论文，合著是指作者与他人合作完成一篇论文。这样既结合了节点度值的信息，考虑了与作者具有合作关系的人数，又加入了作者单独撰写一篇文章的贡献度。在本研究中，独著权值、合著权值分配分别设定为 1 和 0.8。例如，某作者 a 共计发表了 10 篇论文，其中的 3 篇为独著，7 篇为与他人合著，则该作者的独著权值为 $1\times3=3$，合著权值为 $0.8\times7=5.6$，综合权值为 $3+5.6=8.6$，故该节点定义为 a [8.6 | 3，5.6]。

二、边的确定及赋权

在科研合作者网络中，两个节点之间的连线表示作者之间的合作关系。对于边的赋权问题，存在许多作者之间合作多次，即共同撰写过多篇论文。这样，即使有新的论文出现，但网络中的节点并无增加。

基于上述考虑，对于边的赋权，采用了相似权值计算方法，以作者之间的合作次数作为两个节点的边的权值。这样，权值越大，表示两个节点之间的关系越紧密。假设两个作者共合作过 5 次，以字母 b 代表两个作者合作的边，则该边定义为 b [5]。

2. 定义网络生成规则

假设某一时段内，图书馆学情报学领域共计有 n 篇论文，设定为集合 E；共有 m 位作者，设定为集合 A。按照以下规则编写程序生成网络：①初始化 m 个节点。每个节点初始化为 a_i [0 | 0，0]。遍历全部文献，对于

每一篇文献，若为某个作者 a_i 独自撰写，则 a_i 对应的节点总权值和独著权值分别加 1；否则，若该篇文献为几个作者共同撰写，则对应的节点总权值和合著权值分别加 0.8。②遍历全部合作论文。对于每一篇合作论文，如果两个节点 a_i 和 a_j 初次合作，则在节点之间建立边，权值设为 1；若再一次合作，则权值加 1；依次类推。

基于以上规则生成的科研合作网络，体现在数学意义上即为一个 m × m 的连接矩阵。以 1979—1990 年时段为例，最终生成的我国图书馆学情报学合作网络共词矩阵（部分）如图 7 - 5 所示。

	钱亚新	于鸣楠	程磊	林申清	白国应	项戈平	戴文葆	王崇德	鲁海
钱亚新	0	0	0	0	0	0	0	0	0
于鸣楠	0	0	0	0	0	0	0	0	0
程磊	0	0	0	0	0	0	0	0	0
林申清	0	0	0	0	0	0	0	0	0
白国应	0	0	0	0	0	0	0	0	0
项戈平	0	0	0	0	0	0	0	0	0
戴文葆	0	0	0	0	0	0	0	0	0
王崇德	0	0	0	0	0	0	0	0	0
鲁海	0	0	0	0	0	0	0	0	0

图 7 - 5　1979—1991 年我国图书馆学情报学合作网络共词矩阵（部分）

三、科研合作知识图谱可视化

本章针对科研合作知识图谱的可视化使用了 Pajek 软件。为了便于 Pajek 软件进行可视化，由程序直接转化为 . net 格式数据，该格式数据包括自定义的节点信息和自定义的边信息。

7.3.2　科研合作网络静态特征分析

一、度分布分析

一个节点的度通常定义为该节点连接的所有连接（边）的总和，网络的度分布即为网络中节点的度的概率分布或频率分布（统称分布）。度分布是复杂网络的基本属性，是节点有 k 条边连接的概率，通过度分布能够分析出一个网络的演化动力[336][337]。

利用 Pajek 软件的 Degree 计算功能，分别计算四个时段中各节点的度数，得到度分布，并导出到统计分析软件 R 语言中，生成四个时段的度分布图及演化情况如图 7－6 所示。以第一时段（1979—1991 年）为例，左侧的度分布图横坐标为作者按度值从大到小排序的编号，纵坐标为该编号作者对应的度值。分别对横纵坐标取对数，形成新的度分布图，即为右侧的度分布（双对数）。

从图 7－6 可以看出，我国图书馆学情报学由第一时段（1979—1991 年）发展到第二时段（1992—2000 年），合作者网络的度值（纵坐标）变化不明显，而作者数量（横坐标）变化非常明显，说明第二时段的增长主要体现在作者大量增加，而非论文数量的增长；由第二时段（1992—2000 年）发展到第三时段（2001—2006 年），合作者网络的度值（纵坐标）和作者数量（横坐标）变化均非常明显，说明第三时段无论在作者数量还是论文数量，均呈现了快速增长的状态；由第三时段（2001—2006 年）发展到第四时段（2007—2012 年），合作者网络作者数量（横坐标）呈现稳步增长，而度值（纵坐标）增长非常迅速，说明第四时段作者数量接近饱和，但合作状态空前活跃。

另外，从整体上也可以看出，随着时间的变化，网络中节点从 1979—1991 年时段的 1500 左右增长到 2007—2012 年时段的 10000 以上，但度分布形状基本没有改变，即网络中大多数顶点仅有少数连接（度值），而少数顶点拥有大量的连接（度值）。此外，从双对数度分布图中也可以看出，四个时段的度分布基本呈直线且斜率基本相同。因此，我国图书馆学情报学合作者网络属于“无标度网络”，即网络中的节点不是随机地增加，而是有选择性地添加到网络中，而这种选择性添加是构成合作者网络演化的动力所在。

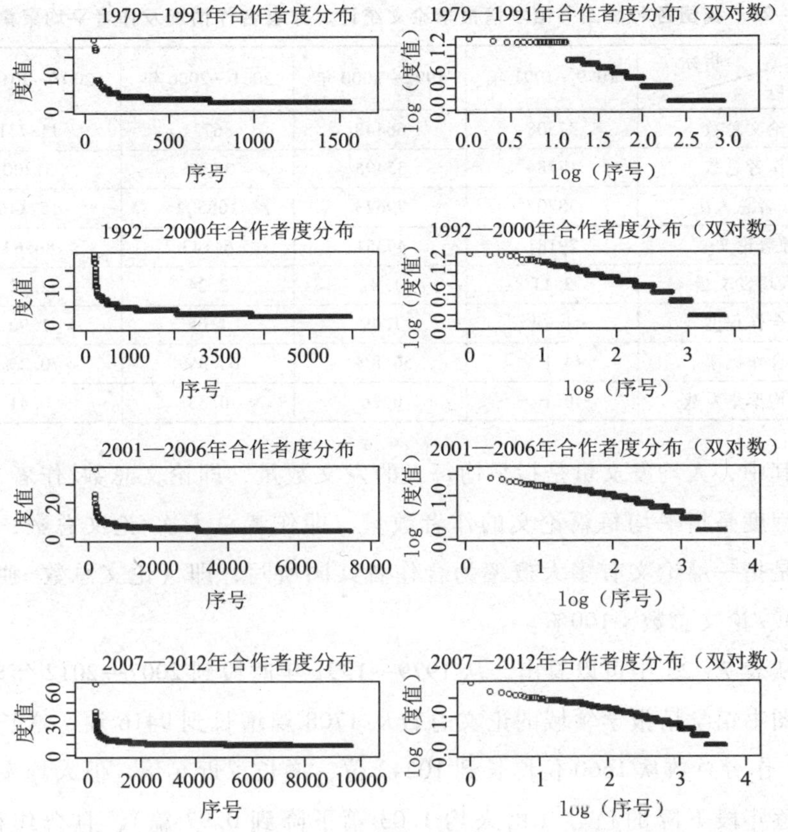

图7-6 1979—2012年四个时段的合作者度分布演化

二、聚集度分析

假设一个节点通过n条边与其他节点相连，那么这些相连的节点之间最多会有n（n-1）/2条边，这些节点之间实际存在的边m与可能存在的最多边之间的比率就是聚集系数，即为2m/n（n-1）。平均聚集系数就是网络中所有节点的聚集系数的平均值，聚集系数大的网络说明学科之间的联系密切，在知识进化上的亲缘关系比较近。

利用Pajek中的Clustering Coefficients功能分别计算四个时段中各节点的聚集系数，进一步得到各时段的合作者网络平均聚集系数。结合每个时段的论文发表情况、合作情况统计，最终得到表7-23。

表 7－23 我国各时段图书馆学情报学论文统计、作者合作情况及作者平均聚集系数

指标 时段	1979—1991 年	1992—2000 年	2001—2006 年	2007—2012 年
论文总数	37508	66448	86731	113731
作者总数	17784	35495	38766	51200
作者总人次	38207	79673	108502	157146
独著论文数	29181	49351	64143	86563
人均发文量	2.11	1.87	2.24	2.22
合作程度	1.29	1.49	1.65	1.90
合作概率	44.1%	56.8%	63.3%	70.2%
平均聚集系数	0.19	0.26	0.33	0.41

其中，人均发文量是指平均每人的发文数量，即论文总数/作者总数；合作程度是指平均每篇论文的作者数量，即作者总人次/论文总数；合作概率是指一篇论文有多大概率为合作者共同所写，即（论文总数-独著论文数）/论文总数＊100%。

从表 7－23 中可以看出，从 1979—1991 年时段到 2007—2012 年时段，我国图书馆学情报学领域的论文总数从 1708 篇增长到 9416 篇，增长了近 5 倍，作者总数从 1660 位增长到 10243 位，增长了近 6 倍，但人均发文量却呈逐年段下降的趋势（由人均 1.03 篇下降到 0.92 篇），且合作程度、合作概率和平均聚集系数均呈逐年段上升趋势。这充分证明了随着我国图书馆学情报学不断向深度和广度发展，许多研究需要科研人员相互协作才能够完成，这也充分证明了研究合作者网络的价值和意义所在。

三、连通性分析

网络连通性是由图论中连通图概念引伸而来，图论中将任意两个结点间都可连的图定义为连通图，否则为非连通图。本研究中的合作网络图是一个非连通网络图，它由大量连通子网络构成。实际上，每个连通子图可以体现为一个学术团体或学术机构。因此，一个连通子图内部的节点之间的关系会比各个连通子图之间的关系更加紧密。

利用 Pajek 软件的 Components 功能来计算四个时段的具体连通属性，如表 7－24 所示。

表 7-24 我国各时段图书馆学情报学领域合作者网络的连通性分析

指标 时段	1979—1991 年	1992—2000 年	2001—2006 年	2007—2012 年
作者总数	17784	35495	38766	51200
连通子图	12612	20282	19096	19844
连通子图平均节点数	1.41	1.75	2.03	2.58
最大连通子图节点数	237	362	2237	12728
最大连通子图节点占比	1.33%	1.02%	5.77%	24.86%

从表 7-24 可以看出，各个时段内的连通子图平均节点数很低，即我国图书馆学情报学领域合作者网络都包含了大量的子网络，呈现高度不连通性，说明各个研究机构和团队比较分散，尽管团队内部合作很多，但团队之间彼此合作很少。从时间上来看，从 1979—1991 年时段到 2007—2012 年时段，伴随着网络中节点的不断增加（从 1660 增长至 10243，增长近 6 倍），连通子图的数量增加缓慢（从 1180 增长至 2974，增长了近 2 倍），而最大连通子图节点占比增加速度很快（从 1.33% 增长至 24.86%，增长了近 18 倍），说明了网络中研究团队相互合作在不断增多。

7.3.3 科研合作网络动态演化分析

为了更加直观地观察四个时段的合作者网络演化过程，笔者分别构造了各个时段的合作者网络连通子图分布，1979—1991 年到 2007—2017 年这两个时段，我国研究团队相互间的交流和合作在不断增多。在我国图书馆学情报学领域的科研合作过程中，各个研究个体或团队之间有相互靠拢的趋势。

通过以上对合作者网络度分布、聚集性、连通性的分析，抽象出我国图书馆学情报学领域合作者网络的演化模式，从中可以大致了解我国图书馆学情报学领域的发展概况，如图 7-7 所示。

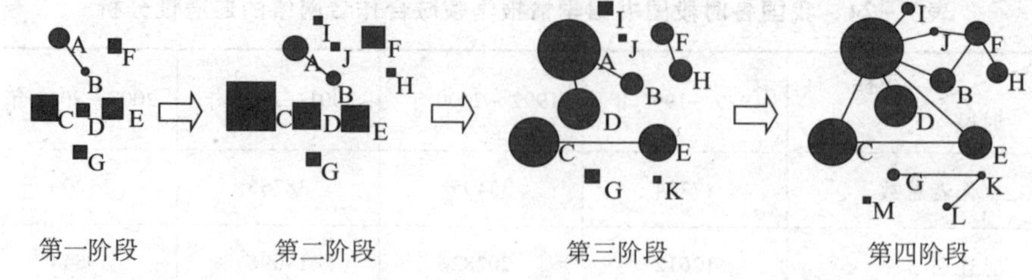

图 7－7　我国图书馆学情报学领域合作者网络演化模型

①第一时段（1979—1991 年）：合作者网络初期只有少量的作者，且呈现高度不合作状态。

②第二时段（1992—2000 年）：开始涌现大量的作者，但仍然呈现高度不合作状态，该种网络结构极不稳定，很容易出现学者流失或学科分裂的局面。

③第三时段（2001—2006 年）：作者数量增加变缓，但作者之间的彼此合作越发紧密，且有向权威作者靠拢之趋势，说明合作者网络逐渐开始稳固，学科逐渐走向成熟。

④第四时段（2007—2012 年）：作者数量稳步增加，作者之间呈现高度合作状态，各个合作团体以权威作者为中心相互靠拢，形成更大的合作团体。说明合作者网络已达到高度稳固状态，学科发展已经比较成熟。

7.4　国内图书馆学情报学学科结构知识图谱分析

在分析完我国图书馆学情报学研究学术群体的重要基础以后，就会对我国图书馆学情报学的发展环境有了比较清晰的认识。尽管如此，我国图书馆学情报学领域在笔者脑海中就像是一棵“参天大树”。这棵“大树”吸引着笔者进一步去探索其“主干”和“枝叶”。

本节主要关注我国图书馆学情报学领域的学科结构。所谓图书馆学情报学领域学科结构，是指图书馆学情报学的一种内在构型，研究其构造可以廓清我国图书馆学情报学的主干分支与热门研究领域，梳理出可供我国图书馆学情报学研究人员和战略制定者参考的学科脉络，为图书馆学情报学学科演进研究奠定结构基础。如何通过海量文献去把握我国图书馆学情报学的学科结构和科研热点则是本节需要解决的关键问题。

改革开放以来，我国图书馆学情报学研究只经历了 30 多年的发展时期。因此，笔者对于图书馆学情报学的研究对象、研究方法和学科结构是一个循序渐进的认知过程。图书馆学情报学学科结构包括图书馆学情报学研究学者结构和图书馆学情报学研究热点结构。为了全面了解我国 21 世纪初图书馆学情报学领域的学科结构，本节选取 1979 年到 2012 年三十多年的国内期刊论文作为数据源，使用共词分析方法绘制出国内图书馆学情报学研究的关键词知识网络，以可视化的形式直观地展现学科知识的内容结构和主题结构之间的相互关联关系。通过对关键词知识图谱的聚类分析和多维尺度分析来获取我国图书馆学情报学研究的重要研究领域分支。

为了考察改革开放以来我国图书馆学情报学分支学科领域的发展轨迹，本节仍按照我国图书馆学情报学发展的四个时段，分别考察其共词结构，试图鉴别其动态发展演化特征，并借助学科知识对这些信息加以阐释，挖掘研究领域的知识模式。最后，通过对第四时段的逐年主题词增长趋势变化，挖掘出最新研究动态和研究热点并加以分析。

7.4.1 学科结构知识图谱的构建

共词分析法属于内容分析法的一种，主要是对能够表达某一学科领域内研究主题或研究方向的专业术语共同出现在同一篇文献中的情况所进行的分析，两个专业术语的共现次数越高，则这两个词的关系越紧密，以展现该学科领域的发展现状及研究热点。

主题词共现网络可以通过无向加权图来构建，主题词共现网络的构建主要包括以下四个步骤：①分析单元的界定；②共词矩阵的生成；③聚类分析；④知识图谱可视化。

一、分析单元的界定

通过对 294696 篇文献数据进行统计分析后发现，有主题词的论文题录数量为200189篇，其中大部分论文的主题词数量为2~5个，如图7－8所示。对这些论文题录作进一步统计分析，发现共有96166个主题词，累积频次达683766次，即平均一篇论文有3.4个关键词，平均一个关键词出现7次。

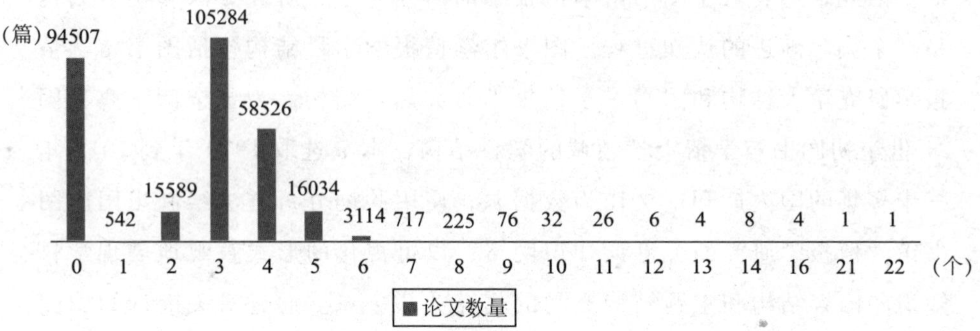

图7－8　1979—2012年我国图书馆学情报学领域研究论文关键词数量统计分布

图7－9中给出的是1979—2012年我国图书馆学情报学领域研究论文的主题词及其对应论文篇数统计情况。其中，横坐标代表关键词按照出现频次倒序后的编号，纵坐标代表该关键词对应的出现频次。从图7－9中可以看出，图书馆学情报学领域大部分的论文都映射在少数主题词上。排名前7969个主题词虽然只占主题词总数量的8%左右，但已经占据关键词总频次的80%。

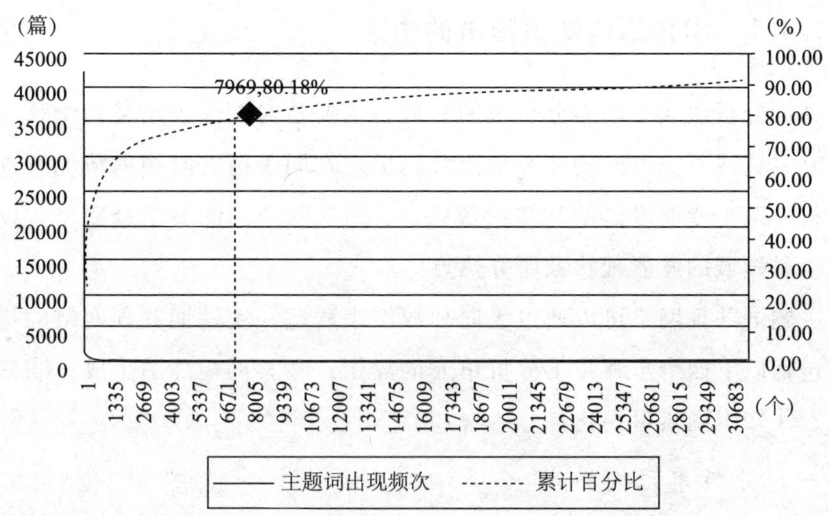

图7－9　1979—2012年我国图书馆学情报学领域研究论文主题词及对应论文篇数统计

因此，分析图书馆学情报学的学科结构和研究热点，只需要少数高频词即可，大部分低频主题词对结论影响非常小，甚至可以忽略不计。本节以主题词频次排名统计的累积 80% 作为界限进行筛选。此外，有些高频词（例如，“图书馆”、“图书馆学”、“情报学” 等主题词）尽管频次很高，但对本节学科结构的研究没有多大意义，反而会在一定程度上干扰分类结果。因此，在构建主题词表时也将这部分词删除掉。获取到主题词表后，基于 ICTCLAS 分词系统从题录的标题、摘要提取更多的论文主题词。最后，得出各时段文献主题词数量和频次情况，如表 7 – 25 所示。

表 7 – 25　1979—2012 年我国各时段图书馆学情报学领域主题词数量及其累积频次统计

发展时段	主题词数量	累积出现频次
1979—1991 年	669	492076
1992—2000 年	909	894464
2001—2006 年	1370	1215227
2007—2012 年	1532	1988899

对于主题词聚类权重问题，笔者首先利用的是主题词统计后的词频，然后利用数学函数消除部分关键词词频过高导致节点过大的问题（例如，在 2007—2012 年，主题词“高校图书馆”共出现 23336 次，而大部分主题词的频次仅为几十或几百）。本节采用 log 函数对部分高频主题词进行差距消减（如式 7 – 1 所示）。

$$c_i = \log_{min} F_i \qquad (7-1)$$

其中，F_i为第 i 个主题词的出现频次，min 为全部主题词出现的最小频次，则加权后的主题词 i 的权值 C_i为以 min 为底的 F_i的对数。

二、共词矩阵的生成

在主题词共现矩阵中，每一个数据项代表两个主题词之间的相似性。数据项的赋权一般通过两个关键词在同一篇论文中共同出现的次数来计算。但是，由于一篇论文中的关键词较少，共现矩阵非常稀疏，通常不能很好地进行聚类。

笔者基于以下两点考虑对其进行了改进：①一篇论文中除关键词之外，篇名和摘要在一定程度上也能够反映论文的主题信息。因此，通过已有的关键词全集从篇名和摘要中把相关关键词提取出来参与论文的主题描述，能够扩充同一篇论文的主题词数量。②同一种含义的主题词尽管最为相似，但往往不会在同一篇论文中出现。例如，“ontology”和“本体”，尽管表达含义完全相同，但由于受到作者表达习惯的限制，一般情况下只会选择其中的一种表达方式，这就需要引入同义词表来对主题词进行合并处理。

本研究中针对主题词共词矩阵的构建主要是通过以下两个步骤来生成的。

1. 获取文献—主题词关联矩阵

通过 ICTCLAS 从论文中的篇名、关键词、摘要三个字段中提取主题词，并分别给关键词、篇名、摘要提取的主题词赋予 1、0.7、0.3 的权值。生成文献—主题词矩阵 D，如表 7－26 所示。

表 7－26　文献—主题词关联矩阵

文献 / 关键词	Keyword1	Keyword2	Keyword3	Keyword4	Keyword5
Literature1	d_{11}	d_{12}	d_{13}	d_{14}	d_{15}
Literature 2	d_{21}	d_{22}	d_{23}	d_{24}	d_{25}
Literature 3	d_{31}	d_{32}	d_{33}	d_{34}	d_{35}

其中 d_{ij}值可能为 0、0.3、0.7 或 1。

2. 生成主题词共词矩阵

假设 d_{jk}代表论文—主题词矩阵，则主题词 j 和 k 的共现矩阵 a_{jk}为

$$a_{jk} = \sum_{i=1}^{n} \min(d_{ij}, d_{ik}) \tag{7-2}$$

为实现共词矩阵数据的可比性，进一步转化为相似矩阵公式 7－3 和相异矩阵公式 7－4：

$$E_{ij} = \frac{F_{ij}^2}{F_i \times F_j} \tag{7-3}$$

$$E_{ij} = 1 - \frac{F_{ij}^2}{F_i \times F_j} \tag{7-4}$$

其中，F_{ij}为第 i 个字段与第 j 个字段在同一篇论文中出现的频次，F_i为第 i 个字段在所有论文中出现的总频次，F_j为第 j 个字段在所有论文中出现的总频次。

三、聚类分析

共词矩阵的聚类计算主要有以下几种常用方法[377]。

1. 分裂法

分裂法又称划分方法（Partitioning Method，PAM），其主要思想是：①创建 k 个划分，k 为要创建的划分个数；②利用循环定位技术，通过将对象从一个划分移到另一个划分，来帮助改善划分质量。

2. 层次法

所谓层次法（Hierarchical Method），是指创建一个层次以分解给定的数据集。该方法可以分为自上而下（分解）和自下而上（合并）两种操作方式。为了弥补分解与合并的不足，层次合并通常要与其他聚类方法（例如，循环定位）相结合。

3. 基于密度的方法

所谓基于密度的方法（Density - Based Method），是指根据密度来完成对象的聚类。它主要根据对象周围的密度（例如，DBSCAN）不断增长来进行聚类。其中，DBSCAN（Densit - based Spatial Clustering of Application with Noise）算法通过不断生长足够高密度区域来进行聚类，它能从含有噪声的空间数据库中发现任意形状的聚类。该方法将一个聚类定义为一组"密度连接"的点集。OPTICS（Ordering Points To Identify the Clustering Structure）算法并不明确产生一个聚类，而是为自动交互的聚类分析计算出一个增强聚类顺序。

4. 基于网格的方法

基于网格的方法（Grid - Based Methods）的主要思想是：①将对象空间划分为有限个单元以构成网格结构；②利用网格结构完成聚类。其中，STING（STatistical INformation Grid）算法就是一个利用网格单元保存的统计信息进行基于网格聚类的方法；CLIQUE（Clustering In QUEst）和

Wave - Cluster 算法则是将基于网格与基于密度相结合的方法。

5. 基于模型的方法

基于模型的方法（Model - Based Methods）假设有每个聚类的模型，并且发现适合相应模型的数据。统计方法 COBWEB 是一个常用并且简单的增量式概念聚类方法。它的输入对象是采用符号量对（属性—值）来进行描述的。采用分类树的形式来创建一个层次聚类。

在以上五种方法中，系统聚类法是聚类分析诸方法中用得最多的一种方法。其基本思想是：①将 N 个样本各自作为一类，并规定样本之间的距离和类与类之间的距离；②将距离最近的两类合并成一个新类，并计算新类与其他类的距离；③重复进行两个最近类的合并，每次减少一类，直至所有的样本合成一类。其具体实现方法又可进一步细分为以下四种方法，即最短距离法、最大距离法、中间距离法、离差平方和法（Ward 方法）。它们的具体计算方式以及 R 语言对应的函数如表7 - 27所示。

表 7 - 27　系统聚类法的各种计算公式比较及对应的 R 语言函数

方法	定义	R 语言的函数原型
最短距离法	类与类之间的距离为两类最近样本间的距离	hclust（d, method = "single", members = NULL）
最大距离法	类与类之间的距离为两类最远样本间的距离	hclust（d, method = "complete", members = NULL）
中间距离法	类与类之间的距离取介于两个样本中间的距离	hclust（d, method = "average", members = NULL）
离差平方和（Ward 法）	基于方差分析的思想，如果类分得正确，则同类样本之间的离差平方和应当较小	hclust（d, method = "ward", members = NULL）

其中，离差平方和（Ward 方法）在许多场合下是一种较好的系统聚类法，但它对异常值很敏感，需要对异常数据进行过滤处理。综合比较各种类聚方法，本节最终采用基于 Ward 方法的系统聚类法。

4. 知识图谱可视化

利用 R 语言构造基于 Ward 方法的系统聚类算法以及聚类树状图和多维尺度图，如图 7－10 所示。

```
# 聚类的一些必要的函数
library (colorspace)
library (cluster)
library (rattle)
require (amap, quietly = TRUE)
require (fpc, quietly = TRUE)
require (cba, quietly = TRUE)
# 基于 ward 法的系统聚类
chcluster < - hclusterpar (na. omit (data1), method =" manhattan", link =" ward", nbproc =10)
#产生聚类中心
centers. hclust (na. omit (data1), chcluster, 2)
#产生树形图 用矩形显示聚类结果
par (bg =" white")
plot (chcluster, main ="", sub ="", xlab ="", hang = -1)
rect. hclust (chcluster, k =10)
#类与类之间的相关性
cut < - cutree (chcluster, 10)
plotcluster (na. omit (data1), cut)
#数据集的聚类效果图 (多维尺度分析)
library (cluster)
op < - par (mfrow = c (1, 2))
clusplot (data1, cut, labels =5, cex = 0.6, font =2, color =TRUE, col. p =cut, col. clus = cut)
#进一步显示复杂聚类区
rect ( -20, -20, 10, 10, border = " orange", lwd =2)
clusplot (data1, cut, labels = 5, color = TRUE, col. p =cut, col. txt = cut, xlim = c ( -20,
10), ylim = c ( -20, 10))
box (col =" orange", lwd =2)
```

图 7－10 利用 R 语言实现 Ward 方法系统聚类的关键代码

7.4.2 图书馆学情报学学科结构分析

1. 1979—1991 年时段的学科结构分析

经过统计，我国图书馆学情报学领域 1979—1991 年的论文中共计出现过 669 个核心主题词。对这 669 个核心主题词进行聚类分析，经过多次分析和调整，最终将该时段我国图书馆学情报学研究划分为 5 个类别。

最终得到的5个类目分别是信息检索系统应用研究、现代科学技术理论介绍、国际形势与学科规划研究、图书馆服务与人才培养研究、图书分类与信息资源管理，如表7-28所示。

表7-28　1979—1991年我国图书馆学情报学领域研究学科类目及其对应的核心主题词

序号	学科结构	关键词	词频	关键词	词频	关键词	词频
1	信息检索系统应用研究	系统	4038	知识	3535	检索	3490
		信息	3476	内容	3382	索引	1012
2	现代科学技术理论介绍	人员	4183	科技	4168	专业	3261
		现代	3001	理论	2711	学科	2504
		科学技术	2223	业务	1955	学习	1791
3	国际形势与学科规划研究	世界	2207	公共	2029	参考	1690
		社会主义	1397	指导	1200	计划	1191
		看法	1187	时代	1112	形势	1062
4	图书馆服务与人才培养研究	图书馆事业	2725	高校图书馆	1908	公共图书馆	1718
		职能	1192	阅览	1188	培养	1162
		价值	1144	服务工作	1067	阅读	1053
		开放	997	借阅	997	人才	934
5	图书分类与信息资源管理	著录	959	编目	955	分类法	900
		主题	893	图书分类	877	中图法	773
		图书馆管理	397	理论研究	396	标引	395
		资源共享	380	文献信息	267	信息资源	205

2. 1992—2000年时段的学科结构分析

经过统计，我国图书馆学情报学领域1992—2000年的论文中共计出现过909个核心主题词。对这909个核心主题词进行聚类分析，经过多次分析和调整，最终将该时段我国图书馆学情报学研究划分为6个类别。

最终得到的6个类目分别为现代科学技术理论介绍、高校图书馆科研与教育体系改革、图书馆战略规划与发展方向、图书馆信息服务与资源共享、图书馆现代化建设、图书管理与信息组织，如表7-29所示。

表 7-29　1992—2000 年我国图书馆学情报学领域研究学科类目及其对应的核心主题词

序号	学科结构	关键词	词频	关键词	词频	关键词	词频
1	现代科学技术理论介绍	社会	10298	经济	8464	现代	5283
		科技	5257	事业	4987	人员	4906
2	高校图书馆科研与教育体系改革	教育	6512	高校	9969	大学	5696
		知识	5481	改革	5387	内容	4572
		科研	4570	教学	4439	学科	3476
3	图书馆战略规划与发展方向	时代	3077	社会主义	2557	国际	2046
		形势	1990	体制	1942	改革开放	1395
4	图书馆信息服务与资源共享	信息服务	3561	信息资源	3350	文献信息	2361
		开放	2330	资源共享	1952	读者服务	1818
		用户	1950	模式	1939	服务工作	1785
5	图书馆现代化建设	阅览室	861	编制	819	经济发展	811
		精神文明建设	655	现代化建设	577	图书馆改革	493
6	图书管理与信息组织	编目	1539	中图法	1443	图书馆管理	1046
		分类法	840	标准化	832	标引	809

3、2001—2006 年时段的学科结构分析

经过统计，我国图书馆学情报学领域 2001—2006 年的论文中共计出现过 1370 个核心主题词。对这 1370 个核心主题词进行聚类分析，经过多次分析和调整，最终将该时段我国图书馆学情报学领域研究划分为 8 个类别。

最终得到的 8 个类目分别为数字化图书馆与检索系统、图书馆人员专业学习与培训、图书馆建设与资源整合、现代化教育改革与人才培养、图书馆服务与参考咨询、图书馆战略规划与发展方向、文献计量与期刊评价、图书管理与信息组织，如表 7-30 所示。

表 7-30　2001—2006 年我国图书馆学情报学领域研究学科类目及其对应的核心主题词

序号	学科结构	关键词	词频	关键词	词频	关键词	词频
1	数字化图书馆与检索系统	系统	6984	检索	6902	数据	6716
		数据库	6528	数字化	5084	开发	4967
2	图书馆人员专业学习与培训	现代	6088	科学	5385	人员	4439
		网络环境	4414	体系	3614	组织	3533
3	图书馆建设与资源整合	资源建设	3444	文献资源	3295	图书馆管理	3065
		图书馆建设	3039	资源共享	2895	网络信息	2644

续表

序号	学科结构	关键词	词频	关键词	词频	关键词	词频
4	现代化教育改革与人才培养	教学	3520	学生	3467	培养	3214
		素质教育	2844	人才	2787	改革	2765
		大学生	2634	继续教育	1600	教育改革	351
5	图书馆服务与参考咨询	图书馆服务	2227	咨询服务	1737	信息素质	1583
		服务方式	1575	服务质量	1426	以人为本	1386
		参考咨询服务	1225	个性化服务	839	知识服务	830
6	图书馆战略规划与发展方向	形势	1716	图书馆发展	1694	转变	1666
		思路	1657	机遇	1436	国际	1324
		探索	1268	新形势	1148	21 世纪	1437
7	文献计量与期刊评价	文献计量学	949	SCI	865	文献计量	849
		引文分析	751	计量学	660	影响因子	653
8	图书管理与信息组织	古籍	1250	中图法	1085	知识产权	906
		MARC	802	目录学	698	编目工作	633
		信息管理	628	分类法	597	机读目录	548
		信息组织	448	CALIS	427	图书分类	394

4、2007—2012 年时段的学科结构分析

经过统计，我国图书馆学情报学领域 2007—2012 年的论文中共计出现过 1532 个核心主题词。对这 1532 个核心主题词进行聚类分析，经过多次分析和调整，最终将该时段我国图书馆学情报学领域研究划分为 11 个类别。

最终得到以下 11 个类目：图书馆建设与资源整合、学科理论体系研究、数字图书馆、情报检索、公共图书馆网络资源建设、图书馆人员专业学习与培训、信息行为与信息共享、图书馆读者服务建设、文献计量与期刊评价、图书馆参考咨询服务、图书馆战略规划与发展方向，如表 7 - 31 所示。

表 7－31　2007—2012 年我国图书馆学情报学领域研究学科类目及其对应的核心主题词

序号	学科结构	关键词	词频	关键词	词频	关键词	词频
1	图书馆建设与资源整合	图书馆联盟	1448	特色数据库	1267	资源整合	1262
		图书管理	1214	馆藏建设	1141	开放存取	1031
		目录学	944	图书馆 2.0	602	虚拟参考咨询	541
		OPAC	518	MARC	502	RFID	490
2	学科理论体系研究	社会	5899	系统	4038	理论	2711
		学科	2504	体系	1421	环境	497
3	数字图书馆	数字图书馆	10328	特色数据库	1267	数字化建设	886
		数字化图书馆	777	元数据	766	数字资源建设	585
4	情报检索	情报	4741	检索	3490	互联网	1335
		搜索引擎	1213	云计算	1009	数据库	655
5	公共图书馆网络资源建设	公共图书馆	10293	构建	8747	网络环境	7674
		资源建设	5822	数字化	5469	文献资源	5082
6	图书馆人员专业学习与培训	现代	6829	学术	6090	人员	6041
		数字图书	5912	专业	5151	核心	4988
		机构	4353	学习	4125	平台	3895
7	信息行为与信息共享	共享	6861	资源共享	4073	信息资源共享	1272
		信息共享空间	871	信息共享	780	知识共享	529
8	图书馆读者服务建设	读者服务	6917	图书馆服务	6831	服务模式	4288
		服务工作	4233	以人为本	3214	服务质量	3154
9	文献计量与期刊评价	文献计量	2443	引文	2091	SCI	1722
		计量学	1643	影响因子	1339	引文分析	1130
		期刊评价	552	计量分析	532	H 指数	509
10	图书馆参考咨询服务	参考咨询	3226	服务方式	2429	咨询服务	2225
		阅览室	2085	借阅	1861	读者服务工作	1766
11	图书馆战略规划与发展方向	持续发展	1961	政府	1930	战略	1621
		科学发展	992	学科馆员制度	993	图书馆事业发展	864

综上所述，自改革开放以来，我国图书馆学情报学经历了 30 多年的风风雨雨，已经由一个简单的图书管理与服务的专业学科发展成为如今集信息管理、信息检索、科学评价等多个研究方向于一体的综合性学科。从前文所述的我国各时段图书馆学情报学研究学科结构可以找出以下学科发展规律：①现代科学技术理论和图书馆战略规划这两个基础理论研究贯穿于

各个历史阶段，也正因为科学研究人员不断吸收先进的科学技术理论来武装图书馆学情报学学科，并且及时思考图书馆学情报学学科的未来发展方向，才有了我国图书馆学情报学今天的壮大；②信息管理和图书馆服务作为我国图书馆学情报学的基础领域，也贯穿于四个时段。但通过主题词仍能够看出，图书管理与信息组织理论是在不断创新和完善的；③伴随着数字化时代的到来，数字图书馆、信息检索、科学计量学等子学科领域相继出现，目前已成为我国图书馆学情报学领域的重要组成部分。

7.4.3 图书馆学情报学研究热点分析

在数字化环境下，随着图书馆学情报学与其他学科的交叉与渗透，出现了许多新的研究热点，如本体、文本分类、可视化等。本节通过对我国图书馆学情报学第四时段（2007—2012 年）的每一年主题词词频变化率进行分析，最终确定以下七个学科热点研究领域，如表 7 – 32 所示。

表 7 – 32 2007—2012 年我国图书馆学情报学领域研究热点领域及其对应的核心主题词

序号	热点领域	关键词	突发年	关键词	突发年	关键词	突发年
1	图书馆公共文化与读者服务建设	公共文化	2007	公共文化服务	2007	公共文化服务体系	2007
		公共图书馆服务体系	2007	图书馆核心价值	2007	社会阅读	2007
		《图书馆服务宣言》	2008	免费开放	2008	通借通还	2008
		文化软实力	2008	细节服务	2008	学科服务	2008
		延伸服务	2008	阅读服务	2008	知识自由	2008
		自助图书馆	2008	Living Library	2009	Human Library	2011
2	信息共享与知识转移	共享空间	2007	机构知识库	2007	知识转移	2007
		BALIS	2008	区域图书馆联盟	2008	学习共享空间	2009
3	政府信息服务与信息公开	信息公开	2008	政府信息	2008	政府信息服务	2008
		政府信息公开	2008	政府信息公开条例	2008		
4	社交网络研究	SNS	2008	社会网络	2008	社会网络分析	2008
		微博	2010	微博客	2010		

续表

序号	热点领域	关键词	突发年	关键词	突发年	关键词	突发年
5	移动数字图书馆	3G	2009	3G技术	2009	3G时代	2009
		手机图书馆	2009	手机阅读	2009	移动数字图书馆	2009
		移动图书馆	2009	移动阅读	2009		
6	知识图谱研究	知识图谱	2009	CiteSpace	2009	CiteSpace Ⅱ	2011
		科学知识图谱	2009	可视化图谱	2009	CiteSpace Ⅱ	2011
7	云计算与Web3.0技术应用研究	云存储	2010	云服务	2010	云计算技术	2010
		云图书馆	2010	云计算	2010	Web3.0	2010
		三网融合	2010	物联网	2010		

图7-11中显示的是图书馆公共文化与读者服务建设的5个热点主题词在最近10年的词频统计情况。从图7-11中可以看出，该热点方向自2006年底出现后逐步增长至2010年，而后在2011年又出现了一次暴涨，目前仍然是我国图书馆学情报学领域的研究热点之一。

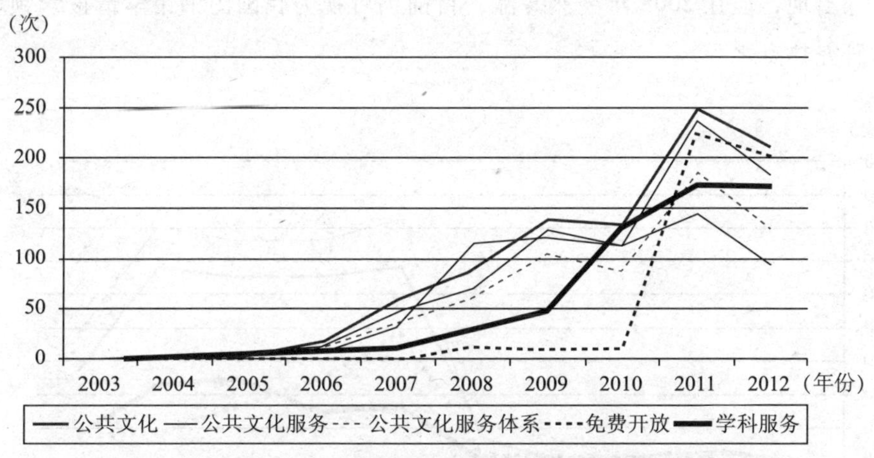

图7-11 图书馆公共文化与读者服务建设逐年热点变化趋势图

图7-12中显示的是信息共享与知识转移领域的5个热点主题词在最近10年的词频统计情况。从图7-12中可以看出，该热点方向自2005年出现后先是迅速增长，至2009年达到高峰，目前仍然是我国图书馆学情报学领域的研究热点之一。

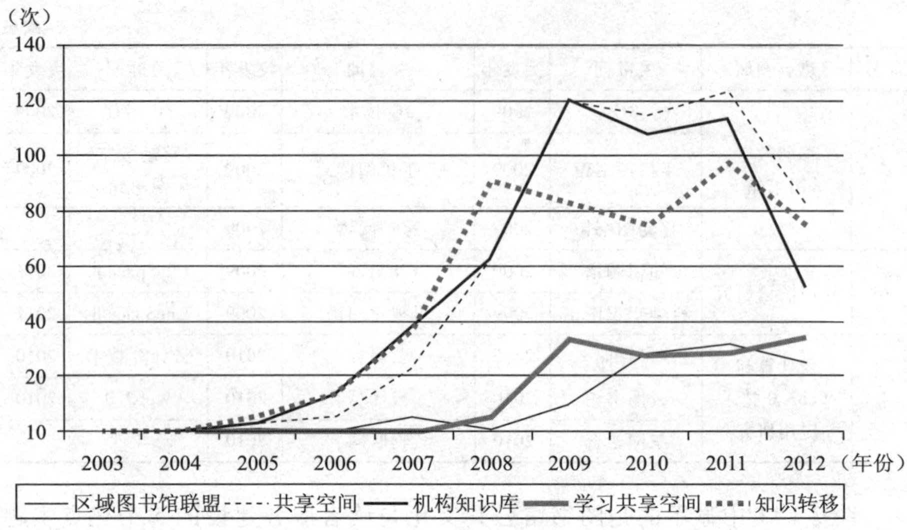

图 7－12　信息共享与知识转移领域逐年热点变化趋势图

图 7－13 中显示的是政府信息服务与信息公开的 5 个热点主题词在最近 10 年的词频统计情况。从图 7－13 中可以看出，该热点方向在 2004 年已经出现，但在 2008 年突然暴涨，目前仍可视为我国图书馆学情报学领域的研究热点之一。

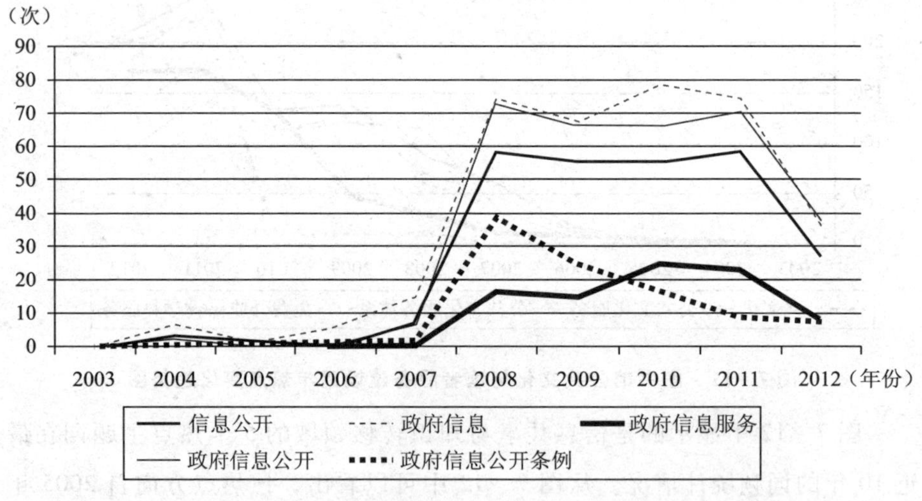

图 7－13　政府信息服务与信息公开领域逐年热点变化趋势图

图 7－14 中显示的是社交网络研究领域的 5 个热点主题词在最近 10 年

的词频统计情况。从图 7－14 中可以看出，该热点方向是在 2007 年以后才开始逐渐受到众人关注，特别是关于微博的研究，2010～2012 年仍处于不断增长趋势。由此可以推测，在近几年内微博的社会网络研究仍然是我国图书馆学情报学领域的一个热门研究方向。

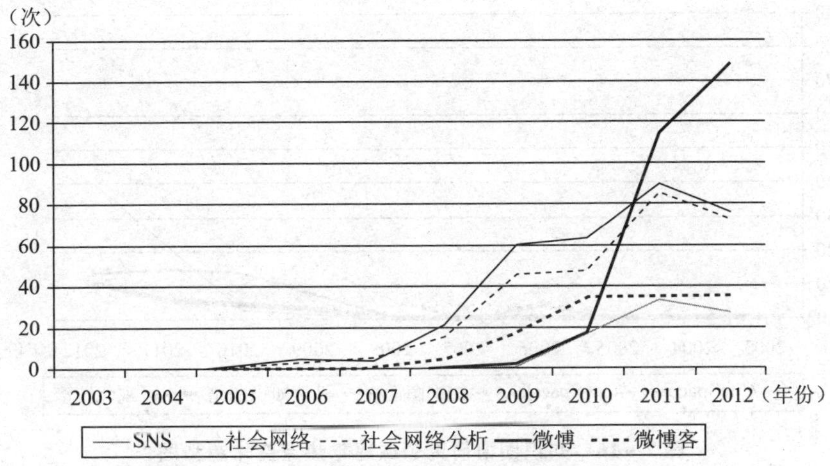

图 7－14　社交网络研究领域逐年热点变化趋势图

图 7－15 中显示的是移动数字图书馆研究领域的 5 个热点主题词在最近 10 年的词频统计情况。该热点方向是在 2008 年以后高端手机和 3G 网络逐渐普及的背景下应运而生的。随着移动高级终端的逐步普及，关于手机图书馆、移动图书馆的应用研究也会越来越多。

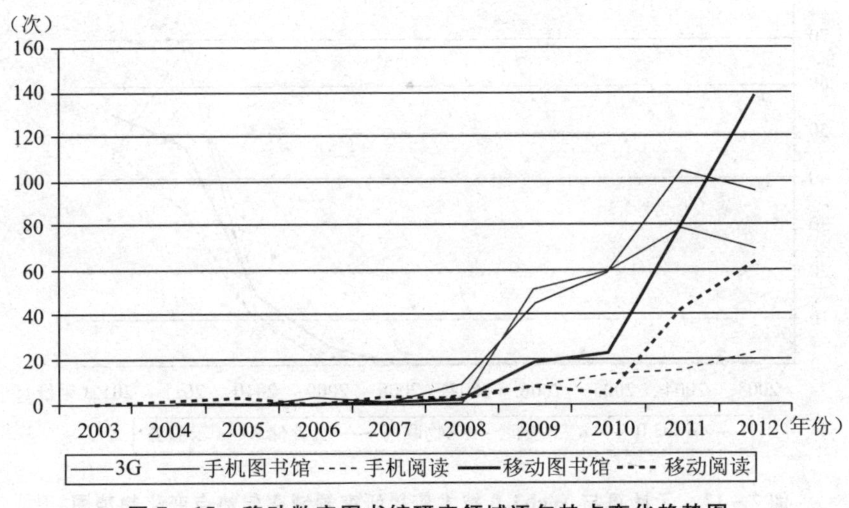

图 7－15　移动数字图书馆研究领域逐年热点变化趋势图

图 7－16 中显示的是知识图谱研究领域的 5 个热点主题词在最近 10 年的词频统计情况。从图 7－16 中可以看出，知识图谱一词从 2008 年以后逐渐增长，现已成为众多科研人员进行科学计量的重要方法之一。

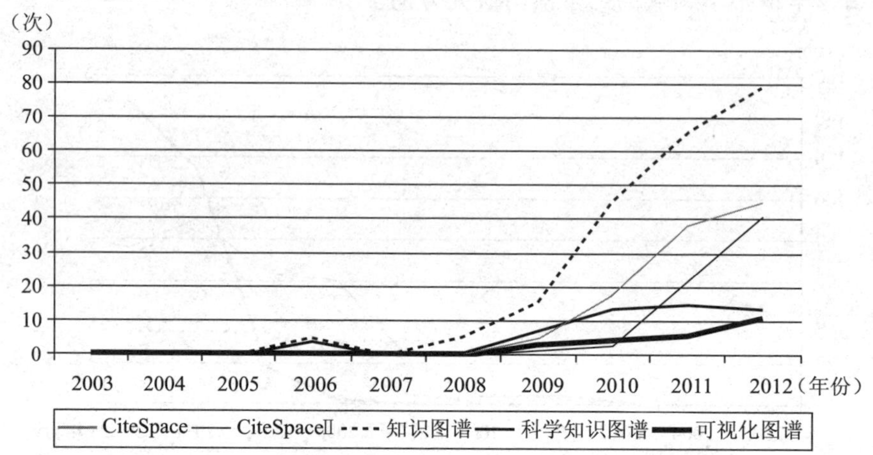

图 7－16　知识图谱研究领域逐年热点变化趋势图

图 7－17 中显示的是云计算与 Web3.0 技术应用研究领域的 5 个热点主题词在最近 10 年的词频统计情况。从图 7－17 中可以看出，云计算与 Web3.0 技术应用是从 2009 年以后开始快速增长的。

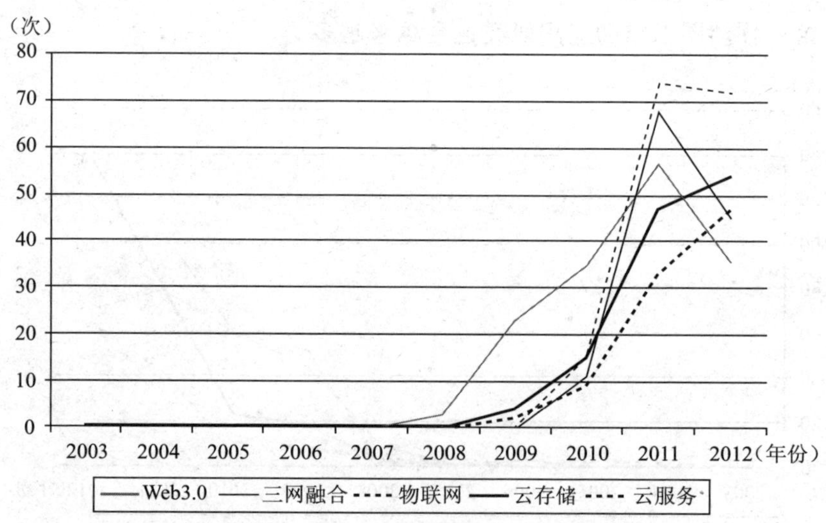

图 7－17　云计算与 Web3.0 技术应用研究领域逐年热点变化趋势图

综上所述，对我国图书馆学情报学研究近年来的前沿、热点进行分析后，可以发现以下学科发展规律：①当今世界科技发展日新月异，所以我国图书馆学情报学研究人员需要不断地迎接新的挑战。例如，云计算与Web3.0的提出、移动客户端和3G网络的普及，都给我国图书馆事业带来了新的研究方向。②传统学科领域必须不断地进行创新和发展，才能够顺应时代的潮流。例如，公共文化、政府信息公开、知识共享等新概念的提出，都是基于当前的时代背景和大众需求而推出的创新研究。③随着计算机科学技术的不断发展，越来越多的科学技术能够被我国图书馆学情报学领域所利用。例如，知识图谱、社交网络等理论的出现，就可以不断地完善我国图书馆学情报学的学科理论，使其能够更加健康地快速发展。

7.5 本章小结

通过将理论与实证研究相结合，笔者从统计分析的角度出发，对我国图书馆学情报学领域改革开放34年（1979—2012年）来的研究情况进行了统计分析，并依据学科知识图谱的构建原则，定量分析了100多种学科期刊、30余万篇文献、133251位科研学者、18691个研究机构、96166个主题词，利用Excel、Pajek以及R语言等工具软件，构建出我国图书馆学情报学知识图谱，并对“学科给养”“科研合作”“学科结构”和“热点趋势”进行了分析和解读。

1. 目前工作成果

笔者所做的工作主要包括以下三个方面：①从网络科学以及知识图谱等理论出发，总结了国内外相关的知识图谱研究，归纳整理了学科知识图谱构建的原则和基本流程，并且详细介绍了基于网络科学的知识图谱构建流程和可视化步骤。②本研究数据源基于国内权威的文献数据库——CNKI。选择了其中的网络期刊、博士/硕士学位论文、国内重要学术会议等多个数据库。根据要求从CNKI数据库中导出数据以后，还进行了相应的规范化处理，最终创建了较为全面的我国图书馆学情报学文献全集。③在相关理论和数据支持的基础上，笔者利用 Pajek、R 等工具软件分别实现了主题词提取、共词分析、因子分析、聚类分析、多维尺度分析，并且通过计算密度和中心度，绘制了战略坐标图。通过这些工作，可视化地展现出我国图书馆学情报学领域的主要研究类别以及研究的核心度、成熟度等信息。此外，笔者还进一步利用被引频次、下载频次等指标分别计算出科研人员和科研机构的 H 指数、G 指数，进一步完善了我国图书馆学情报学的学科给养分析。

总之，笔者分析了我国图书馆学情报学领域 34 年来的学科给养、科研合作、学科结构、研究热点以及发展趋势，并且分别从具体数据和可视化图形角度来对各个研究类别进行详细分析，总结出我国图书馆学情报学领域的学科发展态势。

2. 存在的不足之处

本研究目前存在的不足之处主要有以下四点：①由于篇幅和数据源的限制，本研究中针对我国图书馆学情报学的解读是建立在 CNKI 数据库中所收录的文献数据基础之上。数据源会对学科领域研究现状的分析产生重要影响。尽管本研究中抽取了大量相对可靠的数据，但从总体上来说，尚不能十分准确、全面地代表整个学科的研究概况，需要进一步导入维普、万方、CSSCI 等文献数据库中的数据来加以补充。②由于技术水平的限制，本研究在可视化分析方面，仅从二维角度针对各个类别进行展示和解读，未能形成三维视觉效果。③受理论和学识的限制，本研究在构建学科知识图谱的流程和方法上尚缺乏深度，其研究价值有待今后进一步验证。④限于对整个学科及各个研究类别的理解和认识不足，所以笔者对我国图书馆学情报学领域知识图谱的解读显得比较浅显，有待进一步细化和深化。

3. 未来的工作方向

在知识经济发展的大环境下，知识图谱的应用获得了越来越多的关注，而关注的增多必将带来更加深入的研究。目前，针对知识图谱的研究大多局限在针对某个特定主题的分析上，针对学科和领域的研究还很少。因此，各个学科在审视自身发展的同时，可以借助于知识图谱的分析和解读，可视化地显示学科发展的态势和走向，为确立学科研究方向提供参考。

知识图谱在具体应用过程中，还可以走向企业组织。目前，针对企业知识图谱的研究已经显现，但大多是针对企业或组织中各种显性和隐性知识的挖掘、分类和组织，未来可以突破企业单位的限制，走向更大的集团、协会甚至是行业。只有当研究对象和范围达到一定的量时，知识图谱的优势才能够充分显示出来。因此，可以预见，经济管理将是知识图谱未来应用的重要领域。

此外，在具体展示方式上，知识图谱应该从传统的二维角度向三维乃至更高维度的技术上发展。对不断涌现出的各种可视化技术和工具软件，需要开展更多的实际应用，并且建立有效的评估方法和标准，以利于将来大规模推广应用。

笔者相信，随着信息技术的快速发展以及信息的日益集成化，知识图谱的应用和研究会产生更大的改进和提升，知识图谱也会因此逐渐走向成熟，并得到更大范围的推广应用。

参考文献

[1] 曹冰．基于网络科学的国内图书情报学知识图谱构建及解读［D］．北京师范大学，2012.

[2] 汤建民．基于中文数据库的知识图谱绘制方法及应用［M］．杭州：浙江大学出版社，2010.

[3] 陈悦，刘则渊．悄然兴起的科学知识图谱［J］．科学学研究，2005，23（02）：149－154.

[4] Price，Derek de Solla. Science since Babylon. New Haven：Yale University Press，1961：23－44.

[5] Kretschmer H. Coauthorship networks of invisible colleges and institutionalized communities［J］. *Scientometrics*，1994，30（1）：363－369.

[6] Kretschmer H. A new model of scientific colloboration part 1. Theoretical approach［J］. *Scientometrics*，1999，46（3）：501－518.

[7] Cottrill C A，Rogers E M，Mills T. Co－citationanalysis of the scientific literature of innovation research traditions：Diffusion of innovations and technology transfer［J］. *Science Communication*，1989，11（2）：181－208.

[8] González F J，Castro C B，Bueno J C C，et al. Dominant approaches in the field of management［J］. *International Journal of Organizational Analysis*，2001，9（4）：327－353.

[9] Casillas J C，Moreno A M，Acedo F J，et al. An integrative model of the role of knowledge in the internationalization process［J］. *Journal of World Business*，2009，44（3）：311－322.

[10] 刘昆．中国教育经济学研究前沿的知识图谱分析（1980—2010）［D］．长沙理工大学，2012.

[11] Ramos - Rodríguez A R, Ruíz - Navarro J. Changes in the intellectual structure of strategic management research: A bibliometric study of the strategic management journal, 1980—2000 [J]. *Strategic Management Journal*, 2004, 25 (10): 981 -1004.

[12] Fafchamps M, Leij M J, Goyal S. Matching and network effects [J]. *Working papers = Documentos de trabajo: Serie AD*, 2009, 8 (1): 203 -231.

[13] Garfield E. Citationindexes for science: A new dimension in documentation through association of ideas [J]. *Science*, 1955, 122 (3159): 108 -111.

[14] Price DJ. Networks of scientific papers [J]. *Science*, 1965 (149): 510 -515.

[15] White HD, Griffith BC. Author cocitation: A literature measure of intellectual structure [J]. *Journal of the American Society for Information Science*, 1981, 32 (3): 163 -171.

[16] Persson O. The intellectual base and research fronts of JASIS 1986 - 1990 [J]. *Journal of the American Society for Information Science*, 1994, 45 (1): 31 -38.

[17] White HD, McCain KW. Visualizing a discipline: An author co - citation analysis of information science, 1972 - 1995 [J]. *Journal of the American Society for Information Science*, 1998, 49 (4): 327 -355.

[18] Zhao DZ, Strotmann A. Information science during the first decade of the web: An enriched author co - citation analysis [J]. *Journal of the American Society for Information Science and Technology*, 2008, 59 (6): 916 -937.

[19] Zhao DZ, Strotmann A. Evolution of research activities and intellectual influences in information science 1996 - 2005: Introducing author bibliographic - coupling analysis [J]. *Journal of the American Society for Information Science and Technology*, 2008, 59 (13): 2070 -2086.

[20] Åström. Changes in the LIS research fronts: Time - sliced co - citation analyses of LIS journal articles, 1990 -2004 [J]. *Journal of the American*

Society for Information Science and Technology, 2007, 58 (7): 947 - 957.

[21] Chen CM, SanJuan FI, Hou JH. The structure and dynamics of co - citation clusters: A multiple - perspective co - citation analysis [J] . *Journal of the American Society for Information Science and Technology*, 2010, 61 (7): 1386 - 1409.

[22] Chen CM. CiteSpace Ⅱ: detecting and visualizing emerging trends and transient patterns in scientific literature [J] . *Journal of the American Society for Information Science and Technology*, 2006, 57 (3): 359 - 377.

[23] 刘则渊等. 科学知识图谱: 方法与应用 [M] . 北京: 人民出版社, 2007.

[24] 汤建民. 基于中文数据库的知识图谱绘制方法及应用 [M] . 杭州: 浙江大学出版社, 2010.

[25] 魏瑞斌. 国内知识图谱研究的可视化分析 [J] . 图书情报工作, 2011, 55 (08): 126 - 130.

[26] 陈祖香. 面向科学计量分析的知识图谱构建与应用研究 [D] . 南京: 南京理工大学, 2010.

[27] 秦长江. 基于科学计量学共现分析法的中国农史学科知识图谱构建研究 [D] . 南京: 南京农业大学, 2009.

[28] 黄维, 陈勇. 中国教育经济学研究者合作网络的社会网络分析 [J] . 现代大学教育, 2010 (02): 14 - 19.

[29] 黄维, 陈勇. 中国教育经济学发展轨迹的知识图谱研究——基于《教育与经济》所载论文的关键词共词分析 [J] . 教育与经济, 2010 (03): 68 - 72.

[30] 黄维, 陈勇. 我国教育经济学研究的知识图谱——基于 2000—2008 年文献共被引分析 [J] . 高教发展与评估, 2010, 26 (6): 87 - 95.

[31] 黄维, 陈勇. 中国教育经济学研究热点的可视化研究: 基于关键词的共词分析 [J] . 长沙理工大学学报: 社会科学版, 2011, 26 (1): 47 - 51.

[32] 黄维, 陈勇. 中国教育经济学合作网络的社会网络分析 [C] //

中国教育经济学学术年会．2009.

［33］姜春林，杜维滨，李江波．经济学研究热点领域知识图谱：共词分析视角［J］．情报杂志，2008，27（9）：78－80.

［34］王琪，胡志刚．国际体育科学研究前沿探讨——3 种体育科学国际著名综合性期刊关键词共词分析［J］．体育学刊，2010，17（5）：110－114.

［35］陈立新．国际力学论文关键词的共现分析［J］．现代情报，2009，29（10）：196－200.

［36］潘黎，王素．近十年来中国教育研究热点主线的计量研究——基于八种 CSSCI 教育学期刊文献关键词共现知识图谱的分析［J］．教育研究与实验，2011（6）：20－24.

［37］蔡建东．我国教育技术学主干理论演进的关键路径——基于科学知识图谱的分析［J］．现代远程教育研究，2011（1）：38－44.

［38］朱丽萍．从两次 ACA 分析看情报科学的发展［J］．图书情报工作，2004（10）：35－37，44.

［39］马瑞敏，邱均平．基于 CSSCI 的论文同被引实证计量研究——以图书馆学、情报学为例［J］．图书情报知识，2005（5）：77－79，98.

［40］马费成，宋恩梅．我国情报学研究分析：以 ACA 为方法［J］．情报学报，2006，25（3）：259－268.

［41］赵蓉英，许丽敏．文献计量学发展演进与研究前沿的知识图谱探析［J］．中国图书馆学报，2010，36（5）：60－68.

［42］邱均平，吴慧．基于 SNA 的国际科学计量学作者共被引关系研究——以 Scientometrics 期刊 2000—2010 年数据为例［J］．情报科学，2012，30（2）：166－172.

［43］邱均平，柴雯．国际科学计量学研究的进展与趋势［C］//中国科技政策与管理学术年会．2014：1－8.

［44］［美］乔治·萨顿萨顿．科学的生命［M］．上海：上海交大出版社，2007.

［45］［美］戴维·林德伯格．西方科学的起源［M］．北京：中国对外翻译出版公司，2001.

[46] 关增建. 关注科学史教材编著 [N]. 光明日报, 2000-8-23 (1).

[47] 贝弗里奇. 科学研究的艺术 [M]. 北京: 科学出版社, 1979.

[48] 黄维. 基于多方法融合的中国教育经济学知识图谱 [M]. 北京: 经济科学出版社, 2012.

[49] 肖明. 信息计量学 [M]. 中国铁道出版社, 2014.

[50] 陈琦. 当代教育心理学 [M]. 北京: 北京师范大学出版社, 2007.

[51] Beckmann M J. Economicmodels of knowledge networks [M] // Networks in Action. Springer Berlin Heidelberg, 1995: 159-174.

[52] 郭其旭. 漫谈知识网络: ——例举杜甫研究图书资料在《中图法》中的分布状况 [J]. 福建图书馆学刊, 1989 (1): 14-17.

[53] 李丹, 俞竹超, 樊治平. 知识网络的构建过程分析 [J]. 科学学研究, 2002, 20 (06): 620-623.

[54] 李姝兰. 知识网络与哈耶克的知识观 [J]. 农业图书情报学刊, 2005, 17 (1): 87-88.

[55] 马费成, 刘向. 知识网络的演化 (Ⅰ): 增长与老化动态 [J]. 情报学报, 2011, 30 (8): 787-795.

[56] 姜永常. 知识网络链接的理论基础与基本原则 [J]. 图书馆, 2012 (02): 31-34.

[57] 王斌. 基于网络结构的集群知识网络共生演化模型的实证研究 [J]. 管理评论, 2014, 26 (09): 128-138.

[58] Seufert A, Krogh G V, Back A. Towardsknowledge networking [M] // Business Engineering — Die ersten 15 Jahre. Springer Berlin Heidelberg, 1999: 180-190.

[59] Büchel B, Raub S. Building knowledge-creating value networks [J]. *European Management Journal*, 2002, 20 (6): 587-596.

[60] 陈云伟, Katy, Börner. 论科学地图的科学价值 [J]. 图书情报知识, 2009, (6): 27-33, 74.

[61] 陈悦，刘则渊．悄然兴起的科学知识图谱［J］．科学学研究，2005，23（02）：149－154.

[62] 廖胜姣，肖仙桃．科学知识图谱应用研究概述［J］．情报理论与实践，2009，32（01）：122－125.

[63] Sindiy O，Litomisky K，Davidoff S，et al. Introduction to information visualization（InfoVis）techniques for model－based systems engineering［J］. *Procedia Computer Science*，2013，16：49－58.

[64] Robertson G，Card S K，Mackinlay J D. The cognitive coprocessor architecture for interactive user interfaces［C］// ACM Symposium on User Interface Software and Technology，UIST 1989，Williamsburg，West Virginia，USA，November. 1989：10－18.

[65] Chen C，Carr L. Asemantic－centric approach to information visualization［C］// International Conference on Information Visualisation. IEEE，1999：18－23.

[66] 刘永胜．国内情报学文献的引文分析［J］．晋图学刊，1986（2）：38－43.

[67] 邱均平．信息计量学（九）第九讲 文献信息引证规律和引文分析法［J］．情报理论与实践，2001（3）：237.

[68] 庞龙，张培富，杨立英．引文分析方法在国内外应用的比较研究［J］．山西大学学报：哲学社会科学版，2006，29（3）：134－137.

[69] 陈关荣．复杂网络及其新近研究进展简介［J］．力学进展，2008，38（06）：653－662.

[70] 董月红．"六度分离"理论在语文教学中的应用［J］．语文教学通讯，2015（2）：78－79.

[71] Watts D J，Strogatz S H. Collective dynamics of "small－world" networks［J］. *Nature*，1998，393（6684）：440－402.

[72] White H D，McCain K W. Visualization of literatures［J］. *Annual Review of Information Science and Technology*，1997，（32）：99－168.

[73] Börner K，Chen C，Boyack KW. Visualizing knowledge domains［J］.

Annual Review of Information Science and Technology, 2002, 37 (1): 179 -255.

[74] Cobo M J, López - Herrera A G. , Herrera - Viedma E. Science mapping software tools: Review, analysis, and cooperative study among tools [J] . *Journal of the American Society for Information Science and Technology*, 2011, 62 (7): 1382 - 1402.

[75] 杨思洛，韩瑞珍．国外知识图谱绘制的方法与工具分析 [J]. 图书情报知识, 2012, 6 (6): 101 -109.

[76] 肖明，邱小花，黄界，李国俊，冯召辉．知识图谱工具比较研究 [J]．图书馆杂志, 2013, 32 (03): 61 - 69.

[77] E. Falagas Matthew, I. Pitsouni Eleni, A. Malietzis George etal. Comparison of Pubmed, Scopus, Web of Science, and Google Scholar: Strengths and weaknesses [J] . *The Journal of the Federation of American Societies for Experimental Biology*, 2008, 22 (2): 338 -342.

[78] White H D, Mccain K W. Visualizing a discipline: An author co - citation analysis of information science, 1972 - 1995 [J] . *Journal of the American Society for Information Science*, 1998, 49 (4): 327 -355.

[79] Zitt M, Lelu A, Bassecoulard E. Hybrid citation - word representations in science mapping: Portolan charts of research fields? [J] . *Journal of the American Society for Information Science*, 2011, 62 (1): 19 - 39.

[80] 科学知识图谱绘制方法、步骤及工具 [EB/OL] . http: // www. 360doc. com/content/15/0403/15/13987479_ 460345596. shtml.

[81] 黄维．基于多方法融合的中国教育经济学知识图谱 [M] . 北京: 经济科学出版社, 2012.

[82] Park H W. Mapping the e - science landscape in South Korea using the webometrics method [J] . *Journal of Computer - Mediated Communication*, 2010, 15 (2): 211 -229.

[83] Waltman L, Van Eck N J, Noyons E C M. A unified approach to mapping and clustering of bibliometric networks [J] . *Journal of Informetrics*, 2010, 4 (4): 629 -635.

[84] Khan G F, Moon J, Park H W. Network of the core: Mapping and visualizing the core of scientific domains [J]. *Scientometrics*, 2011, 89: 759 - 779.

[85] 梁永霞. 引文分析学知识图谱 [M]. 大连: 大连理工大学出版社, 2012.

[86] 李星星. 台湾人文社会科学引文数据库来源期刊遴选评析[J]. 图书馆论坛, 2010 (4): 38 -40.

[87] 孙建军, 李江. 网络信息计量理论、工具与应用 [M]. 北京: 科学出版社, 2009.

[88] 李运景. 基于引文分析可视化的知识图谱构建研究 [M]. 南京: 东南大学出版社, 2009.

[89] 邱均平, 王曰芬. 文献计量内容分析法 [M]. 北京: 国家图书馆出版社, 2008.

[90] 方勇. 科学计量学的方法论研究 [M]. 重庆: 西南师范大学出版社, 2006: 180.

[91] 张建勇. 中国科学计量指标. 期刊引证报告 [M]. 北京: 中国科学院文献情报中心, 2005.

[92] 加菲尔德, 侯汉清, 陆宝树, 等. 引文索引法的理论及应用 [M]. 北京: 北京图书馆出版社, 2004.

[93] 邵传芳. 科学引文索引 (SCI) 期刊源指南 [M]. 上海: 上海交通大学出版社, 2002.

[94] 周霞.《中国人文社会科学引文数据库 (CHSSCD)》的建设、应用与发展 [J]. 情报资料工作, 2002 (4): 30 - 32.

[95] 庞景安. 科学计量研究方法论 [M]. 北京: 科学技术文献出版社, 1999: 540.

[96] 娄策群. 社会科学评价的文献计量理论与方法 [M]. 武汉: 华中师范大学出版社, 1999.

[97] 朱献有, 张建勇. 中国科学计量指标. 论文与引文统计 [M]. 北京: 中国科学院文献情报中心, 1998.

[98] 刘瑞兴. 期刊引文分析 [M]. 北京: 中国统计出版社, 1995.

[99] 马尔沙科娃，赵云龙，姜洪礼．科学引文索引与科学前沿预测［M］．北京：兵器工业出版社，1992.

[100]《科学引文索引》（SCI）选用刊物目录［M］．成都：四川大学科研处，1989.

[101] 布劳温，格伦采尔，舒伯特，等．科学计量学指标：32 国自然科学文献与引文影响的比较分析［M］．北京：科学出版社，1989.

[102] Web of Knowledge（SCI、SSCI、A&HCI 等）[EB/OL]. http：//apps. webofknowledge. com/WOS_GeneralSearch_input. do？highlighted_tab = WOS&product = WOS&last_ prod = WOS&SID = 1FAkAaG6H2HC578jIOk&search_mode = GeneralSearch.

[103] EI Engineering Village［EB/OL］. http：//www. engineeringvillage. com/controller/servlet/Controller？CID = quickSearch&database = 1.

[104] CSCD 中国科学引文数据库（ScienceChina 中国科学文献服务系统）［EB/OL］. http：//sdb. csdl. ac. cn/search_ sou. jsp.

[105] 中文社会科学引文索引（CSSCI）. http：//cssci. nju. edu. cn/.

[106] 中国知网引文数据库. http：//ref. cnki. net/knsref/index. aspx.

[107] 中文科技期刊数据库（引文版）. http：//lib. cqvip. com/productor/pro_ zkyw. shtml.

[108] 林志垣，郭建明．台湾科学引文索引系统之设计与实作［EB/OL］. http：//eshare. stut. edu. tw/View/4150，2013 - 02 - 18.

[109] 台湾人文社会科学引文数据库（TSSCI）［EB/OL］. http：//db1n. sinica. edu. tw/textdb/tssci/searchindex. php.

[110] 陈光华，刘书砚．台湾人文学引文索引与其核心期刊［EB/OL］. http：//www. lis. ntu. edu. tw/ ~ khchen/writtings/pdf/200805THCICore. pdf，2013 - 02 - 18.

[111] CiteSeerX［EB/OL］. http：//citeseerx. ist. psu. edu/index.

[112] 陈光华. THCI——台湾人文学引文索引［EB/OL］. http：//www. lis. ntu. edu. tw/ ~ khchen/writtings/pdf/cara2004. pdf，2013 - 02 - 18.

[113] Scopus［EB/OL］. http：//www. info. sciverse. com/scopus.

［114］张文彤 . IBM SPSS 数据分析与挖掘实战案例精粹［M］. 北京：清华大学出版社，2013.

［115］吴广，刘荣，丁维岱，等 . SPSS 统计分析与应用（修订版）［M］. 北京：电子工业出版社，2013.

［116］张红坡，张海锋，等 . SPSS 统计分析实用宝典［M］. 北京：清华大学出版社，2012.

［117］肖明 . 知识图谱工具使用指南［M］. 北京：中国铁道出版社，2014.

［118］汪海波 . SAS 统计分析与应用从入门到精通［M］. 北京：人民邮电出版社，2010.

［119］洪楠，侯军 . SAS for Windiws（v8）统计分析系统教程新编［M］. 北京：北京交通大学出版社，2004.

［120］Grewal M S，Andrews A P. Kalmanfiltering：Theory and practice using MATLAB［M］. Wiley - IEEE Press，2001：46 - 47.

［121］吕兰兰，刘忠 . MATLAB 软件的功能特点［J］. 中国电化教育，2003（02）：86 - 87.

［122］开源中国 . R 语言［EB/OL］. http：//www. oschina. net/p/r - language［引用日期 2016 - 8 - 10］.

［123］Michael Zhu. R 语言简介［EB/OL］. http：//blog. csdn. net/michael_ zhu_ 2004/article/details/8126859［引用日期 2016 - 8 - 10］.

［124］Peter Dalgaard（丹麦）. R 语言统计入门［M］. 北京：人民邮电出版社，2014.

［125］Vladimir Batagelj. Pajek——Program forlarge network analysis［EB/OL］. http：//vlado. fmf. uni - lj. si/pub/networks/doc/pajek. pdf.

［126］孟微，庞景安 . Pajek 在情报学合著网络可视化研究中的应用［J］. 情报理论与实践，2008，31（04）：573 - 575.

［127］刘军 . 整体网分析讲义——Ucinet 软件实用指南［M］. 汉语大词典出版社，2009.

［128］邓君，马晓君，毕强 . 社会网络分析工具 Ucinet 和 Gephi 的比

较研究［J］．情报理论与实践，2014，37（08）：133－138.

［129］李运景，侯汉清，裴新涌．引文编年可视化软件 HistCite 介绍与评价［J］．图书情报工作，2006，50（12）：135－138.

［130］Garfield E. Historiographicmapping of knowledge domains literature［J］. *Journal of Information Science*，2004，30（2）：119－145.

［131］陈超美．CiteSpace Ⅱ：科学文献中新趋势与新动态的识别与可视化［J］．陈悦，侯剑华，等，译．情报学报，2009，28（3）：401－421.

［132］赵建保．CiteSpace 可视化流程与分析范式研究［J］．知识经济，2014（16）：105－107.

［133］Van Eck N J，Waltman L. VOSviewer：A computer program for bibliometric mapping［J］. *Social Science Electronic Publishing*，2009，84（2）：523－538.

［134］廖胜姣．科学知识图谱绘制工具 VOSviewer 与 CiteSpace 的比较研究［J］．科技情报开发与经济，2011，21（7）：137－139.

［135］宗乾进，袁勤俭，沈洪洲．基于 VOSviewer 的 2010 年中国图书馆学研究热点分析［J］．图书馆，2012（04）：88－90.

［136］李杰．安全科学知识图谱导论［M］．北京：化学工业出版社，2015.

［137］邱小花，李国俊，肖明．SCI^2——一款新的知识图谱分析软件介绍与评价［J］．图书馆杂志，2013，32（09）：79－87.

［138］肖明，李国俊，杨皓东．国内信息资源管理研究热点分析［J］．情报科学，2011（04）：534－538.

［139］黄莉，李江．网络信息计量学研究主题分析——基于共词可视化方法［J］．中国科技资源导刊，2008，40（5）：9－14.

［140］赵蓉英，王菊．图书馆学知识图谱分析［J］．中国图书馆学报，2011（02）：40－50.

［141］宗乾进，沈洪洲．2009 年我国图书馆学研究热点和知识来源谱系——南京大学知识图谱研究组系列论文之一［J］．图书馆杂志，2011（06）：13－19.

[142] 刘涛．关于我国图书馆学研究热点分析——利用关键词共词分析方法 [D]．吉林：东北师范大学，2012.

[143] 张月群．基于知识图谱的国内外图书馆学比较研究 [J]．高校图书馆工作，2012 (03)：19－23.

[144] Chen C. CiteSpace Ⅱ: Detecting and visualizing emerging trends and transient patterns in scientific literature [J]. *Journal of the American Society for Information Science & Technology*, 2006, 57 (3): 359－377.

[145] SciMat [EB/OL]. http: //sci2s. ugr. es/scimat/.

[146] M. J. Cobo, A. G. López－Herrera, E. Herrera－Viedma, F. Herrera. SciMAT: A new science mapping analysis software tool [J]. *Journal of the American Society for Information Science and Technology*, 2012 (08): 1609－1630.

[147] 梁莉．中外教育经济学知识图谱比较研究：1981 2011 [D]．长沙：长沙理工大学，2013.

[148] 侯月明，乔晓东，孙卫，等．开源分析工具在中文文献分析中的应用 [J]．现代图书情报技术，2013 (03)：71－76.

[149] Tableau [EB/OL]. http: //www. tableausoftware. com/zh－cn/products.

[150] 高俊宽．文献计量学方法在科学评价中的应用探讨 [J]．图书情报知识，2005 (02)：14－17.

[151] 张晓林．走向知识服务：寻找新世纪图书情报工作的生长点 [J]．中国图书馆学报，2000 (05)：32－37.

[152] 范并思，胡小菁．图书馆 2.0：构建新的图书馆服务 [J]．大学图书馆学报，2006 (01)：2－7.

[153] 邱均平，段宇峰．论知识管理与竞争情报 [J]．图书情报工作，2000 (04)：11－14.

[154] 周小英，董伟，朱小梅，等．图书馆学情报学高影响力论文特征及所反映的学科差异分析 [J]．中国图书馆学报，2012 (04)：99－109.

[155] Hirsch JE. An index to quantify an individual's scientific research

output [J]. *Proceedings of the National Academy of Sciences of the United States of America*, 2005, 102 (46): 16569 - 16572.

[156] 赵基明, 舒明全. 基于CSSCI的《中国图书馆学报》H指数级核心作者测定 [J]. 中国图书馆学报, 2008 (02): 98 - 102.

[157] 武汉大学信息管理学院 [EB/OL]. http://sim.whu.edu.cn/.

[158] 北京大学信息管理系 [EB/OL]. http://baike.baidu.com/view/1309.htm.

[159] 中国科学院文献情报中心 [EB/OL]. http://www.las.cas.cn/gkjj/.

[160] 国家自然科学基金委员会 [EB/OL]. http://isisn.nsfc.gov.cn/egrantindex/funcindex/prjsearch - list###.

[161] 国家社会科学基金项目数据库 [EB/OL]. http://gp.people.com.cn/yangshuo/skygb/sk/index.php/Index/seach.

[162] 李英. 我国图书情报与档案管理学科研究现状剖析——基于2009—2013年国家自然科学基金和国家社会科学基金立项的分析 [J]. 图书情报工作, 2014 (9): 31 - 36.

[163] 邱均平. 信息计量学 [M]. 武汉: 武汉大学出版社, 2007: 97 - 131.

[164] 陈铭. 从核心期刊概念的演变看核心期刊功能的转变 [J]. 图书与情报, 2008 (02): 83 - 85.

[165] 邱均平. 关于核心期刊几个问题的思考 [J]. 图书情报知识, 1995 (04): 16 - 19.

[166] 周文骏. 图书馆工作的传递作用、体系和发展 [J]. 图书馆工作与研究, 1979 (01): 6 - 11.

[167] 鲍振希, 李哲明. 国外图书馆事业现状与发展浅谈 [J]. 中国图书馆学报, 1979 (01): 66 - 74.

[168] 阎立中. 编目工作的发展和目录著录的标准化 [J]. 中国图书馆学报, 1980 (03): 69 - 75.

[169] 朱南. 利用MARC Ⅱ机读目录系统建立书目数据库共享情报图

书资源的探讨［J］. 中国图书馆学报，1979（01）：75－84.

［170］徐绵. 有关《中国图书馆图书分类法》的一些看法［J］. 国家图书馆学刊，1979（02）：29－34.

［171］白国应. 论分类法与主题法的关系［J］. 图书馆建设，1980（03）：28－40.

［172］侯汉清. 分类法与主题法结合的成功尝试——分面叙词表［J］. 图书情报工作，1980（06）：16－21.

［173］张燕飞. 试述分类法与主题法的异同［J］. 图书馆，1980（01）：6－9.

［174］杜文余. 我国少儿图书馆事业的过去、现在、将来［J］. 图书馆学刊，1982（04）：19－21.

［175］宋运郊. 美国公共图书馆系统的最低标准［J］. 图书馆建设，1984（02）：63－67.

［176］张欣毅. 试论省市公共图书馆的改革方向［J］. 图书与情报，1984（03）：18－20.

［177］肖自力. 我国文献资源建设和高效图书馆使命［J］. 大学图书馆学报，1984（06）：3－14.

［178］鲍家声. 县级图书馆规模调查与探讨［J］. 新世纪图书馆，1981（01）：15－27.

［179］邓小昭. 新技术革命与图书馆传统观念的改变［J］. 图书馆工作与研究，1985（02）：13－16.

［180］黎盛荣，于雄. 信息革命与图书馆［J］. 四川图书馆学报，1985（01）：9－14.

［181］柳较乾. 关于缩微文献［J］. 图书馆建设，1985（01）：34－36.

［182］邱峰. 关于提高检索效率的途径与措施［J］. 图书情报工作，1982（06）：14－22.

［183］张晓林. 美国图书馆的联机公共检索目录［J］. 四川图书馆学报，1985（05）：35－42.

［184］谭祥金. 论图书馆创收［J］. 图书馆，1989（03）：1－8.

[185] 约翰·C. 比尔德，梁建生．公共图书馆有偿服务问题调查报告［J］．图书馆理论与实践，1989（01）：60－63.

[186] 邵森万．图书馆的产业性质和产业化问题［J］．四川图书馆学报，1986（04）：15－25.

[187] 肖自力，黄新．我国近年来的藏书评价研究综述［J］．图书馆建设，1989（01）：4－10.

[188] 于成梅．大学图书馆藏书利用率浅析［J］．大学图书馆学报，1990（03）：38－40.

[189] 肖希明．近年来我国藏书建设研究的进步［J］．图书情报知识，1987（02）：17－20.

[190] 陈光祚．从OCLC的发展看图书馆自动化的趋势［J］．现代图书情报技术，1994（04）：2－5.

[191] 马自卫，王晓玲．图书馆网络发展与校园网建设［J］．大学图书馆学报，1995（01）：1－4.

[192] 何小清．参考咨询的深化趋势［J］．大学图书馆学报，1995（01）：56－58.

[193] 常大鹏，丁有俊．高校图书馆信息服务工作探讨［J］．大学图书馆学报，1995（05）：24－26.

[194] 王春方．图书馆开放服务之思考［J］．图书馆建设，1991（06）：45－46，76.

[195] 王滨铸，王富礼．开放服务时高校图书馆改革的新趋势［J］．图书馆建设，1992（S2）：230－231.

[196] 李惠珍，陈耀盛．试论图书馆“一馆两业”发展之路——资源配置、信息事业与产业应用原理初探［J］．图书与情报，1995（02）：49－53.

[197] 张晓娟．论数字图书馆［J］．图书情报知识，1996（01）：2－7.

[198] 汪冰．数字图书馆：定义、影响和相关问题［J］．中国图书馆学报，1998（06）：9－17.

[199] 肖明，沈英．国内外数字图书馆研究现状及未来走向［J］．现代图书情报技术，2000（06）：25－28，87.

[200] 徐坤忠，高文红．Internet 与图书馆研究之综述 [J]．图书馆学研究，1997 (01)：49 – 53.

[201] 黄立华．Internet 对我国图书馆的影响 [J]．大学图书馆学报，1998 (05)：8 – 10.

[202] 方曙，杨志萍．Internet 网申 Web 虚拟图书馆——一种 Internet 网上信息资源开发利用的有效途径 [J]．现代图书情报技术，1998 (03)：19 – 22.

[203] 姜爱蓉．网络环境下的馆际互借服务 [J]．现代图书情报技术 [J]，1997 (05)：3 – 12，17.

[204] 刘省泉，曹臻．网络环境下我国图书馆文献信息资源建设与共享 [J]．中国图书馆学报，1999 (06)：49 – 52.

[205] 刘嘉．元数据：理念与应用 [J]．中国图书馆学报，2001 (05)：32 – 36，45.

[206] 冯项云，肖珑，廖三三，等．国外常用元数据标准比较研究 [J]．大学图书馆学报，2001 (04)：15 – 21.

[207] 肖珑，陈凌，冯项云，等．中文元数据标准及其应用 [J]．大学图书馆学报，2001 (05)：29 – 35.

[208] 李文兰，杨祖国．从关键词的变化看中国图书馆学研究主题的发展 [J]．图书情报工作，2004 (12)：115 – 118.

[209] 马建华．引文分析在图书馆文献采集中的作用——北京大学有机化学专业博士论文的文献计量研究 [J]．大学图书馆学报，2003 (03)：70 – 73.

[210] 盛小平．国内知识管理研究综述 [J]．中国图书馆学报，2002 (03)：60 – 64.

[211] 吴慰慈．从信息资源管理到知识管理 [J]．图书馆论坛，2002 (05)：12 – 13，41.

[212] 柯平．新世纪图书馆需要知识管理和知识服务 [J]．新世纪图书馆，2005 (06)：13 – 15.

[213] 崔波，魏秀娟．基于知识管理的图书馆服务方式研究 [J]．图

书馆理论与实践，2005（01）：6－8，76.

［214］桑迪·坎贝尔，肖永英，袁玉英．21世纪信息素质概念的界定［J］．大学图书馆学报，2005（06）：82－86.

［215］王春生．国内信息素质研究概述［J］．图书情报工作，2002（11）：37－42.

［216］杨宇涵．美国信息素质教育思潮的评价与思考［J］．图书馆工作与研究，2003（01）：7－10.

［217］伍清霞．我国数字图书馆搜索引擎之比较研究［J］．图书馆建设，2002（04）：80－81，97.

［218］孙静宇．TRS全文检索系统在吉林大学图书馆的应用［J］．现代图书情报技术，2002（03）：88－90.

［219］高海峰，任树怀．Web2.0技术在高校图书馆学科建设中的应用——以上海大学图书馆学科馆员平台建设为例［J］．图书情报工作，2007（04）：115－118.

［220］朱强，孙卫，赵亮，等．以开放的心态迎接新的信息技术——2009年信息技术在图书馆的应用［J］．中国图书馆学报，2010（03）：77－94.

［221］赵宇翔，朱庆华．Web2.0环境下影响用户生成内容的主要动因研究［J］．中国图书馆学报，2009（05）：107－116.

［222］范并思，胡小菁．图书馆2.0：构建新的图书馆服务［J］．大学图书馆学报，2006（01）：2－7.

［223］刘炜，葛秋妍．从Web2.0到图书馆2.0：服务因用户而变［J］．现代图书情报技术，2006（09）：8－12，67.

［224］魏群义，彭晓东，杨新涯．图书馆2.0的理论研究与实践［J］．图书与情报，2009（04）：16－21，46.

［225］徐静，孙坦，黄飞燕．近两年来本体应用研究进展［J］．图书馆建设，2008（08）：84－90.

［226］徐国虎，许芳．本体构建工具的分析与比较［J］图书情报知识，2006（01）：44－48.

［227］张继东，余以胜．利用叙词表构建本体的方法研究［J］．图书

情报知识，2006（04）：82－85.

［228］袁静．基于本体的数字图书馆个性化服务研究［J］．图书馆建设，2009（01）：66－69.

［229］任树怀，孙桂春．信息共享空间在美国大学图书馆的发展启示［J］．大学图书馆学报，2006（03）：24－27，32.

［230］任树怀，盛兴军．信息共享空间理论模型建构与动力机制研究［J］．中国图书馆学报，2008（04）：34－40.

［231］施强．信息共享空间：意蕴、构成与保障［J］．大学图书馆学报，2007（03）：53－57.

［232］王晓力．国外高校图书馆学科馆员服务模式［J］．图书情报工作，2008（02）：20－23.

［233］杨广锋，代根兴．学科馆员服务的模式演进及发展方向［J］．大学图书馆学报，2010（01）：5－8，13.

［234］秦长江，侯汉清．知识图谱——信息管理与知识管理的新领域［J］．大学图书馆学报，2009（01）：30－37，96.

［235］李征．云计算在图书馆建设与信息服务中潜在的价值探析［J］．大学图书馆学报，2011（01）：58－62，82.

［236］王长全，艾雰．云计算环境下的数字图书馆信息资源整合与服务模式创新［J］．图书馆工作与研究，2011（01）：48－51.

［237］胡绍军．大学园区图书馆云服务模式应用研究——以杭州下沙高教园区为例［J］．大学图书馆学报，2011（01）：63－66.

［238］朱一红．云计算在图书馆的应用与潜在风险［J］．图书馆理论与实践，2011（03）：32－35.

［239］杨海燕．大数据时代的图书馆服务浅析［J］．图书与情报，2012（04）：120－122.

［240］韩翠峰．大数据带给图书馆的影响与挑战［J］．图书与情报，2012（05）：37－40.

［241］张文彦，吴瑞原，于洁．大数据时代的图书馆初探［J］．图书与情报，2012（06）：15－21.

[242] 机构知识库 [EB/OL]. http://www.las.cas.cn/kycg/jgzsk/.

[243] 乔欢，姜颖，宋姝. 机构知识库内容建设现状及思考 [J]. 图书馆工作与研究，20011 (12)：67-70，119.

[244] 张晓林，张冬荣，李麟，等. 机构知识库内容保存与传播权利管理 [J]. 中国图书馆学报，2012 (04)：46-54.

[245] 张晓林. 机构知识库的发展趋势与挑战 [J]. 现代图书情报技术，2014 (02)：1-7.

[246] 姜颖. 我国移动图书馆服务现状及发展对策——中美移动图书馆服务的比较分析 [J]. 图书馆建设，2011 (12)：75-78.

[247] 魏群义，侯桂楠，霍然. 移动图书馆理论研究与实践应用综述 [J]. 图书情报知识，2012 (1)：80-85.

[248] 黄淑敏. 图书馆微博使用特征及发展策略研究 [J]. 大学图书馆学报，2012 (01)：78-83.

[249] 王保成，邓玉. 微信公众平台在国内图书馆服务中的应用实践研究 [J]. 图书情报工作，2013 (20)：82-85.

[250] Morris SA, Van der Veer Martens B. Mapping research specialties [J]. *Annual Review of Information Science and Technology*, 2008, 42 (1): 213-295.

[251] Tabah AN. Literature dynamics: Studies on growth, diffusion, and epidemics [J]. *Annual Review of Information Science and Technology*, 1999, 34: 249-286.

[252] Bar-Ilan J. Which h-index? - A comparison of WoS, Scopus and Google Scholar [J]. *Scientometrics*, 2008, 74 (2): 257-271.

[253] Meho LI. Yang K. Impact of data sources on citation counts and rankings of LIS faculty: Web of science versus scopus and google scholar [J]. *Journal of the American Society for Information Science and Technology*, 2007, 58 (13): 2105-2125.

[254] Batagelj V, Mrvar A. Pajek - Program for large network analysis [J]. *Connections*, 1998, 21 (2): 47-57.

[255] Chen CM. Searching for intellectual turning points: Progressive knowledge domain visualization [C]. Proceedings of the National Academy of Sciences of the United States of America, 2004, 101 (Suppl. 1): 5303 - 5310.

[256] Chen CM. CiteSpace II: Detecting and visualizing emerging trends and transient patterns in scientific literature [J]. *Journal of the American Society for Information Science and Technology*, 2006, 57 (3): 359 - 377.

[257] Lane J. Assessing the impact of science funding [J]. *Science*, 2009, 324 (5932): 1273 - 1275.

[258] Garfield E. Citation indexes for science: A new dimension in documentation through association of ideas [J]. *Science*, 1955, 122 (3159): 108 - 111.

[259] Price DJ. Networks of scientific papers [J]. *Science*, 1965, (149): 510 - 515.

[260] Chen CM. Visualising semantic spaces and author co - citation networks in digital libraries [J]. *Information Processing & Management*, 1999, 35 (3): 401 - 420.

[261] Leydesdorff L. Similarity measures, author cocitation analysis, and information theory [J]. *Journal of the American Society for Information Science and Technology*, 2005, 56 (7): 769 - 772.

[262] White HD, McCain KW. Visualizing a discipline: An author co - citation analysis of information science, 1972 - 1995 [J]. *Journal of the American Society for Information Science*, 1998, 49 (4): 327 - 355.

[263] Zhao DZ, Strotmann A. Information science during the first decade of the web: An enriched author cocitation analysis [J]. *Journal of the American Society for Information Science and Technology*, 2008, 59 (6): 916 - 937.

[264] Chen CM, Song IY, Yuan XJ, Zhang J. The thematic and citation landscape of data and knowledge engineering (1985 - 2007) [J]. *Data and Knowledge Engineering*, 2008, 67 (2): 234 - 259.

[265] Small H, & Greenlee E. Collagen research in the 1970s [J].

Scientometrics, 1986, 10 (1 -2): 95 -117.

[266] Small H, Sweeney E. Clustering the science citation index using co - citations . 1. A comparison of methods [J] . *Scientometrics*, 1985, 7 (3 -6): 391 -409.

[267] Small H, Sweeney E, Greenlee E. Clustering the science citation index using co - citations . 2. Mapping science [J] . *Scientometrics*, 1985, 8 (5 -6): 321 -340.

[268] Schneider JW, Larsen B, Ingwersen P. A comparative study of first and all - author cocitation counting, and two different matrix generation approaches applied for author co - citation analyses [J] . *Scientometrics*, 2009, 80 (1): 103 -130.

[269] White HD, Griffith BC. Author cocitation: A literature measure of intellectual structure [J] . *Journal of the American Society for Information Science.* 1981, 32 (3): 163 -171.

[270] Persson O. The intellectual base and research fronts of JASIS 1986 - 1990 [J] . *Journal of the American Society for Information Science*, 1994, 45 (1): 31 -38.

[271] Zhao DZ, Strotmann A. Evolution of research activities and intellectual influences in information science 1996 - 2005: Introducing author bibliographic - coupling analysis [J] . *Journal of the American Society for Information Science and Technology*, 2008, 59 (13): 2070 -2086.

[272] Small H. Co - citation context analysis and the structure of paradigms [J] . *Journal of Documentation*, 1980, 36 (3): 183 -196.

[273] Small H. Paradigms, citations, and maps of science: A personal history [J] . *Journal of the American Society for Information Science and Technology*, 2003, 54 (5): 394 -399.

[274] Small H. Cited documents as concept symbols [J] . *Social Studies of Science*, 1978, 8 (3): 327 -340.

[275] Åström F. Changes in the LIS research front: Time - sliced cocitati-

on analyses of LIS journal articles, 1990 - 2004 [J]. *Journal of the American Society for Information Science and Technology*, 2007, 58 (7): 947 - 957.

[276] Chen CM, Ibekwe - SanJuan F, Hou JH. The structure and dynamics of cocitation clusters: A multiple - perspective cocitation analysis [J]. *Journal of the American Society for Information Science and Technology*, 2010, 61 (7): 1386 - 1409.

[277] 宋丽萍. 从两次 ACA 分析看情报科学的发展 [J]. 图书情报工作, 2004 (10).

[278] 马瑞敏, 邱均平. 基于 CSSCI 的论文同被引实证计量研究——以图书馆学、情报学为例 [J]. 图书情报知识, 2005 (5).

[279] 马费成, 宋恩梅. 我国情报学研究分析: 以 ACA 为方法 [J]. 情报学报, 2006, 25 (3): 259 - 268.

[280] 赵蓉英, 许丽敏. 文献计量学发展演进与研究前沿的知识图谱探析 [J]. 中国图书馆学报, 2010, 36 (5).

[281] 侯剑华, 陈悦, 王贤文. 基于信息可视化的组织行为领域前沿演进分析 [J]. 情报学报, 2009, (3): 422 - 430.

[282] 许振亮, 刘则渊, 葛莉, 赵玉鹏. 基于知识图谱的国际生物科学与工程前沿计量研究 [J]. 情报学报, 2009 (2).

[283] 侯海燕, 刘则渊, 栾春娟. 基于知识图谱的国际科学计量学研究前沿计量分析 [J]. 科研管理, 2009 (1).

[284] 罗式胜. 文献计量学概论 [M]. 广州: 中山大学出版社, 1994.

[285] 周涛. 复杂网络研究概述 [J]. 物理, 2005, 34 (1): 31 - 36.

[286] 李晓辉, 徐跃权. 复杂理论的情报学应用研究 [J]. 情报资料工作, 2007 (3), 9 - 13.

[287] Brandes U. A faster algorithm for betweenness centrality [J]. *Journal of Mathematical Sociology*, 2001, 25 (2): 163 - 177.

[288] Freeman LC. A set of measuring centrality based on betweenness [J]. *Sociometry*, 1977, 40: 35 - 41.

[289] Chen CM. The centrality of pivotal points in the evolution of scientific networks [C]. Proceedings of the International Conference on Intelligent User Interfaces, 2005: 98 - 105.

[290] Newman MEJ. Modularity and community structure in networks [C]. PNAS, 2006, 103 (23): 8577 - 8582.

[291] Shibata N, Kajikawa Y, Taked Y, Matsushima, K. Detecting emerging research fronts based on topological measures in citation networks of scientific publications [J]. *Technovation*, 2008, 28 (11): 758 - 775.

[292] Rousseeuw PJ. Silhouettes: A graphical aid to the interpretation and validation of cluster analysis [J]. *Journal of Computational and Applied Mathematics*, 1987, 20: 53 - 65.

[293] Kumar R, Novak J, Raghavan P, Tomkins A. On the bursty evolution of blogspace [C]. Proceedings of WWW2003, 2003: 568 - 576.

[294] Kleinberg J. Bursty and hierarchical structure in streams [C]. Proceedings of the 8th ACM SIGKDD International Conference on Knowledge Discovery and Data Mining, 2002, 91 - 101.

[295] Chen C, Chen Y, Horowitz M, Hou H, Liu Z, Pellegrino D. Towards an explanatory and computational theory of scientific discovery [J]. *Journal of Informetrics*, 2009, 3 (3): 191 - 209.

[296] Small H. Co - citation in the scientific literature: A new measure of the relationship between two documents [J]. *Journal of the American Society for Information Science*, 1973, 24: 265 - 269.

[297] Jaccard P. Étude comparative de la distribution florale dans une portion des Alpes et des Jura [J]. *Bulletin del la Société Vaudoise des Sciences Naturelles*, 1901, 37: 547 - 579.

[298] *Luxburg U. A tutorial on spectral clustering* [*EB/OL*]. http: // www. kyb. mpg. de/publications/attachments/Luxburg06 _ TR _ % 5B0% 5D. pdf, 2006.

[299] Ng AY, Jordan MI, Weiss Y. On spectral clustering: Analysis and

an algorithm [J]. *Advanced in Neural Information Processing Systems*, 2002, 14 (2): 849 - 856.

[300] Shi J, Malik J. Normalized cuts and image segmentation [J]. *IEEE Transactions on Pattern Analysis and Machine Intelligence*, 2000, 22 (8): 888 - 905.

[301] Garfield E. Citation indexing: Its theory and applications in science, technology, and humanities [M]. New York: John Wiley, 1979.

[302] Erdos P, Renyi A. On the evolution of random graphs. Publications of the mathematical institute of the hungarian [J]. *Academy of Science*, 1960, 5 (1): 17 - 60.

[303] Watts D, Strogatz S. Collective dynamics of "small world" networks [J]. *Nature*, 1998, 393 (4): 440 - 442.

[304] Barabási A, Albert R. Emergence of scaling in random networks [J]. *Science*, 1999, 286 (5439): 509 - 512.

[305] 陈祖香．面向科学计量分析的知识图谱构建与应用研究 [D]．南京：南京理工大学，2010.

[306] I. Samoylenko, et al. Visualizing the scientific world and its evolution [J]. *Journal of the American Society for Information Science and Technology*, 2006. 57 (11): 1461 - 1469.

[307] Katy Börner, Jeegar Maru, and Robert Goldstone. The simultaneous evolution of author and paper networks [J]. *PNAS*, 2004. 101 (Suppl 1): 5266 - 5273.

[308] Beaver JB. Patterns of co - authorship: Statistical, philosophical, and sociological implications [J]. *Proceedings of ISSI*, 2005 (2): 727 - 730

[309] 邱均平，苏金燕．我国竞争情报研究文献计量分析 [J]．情报科学，2008，12：1761 - 1765.

[310] 侯海燕．基于知识图谱的科学计量学进展研究 [D]．大连：大连理工大学，2006.

[311] White HD, Griffith BC. Author cocitation: A literature measure of

intellectual structure [J]. *Journal of the Association for Information Science and Technology*, 1981, 32 (3): 163 - 171.

[312] Chen CM. Predictive effects of structural variation on citation counts [J]. *Journal of the American Society for Information Science and Technology. doi*: 10.1002/*asi*.21694.

[313] 朱庆华，李亮. 社会网络分析法及其在情报学中的应用 [J]. 情报理论与实践，2008，02：179 - 183，174.

[314] Evelien Otte, Ronald Sousseau. Social netword analyses: A powerful strategy, also for the information scinedces [J]. *Journal of Information Science*, 2002, 128 (16): 441 - 453.

[315] 李亮，朱庆华. 社会网络分析方法在合著分析中的实证研究 [J]. 情报科学，2008，4：549 - 555.

[316] White HD, McCain KW. Visualizing a discipline: An author co - citation analysis of information science, 1972 - 1995 [J]. *Journal of the American Society for Information Science*, 1998, 49 (4): 327 - 356.

[317] 侯海燕，刘则渊，陈悦，姜春林，尹丽春，庞杰. 当代国际科学学研究热点演进趋势知识图谱 [J]. 科研管理，2006，3：90 - 96.

[318] Chen CM. Generalised similarity analysis and pathfinder network scaling [J]. *Interacting with Computers*, 1998, 10 (2): 107 - 128.

[319] CiteSpace [EB/OL]. http: //cluster.cis.drexel.edu/ ~ cchen/citespace.

[320] Chen CM, SanJuan F I, Hou J H. The structure and dynamics of cocitation clusters: A multiple - perspective cocitation analysis [J]. *Journal of the American Society for Information Science and Technology*, 2010, 61 (7): 1386 - 1409.

[321] 赵蓉英，王菊. 图书馆学知识图谱分析 [J]. 中国图书馆学报，2011，2：40 - 50.

[322] Glenisson P. Combining full text and bibliometric information in mapping scientific disciplines [J]. *Information Processing and Management*,

2005, 41: 1548 -1572.

[323] McCain K W, Verner J M, Hislop G W. The use of biblimetric and knowledge elicitation techniques to map a knowledge domain software engineering in the 1990s [J]. *Scientometrics*, 2005, 65: 131 -144.

[324] 侯海燕，刘则渊，陈悦，姜春林，尹丽春，庞杰．当代国际科学学主流领域知识图谱［A］．中国科学学与科技政策研究会．首届中国科技政策与管理学术研讨会2005年论文集（上）［C］．中国科学学与科技政策研究会，2005：19.

[325] 赵勇．国际生物制氢研究核心期刊共引分析及其知识图谱［J］．中国科技期刊研究，2009，6：1043 -1045.

[326] 姜春林，刘盛博，丁堃．中国科技期刊研究热点及其演进知识图谱［J］．中国科技期刊研究，2008，6：954 -958.

[327] 汤建民，汤江明，薛云，侯素芳．近十年来独立学院的研究足迹——1999—2008研究论文知识图谱分析［J］．浙江树人大学学报（人文社会科学版），2009，2：20 -25.

[328] 赵蓉英，王静．社会网络分析（SNA）研究热点与前沿的可视化分析［J］．图书情报知识，2011，1：88 -94.

[329] 侯海燕，刘则渊，陈悦，姜春林，尹丽春，庞杰．当代国际科学学研究热点演进趋势知识图谱［J］．科研管理，2006，3：90 -96.

[330] 姜春林，李江波，杜维滨．基于CSSCI的我国管理学研究热点可视化分析［J］．图书情报工作，2008，12：55 -58.

[331] 陈悦，王续琨，郑刚．基于知识图谱的管理学理论前沿分析［J］．科学学研究，2007，S1：22 -28.

[332] 侯海燕，刘则渊，陈悦，姜春林，尹丽春，庞杰．当代国际科学学主流学术群体及其代表人物［A］．辽宁省委宣传部、辽宁省教育厅、辽宁省委党校、辽宁社会科学院、辽宁省社会科学界联合会．繁荣·和谐·振兴——辽宁省哲学社会科学首届学术年会获奖成果文集［C］．辽宁省委宣传部、辽宁省教育厅、辽宁省委党校、辽宁社会科学院、辽宁省社会科学界联合会，2007：7.

[333] 曹艳青．合作网络实证及贡献力模型探究［D］．华中师范大学，2011.

[334] Hall R H. Cognitive and affective outcomes of learning from knowledge maps [J] . *Contemporary Educational Psychology*, 1996, 21: 94 - 101.

[335] Bidarra J, Dias A. Ecological strategies and knowledge mapping [M] . Springer - Verlag Berlin Heidelberg, 2004.

[336] Herl H E, O' Neil H F, Chung G KW K. Reliability and validity of a computer - based knowledge mapping system to measure content understanding [J] . *Computer in Human Behavior*, 1999, 15: 315 - 333.

[337] 赵玉鹏，闫巍．科学知识图谱在研究生教学中的应用［J］．通化师范学院学报，2009，07：111 - 113.

[338] 熊军．基于知识图谱分析的医学文献检索课程改革研究［J］．中国高等医学教育，2010，7：84 - 85.

[339] Haritashn, Gupta B M. Mapping of S&T issues in the Indian parliament : A scientometric analysis of questions raised in both houses of the parliament [J] . *Scientometrics*, 2002, 54 (1): 91 - 102.

[340] Horn R E. Knowledge mapping for complex social messes a presentation to the "foundations in the knowledge economy" at the David and Lucile Packard Foundation [EB/OL] . http: //www. stanford. edu/ ~ rhorn/spchpackard.

[341] 冯桂平，李名子．基于知识图谱的我国社区及社区服务研究现状分析［J］．未来与发展，2010，5：52 - 56 + 20.

[342] Ted G. Lewis（著），陈向阳等（译）．网络科学：原理与应用［M］．北京：机械工业出版社，2011.

[343] 刘则渊，陈悦，侯海燕等．科学知识图谱方法与应用［M］．北京：人民出版社，2008.

[344] R [EB/OL] . www. r - project. org.

[345] Pajek [EB/OL] . http: //vlado. fmf. uni - lj. si/pub/networks/pajek.

[346] 马井刚．面向复杂网络的可视化分析工具的设计与实现［D］．北京：北京邮电大学，2010.

[347] 方锦清，汪小帆，郑志刚等．一门崭新的交叉科学：网络科学（上）［J］．物理学进展，2007，27（3）：239－343.

[348] Jung Overview［EB/OL］．http：//jung. sourceforge. net.

[349] Prefuse Introduction［EB/OL］．http：//prefuse. org/doc/manual.

[350] The Network Workbench［EB/OL］．http：//nwb. cns. iu. edu.

[351] SPSS［EB/OL］．http：//www－01. ibm. com/software/analytics/spss.

[352] MATLAB［EB/OL］．http：//www. mathworks. cn/products/matlab.

[353] ArnetMiner［EB/OL］．http：//arnetminer. org

[354] PapeLens［EB/OL］．http：//www. cs. umd. edu/hcil/paperlens.

[355] Ucinet［EB/OL］．www. analytictech. com/ucinet.

[356] 杨虹．基于知识图谱的知识管理研究进展［D］．大连：大连理工大学，2008.

[357] 秦长江，侯汉清．知识图谱——信息管理与知识管理的新领域［J］．大学图书馆学报，2009（1）：30－96.

[358] 陈悦．管理学学科演进的科学计量研究［D］．大连：大连理工大学，2006.

[359] 邱均平．文献信息引证规律和引文分析法［J］．情报理论与实践，2001，4（3）：236－242.

[360] 刘林青．作品共被引分析与科学地图的绘制［J］．科学学研究，2005，（2）：155－159

[361] 王日芬，宋爽等．共现分析在知识服务中的应用研究［J］．现代图书情报技术，2006（4）：29－34.

[362] 姜春林，杜维滨，李江波．经济学研究热点领域知识图谱：共词分析视角［J］．情报杂志，2008（9）：78－157.

[363] 李江波. 基于 CSSCI 辽宁省管理学研究的计量分析 [D]. 大连: 大连理工大学, 2009.

[364] 彭绪梅, 许振亮等. 国外创业型大学研究热点探析: 共词可视化视角 [J]. 清华大学教育研究, 2007, 28 (6): 95 - 100.

[365] 许振亮, 陈悦等. 中国技术创新理论前沿知识图谱: 作者共被引视角 [J]. 图书情报工作, 2008. 52 (5): 90 - 94.

[366] Kretschmer, H. Coauthorship networks of invisible colleges and institutionalized communities [J]. *Scientometrics*, 1994, 30 (1): 363 - 369.

[367] CNKI 主页 [EB/OL]. http://www.cnki.net.

[368] CSSCI 主页 [EB/OL]. http://cssci.nju.edu.cn/news_show.asp? Articleid = 119.

[369] CSCD 主页 [EB/OL]. http://sdb.csdl.ac.cn/index_more1.jsp.

[370] CSTPCD 主页 [EB/OL]. http://www.istic.ac.cn.

[371] CQVIP 主页 [EB/OL]. http://www.cqvip.com/corp/about.shtml.

[372] ICTCLAS 主页 [EB/OL]. http://ictclas.org.

[373] 邱均平, 周春雷等. 改革开放 30 年来我国情报学研究的回顾与展望（三）——情报学的发展阶段及趋势分析 [J]. 图书情报研究, 2009.

[374] 何超. 我国管理科学学科演进的知识图谱研究 [D]. 长沙: 湖南大学, 2012.

[375] Hirsch, Jorge E. An index to quantify an individual´s scientific research output [J]. *PNAS*, 2005, 102 (46): 16569 - 1657.

[376] 姜春林, 刘则渊, 梁永霞. H 指数和 G 指数——期刊学术影响力评价的新指标 [J]. 图书情报工作, 2006, 12: 63 - 65, 104.

[377] 李朝健, 肖建华. 常用聚类算法比较分析 [J]. 电脑知识与技术（学术交流）, 2007, 2: 471 - 472.

重要术语索引表

后　记

本书是在作者从事国家社科基金项目“基于语义识别的引文分析理论、方法与应用研究（项目编号：16BTQ073）”“基于多方法融合的中外图书馆学情报学知识图谱实证研究（项目编号：11BTQ019）”“北京师范大学 MOOC 课程建设项目‘网络信息计量与评价’（项目编号：02200-3122121J1）”以及讲授“信息计量学”“网络信息计量与评价”等课程的基础上写成的。全书共分为七章，分别从理论、方法、实证等三个维度出发，系统阐述了科学知识图谱的理论、方法及其在国内图书馆学、情报学领域中的实际应用，为科学知识图谱研究的完善以及图书馆学、情报学学科的发展提供科学依据和研究实例。

本书结构合理、内容新颖、方法得当、应用面广，具有较强的系统性、科学性和实用性，既可作为国内高等院校信息管理与信息系统、管理科学与工程、信息资源管理、图书馆学、情报学、科学学与科技管理、科学评价与预测等专业的参考书，也可供广大图书情报档案工作者、科研人员以及管理者阅读和使用。

本书之所以能够顺利出版，首先应该感谢北京师范大学政府管理学院学科建设基金、北京师范大学研究生院以及国家哲学社会科学规划办公室等的支持和资助。

其次，应该感谢中国经济出版社的赵静宜老师在成书过程中给予我的耐心解答和细心帮助，以及出色的编辑工作。最后，还应该特别感谢我的项目团队成员，包括刘兰、孔成果、陈嘉勇、曹冰、李国俊、邱小花等人。我们共同完成了项目的许多工作，同时也建立了良好的合作关系。

此外，本书在编写过程中还参考了国内外许多著作和论文，在此对所有原作者表示衷心的感谢！

由于作者水平有限，不足和错误之处在所难免，恳请读者不吝批评指正。

感谢曾经帮助、支持过我的所有人！

肖　明

2017 年 2 月